Paternidad robada

MARÍA CALVO

Paternidad robada

ALMUZARA

© María Calvo, 2021
© Editorial Almuzara, s.l., 2021

Primera edición: enero de 2021

Reservados todos los derechos. «No está permitida la reproducción total o parcial de este libro, ni su tratamiento informático, ni la transmisión de ninguna forma o por cualquier medio, ya sea mecánico, electrónico, por fotocopia, por registro u otros métodos, en el permiso previo y por escrito de los titulares del copyright.»

Editorial Almuzara • Colección Sociedad actual
Director editorial: Antonio Cuesta
Edición de Ángeles López
Maquetación: Daniel Valdivieso Ramos
www.almuzaralibros.com
pedidos@almuzaralibros.com - info@almuzaralibros.com

Imprime: Black Print
ISBN: 978-84-18578-23-6
Depósito Legal: CO-1163-2020
Hecho e impreso en España-*Made and printed in Spain*

A todos aquellos hombres que con valentía rechazan ser los mejores amigos de sus hijos para ser los mejores padres.

Agradecimientos

Este libro no podría haber sido escrito sin el apoyo material de la Fundación Ciudadanía y Valores. Para todos aquellos que depositaron en mí su plena confianza en la realización de esta obra solo tengo palabras de agradecimiento y admiración por la enorme labor que realizan en su trabajo diario de promoción de la cultura, la educación y la investigación.

A mi fiel editor, Manuel Pimentel, le agradezco, una vez más, la oportunidad que me ha brindado de publicar en su magnífica editorial. Sin filtros, sin controles, sin censuras, ni condiciones. Todo facilidades, apertura de pensamiento, espíritu crítico, apoyo a la libertad de expresión de los creadores. Un lujo para cualquier escritor.

Mi participación como ponente en los Cursos de Orientación Familiar organizados por la Fundación Retamar me ha concedido una perspectiva privilegiada de los problemas reales de muchas familias y me ha permitido observar la valentía, el amor y la generosidad con que muchos padres, exprimiendo los escasos resquicios de tiempo libre que la compleja vida diaria les permiten, buscan, por medio de su formación personal, herramientas para luchar contra los contratiempos y llegar a ser mejores padres. A ellos, mi más profundo agradecimiento por todo lo que me enseñan con su ejemplo de vida en cada sesión.

A Pablo, mi marido, quien en un despliegue constante de paciencia, ha sabido escuchar la narración del contenido prácticamente íntegro de este libro. Él ha inspirado numerosas páginas de esta obra. Le agradezco sus sinceros y constantes esfuerzos por ejercer su función paterna adaptándose a lo que las circunstancias requieren en cada momento de la vida de nuestros cuatro hijos.

Prólogo

Cuando en 2014 la editorial Almuzara publicó mi libro *Padres destronados* no podía imaginar que el eclipse de la figura paterna pudiera llegar a alcanzar las cotas actuales. Desde entonces hasta nuestros días, la evaporación del padre del imaginario social, favorecida e impulsada por el poder público, se ha precipitado e intensificado hasta eliminar de manera prácticamente absoluta la función paterna. Han transformado al padre en una figura perteneciente al pasado, obsoleta, trasnochada. Le han privado de su peso simbólico haciéndonos creer que es perfectamente prescindible, cuando no perturbador o perjudicial para el equilibrado crecimiento y desarrollo personal de los hijos. Un estorbo para las mujeres en el ejercicio de su maternidad.

Máximo exponente de esta situación en España es el Real Decreto-ley 6/2019, de 1 de marzo, de medidas urgentes para la garantía de la igualdad de trato y de oportunidades entre mujeres y hombres en el empleo y la ocupación, por el que se amplía el permiso de paternidad y en el que, sin embargo, la palabra padre no aparece ni una sola vez, habiendo sido sustituida por la expresión: progenitor distinto de la madre biológica.

Es llamativo que, de forma paralela al exterminio de los padres, se haya producido un aumento significativo de determinados problemas sociales de carácter grave, como la violencia doméstica; los abortos de adolescentes; la agresividad de los jóvenes; el fracaso y abandono escolar. Pero cuando analizamos con detenimiento estos acontecimientos, surge un factor común en el origen de todos ellos: la carencia de padre. Cualquiera que observe con honestidad y sin prejuicios el escenario que nos ha tocado vivir, verá por doquier una legión de niños y jóvenes, de todos los niveles sociales y culturales, huérfanos de padres vivos; padres ausentes física o emocionalmente, pero sobre todo simbólicamente. Las consecuencias de esta orfandad son aciagas y desfilan dramáticamente ante nuestros ojos a diario. Es una epidemia propia de la sociedad hipermoderna con efectos devastadores y, sin embargo, consciente y flagrantemente promovida desde determinadas instancias sociales y políticas.

En este libro, a través de la exposición de las teorías y opiniones de diversos científicos expertos en la materia y del análisis de estudios, estadísticas e investigaciones rigurosas sobre la figura paterna, se pretende cuestionar críticamente el discurso hipermoderno según el cual los padres son prescindibles en la educación y crianza de los hijos. Y recoge, reorganizando, ampliando y actualizando, el contenido de mi obra precedente *Padres destronados*, con la pretensión de ofrecer un sincero homenaje a todos aquellos hombres que desean ejercer su paternidad en plenitud; no según modelos patriarcales obsoletos propios de otros tiempos, sino adaptados a las nuevas exigencias sociales, especialmente la incorporación de la mujer al ámbito laboral en plena igualdad de derechos y deberes con los hombres. Varones que no disocian la paternidad de su masculinidad. Hombres que se esfuerzan por ejercer su paternidad como parte extensible del pleno desarrollo de una masculinidad auténtica, profunda, plena, equilibrada, alimentada con todas las facetas válidas del pasado —ejercicio de autoridad, transmisión de valores, fortalecimiento de los hijos...— y enriquecida con las novedades que exige la sociedad actual en beneficio de los hijos y de la mujer —sensibilidad, afecto, empatía, comprensión, expresividad emocional...—. Hombres que desean hacer de la paternidad el centro de gravedad de sus vidas junto a la madre de sus hijos, sabedores de que esta les complementa, equilibra y enriquece en un juego respetuoso, sinérgico y simbiótico, cuyo fin prioritario es lograr hacer de sus hijos seres autónomos, independientes, equilibrados y libres.

Mi intención: sin añorar épocas pasadas, favorecer la reconstrucción simbólica del padre. Mi ideal: ayudar a mitigar la nostalgia y el hambre de padre de aquellos niños y jóvenes que sufren su ausencia. Mi sueño: lograr, por medio del reconocimiento de todo lo valioso que tiene la masculinidad, una renovada y enriquecedora armonía entre hombre y mujer que favorezca un ejercicio más equilibrado y nutriente de la maternidad y la paternidad.

Introducción

EL GESTO DE HÉCTOR

Solo hay un aventurero en el mundo moderno, como puede verse con diáfana claridad: el padre de familia. Los aventureros más desesperados son nada en comparación con él. Todo el mundo moderno está organizado contra ese loco, ese imprudente, ese visionario osado, ese varón audaz que hasta se atreve en su increíble osadía a tener mujer y familia... Todo está en contra suya. Salvajemente organizado en contra suya...

Charles Péguy, *Temporal and Eternal*

Según Freud, la tarea de ser padre es una tarea imposible. Hoy en día, en el mundo hipermoderno, ser padre no solo es imposible sino que se ha convertido en algo verdaderamente heroico[1]. Los padres actuales que quieren implicarse

---

[1] Sobre el concepto de hipermodernidad, vid. la obra de Gilles Lipovetsky, *Los tiempos hipermodernos*, ed. Anagrama, 2014. «Lo que tenemos delante es una segunda modernidad, desreglamentada y globalizada que se basa en tres componentes axiomáticos procedentes de la misma modernidad: el mercado, la eficacia técnica y el individuo. Pero lo que resulta más interesante de esta sociedad hipermoderna, y uno de los adjetivos más definitorios que la caracterizan puede ser el de "paradójica". Estamos asistiendo a una batalla epistemológica y ética de tendencias que a veces son contrapuestas y hasta contradictorias que obstaculizan la realización de un pensamiento crítico profundo y clarificador». José Carlos Ruiz Sánchez, El pensamiento crítico en la hipermodernidad. Turbotemporalidad y pantallas, *Rev. Internacional de*

y ejercer de forma adecuada y equilibrada la función paterna con sus hijos se convierten en héroes que han de hacer esfuerzos titánicos para que el ejercicio de su paternidad no resulte censurado, limitado o en último término eliminado por ser considerado inadecuado o perturbador[2].

El padre actual se enfrenta a un nuevo reto antes desconocido: la necesidad de aunar algunos de los atributos y virtudes de la paternidad propia de tiempos pasados, hoy en desuso y denostados, pero absolutamente imprescindibles para el correcto ejercicio de la función paterna, como la autoridad; la fortaleza; la valentía; la dación de seguridad… Con nuevos atributos también necesarios y positivos para el desarrollo equilibrado del hijo, como la empatía; la afectividad; el cariño; la ternura o la intimidad, exigidos, especialmente desde la revolución del 68 y, en gran medida, por instigación de la mujer.

El hombre actual, para ser parentalmente competente, deberá realizar un ejercicio malabar de equilibrio entre la fortaleza y la delicadeza. Debe ser bifronte, la autoridad y la afectividad son el anverso y el reverso de una misma moneda. El padre del tiempo hipermoderno es un héroe. En concreto, su figura actual evoca a Héctor, héroe troyano de la Ilíada[3]. Héctor es fuerte y valiente, decidido a enfrentarse a peligros y dar su vida por sus seres amados; por ello lleva su armadura y su yelmo, que le cubre la cabeza en las batallas que habrá de afrontar en la defensa de Troya. Pero antes de salir a luchar frente a Aquiles se despoja de su yelmo

---

Comunicación Ámbitos, 2018. Para Recalcati, el hipermoderno «es el tiempo cínico y perverso de un goce que se quiere libre de todo vínculo, incluido el ideológico; es un goce postideológico». M. Recalcati, *¿Qué queda del padre? La paternidad en la época hipermoderna*, ed. Xoroi Edicions, 2015, p. 38.

[2] El concepto de *función paterna* fue utilizado por vez primera por Lacan, especificando como siempre el pensamiento de Freud, al referirse a que lo que hace que un padre ocupe o no el lugar que le corresponde es precisamente su «función».

[3] Como señala Ceriotti, Héctor es una figura muy querida y citada por los especialistas en masculinidad. M. Ceriotti Migliarese, *Masculino. Fuerza, eros, ternura*, ed. Rialp, 2019, p. 92.

para no provocar miedo en su pequeño hijo, Astianacte, y poder tomarle en sus brazos para despedirle con ternura antes de dar la vida por su pueblo. El gesto de Héctor[4], despojarse de su armadura (fortaleza, seguridad, agresividad, autoridad) para mostrar su lado más humano (amable, afectuoso, tierno, intimista) constituye la gran novedad del padre actual; y supone un delicado y complejo equilibrio que los hombres deberán aprender mediante el propio ejercicio de su paternidad. Pero para ello, necesitarán ser valorados y reconocidos por la sociedad como lo que son: hombres con derecho al ejercicio de una masculinidad plena y equilibrada. Nuestros héroes habrán de enfrentarse a este nuevo reto con profunda valentía pues, siendo fuertes y ejerciendo su autoridad, necesitarán el valor de enfrentarse a la corrección política actual que solo les considera adecuados si se comportan como una madre-bis; y siendo al mismo tiempo afectuosos y tiernos, se enfrentan simultáneamente a sus propios fantasmas del pasado, a una cultura de generaciones precedentes donde las muestras de cariño eran signo de debilidad. Hoy en día necesitamos un padre, en resumen, que en ningún caso tenga miedo a ejercer de padre. Retener las cualidades del guerrero estoico y conjugarlas con la capacidad de sentir y mostrar afecto; ese es su nuevo reto.

Sin embargo, la realidad es que muchos padres no pueden ejercer su función paterna en plenitud y libertad. No se les deja, se les excluye de la relación paternofilial, se les vulnera su derecho al ejercicio de la paternidad. En unas ocasiones, porque se prescinde de ellos desde el inicio. Miles de madres tienen, por técnicas de reproducción asistida u otros medios, hijos en soledad. Estas madres privan a sus hijos del derecho a tener un padre y les condenan a la orfandad incluso antes de nacer. En otras ocasiones, porque resultan expulsados del núcleo familiar y privados de la relación

---

[4] Expresión que da título al ensayo del psicoanalista Luigi Zoja, *El Gesto de Héctor. Prehistoria, historia y actualidad de la figura del padre*, ed. Taurus, 2018.

nutriente y enriquecedora con sus hijos por madres que les consideran poco aptos o perturbadores.

Existe una cultura que ha desacreditado la sensibilidad del padre para educar a sus hijos. Lo que el código masculino consideraba decisivo para el crecimiento de los descendientes se presenta como peligroso o no apto. Se está produciendo una transformación progresiva de nuestros principales códigos simbólicos[5]. Han quedado implícitamente prohibidas las palabras que caracterizaban la educación paterna: prueba; renuncia; disciplina; esfuerzo; fortaleza; compromiso; autoridad... Incluso la propia palabra padre ha desaparecido de ciertos textos legales, donde resulta sustituida por la expresión neutra progenitor distinto de la madre[6]. Como si lo que no se nombrase no existiera. Se ha extendido la idea de que los padres son prescindibles. El padre es el «innominado y eliminado»[7].

Como señala Risé, «el adjetivo patriarcal se ha convertido en peyorativo, lo mismo que paternalista, patriota y, en general, cualquier palabra que contenga la palabra padre y sus derivados, a la que se asocia con un significado de atrasado e injusto»[8]. Lo alarmante es que así lo considera no solo gran parte de la sociedad, sino incluso el poder público. Lo que resulta especialmente preocupante es la institucionalización de la ausencia paterna, con la manipulación del lenguaje en documentos públicos y la regularización por ley de situaciones contrarias a la naturaleza, al sentido común y a las conclusiones derivadas de la propia experiencia clínica. En este sentido, podemos afirmar que «el derecho ha matado al

---

[5] Vid. C. Risé, *El padre. El ausente inaceptable*, ed. Tutor, Psicología, 2006, p. 12.

[6] Real Decreto-ley 6/2019, de 1 de marzo, de medidas urgentes para garantía de la igualdad de trato y de oportunidades entre mujeres y hombres en el empleo y la ocupación.

[7] Afirma Ceriotti al respecto que «lo que no se puede nombrar no deja de existir, pero entra en una dimensión distinta, alusiva, que actúa sobre nosotros de forma soterrada: es lo que en psicoanálisis se llama lo "eliminado"». M. Ceriotti, *Masculino. Fuerza, eros, ternura*, ed. Rialp. 2019, p. 87.

[8] C. Risé, *El padre. El ausente inaceptable*, ed. Tutor, Psicología, 2006, p. 71.

padre»[9]. Estamos presenciando de forma silenciosa y sumisa el «genocidio de los padres»[10].

El padre puede desaparecer de la vida de los hijos por muchos motivos: muerte, emigración, abandono, separación... Pero la gravedad de la situación actual es la colaboración de la ley en la evaporación del padre[11], pues «la decisión legal actúa directamente a nivel simbólico, suprime no un ser, sino un lugar. Todos aquellos que podrían haberlo ocupado son descalificados y, con ellos, quienes lo han ocupado en el pasado. Dicho de otra forma: están muertos por adelantado»[12].

En estas circunstancias, muchos padres, incomprendidos y desplazados, abandonan el ejercicio efectivo de la paternidad por propia voluntad o las mujeres prescinden absolutamente de ellos y desprecian su papel. Así, los hijos no pueden respetarlos y a la vez no quieren llegar a ser como ellos, renunciando a su futura paternidad. Si la paternidad ha sido devaluada ¿cómo podemos esperar que nuestros hijos quieran convertirse en padres responsables en un futuro? La ausencia de padre tiene consecuencias para toda la vida, incluso para las generaciones posteriores.

Hemos pasado del complejo de Edipo, el hijo que quería destruir a su padre para colocarse en su lugar, al complejo de Telémaco, hijo de Penélope y Ulises, que creció mirando al horizonte, añorando constantemente la presencia de su progenitor («Si todas las cosas se hicieran a gusto del hombre, eligiéramos antes el día en que vuelva mi padre», *Odisea*, XVI, 148 y ss.)[13]. Como afirma Zoja: «Telémaco permanece

---

[9] J. Mulliez, *La volonté d´un homme, Historie des pères et de la paternité*, ed. Larousse, 1990, p. 308.

[10] En expresión de L. Zoja, *El gesto de Héctor. Prehistoria, historia y actualidad de la figura del padre*, ed. Taurus, 2018, p. 258.

[11] M. Recalcati, *¿Qué queda del padre? La paternidad en la época hipermoderna*, ed. Xoroi Edicions, 2015, p. 15. Para este autor, la época hipermoderna está dominada por la «evaporación del padre».

[12] J.P. Winter, *El futuro del padre. ¿Reinventar su lugar?*, ed. Didaskalos, 2020, p. 140.

[13] Vid. al respecto, M. Recalcati, *El complejo de Telémaco. Padres e hijos tras el ocaso del progenitor*. ed. Anagrama, 2014.

en suspenso, a la espera: no tanto de un hombre —del cual no tiene memoria, porque este partió cuando él era un recién nacido— como de una imagen de un padre, noble y admirado»[14].

Estos hijos, huérfanos de padres vivos, crecen y viven toda su existencia con «hambre de padre»[15], imposible de dejar atrás o de metabolizar (por las cosas emocionales no compartidas, por los momentos no vividos en común, por las palabras necesitadas y no recibidas, por los gestos ausentes) que es, quizá, el dolor más sensible, íntimo y silenciado que habita en cada individuo que ha experimentado la ausencia, física o psíquica, de su progenitor. En los varones, este dolor es especialmente intenso; es el resultado de haberse «hecho hombre» sin una guía emocional que les ofreciera modelos reales, cercanos, palpables para conectarse con sus propias emociones y sentimientos, con sus dudas y temores, con sus ansiedades e incertidumbres. «Hambre de padre significa necesidad de conocer sus sentimientos, de recibir educación emocional de su parte, de compartir tiempo y piel, de ser reconocido y valorado por ese hombre, de ser acompañado por él hacia el portal de ingreso a la adultez»[16]. Pues, como afirma Rojas Marcos, «todos los padres son, sin saberlo, el objeto de una obsesión conflictiva e irresistible en el hijo que a menudo dura toda la vida»[17].

La gran pérdida cultural no es del padre en sí mismo, sino de la paternidad como función insustituible y esencial. Sufrimos actualmente lo que David Guttmann denomina la «desculturización de la paternidad», cuyo principal y más patente resultado es la fragmentación de la sociedad en in-

---

[14] L. Zoja, *El gesto de Héctor. Prehistoria, historia y actualidad de la figura del padre*, ed. Taurus, 2018, p. 133

[15] Según el psicólogo especialista en masculinidad Aaron Kipnis (autor de *Los príncipes que no son azules*, extraordinario y valiente ensayo sobre el tema): «Todos crecimos con hambre de padre al tiempo que recibíamos la leche del cuerpo de nuestra madre».

[16] S. Sinay, *Varones con hambre de padre*, www.sergiosinay.com

[17] Luís Rojas Marcos, *El País*, 26 abril 1993.

dividuos atomizados, aislados unos de otros y extraños a las necesidades y bienestar que demanda la familia, la comunidad, la nación[18].

Esa es la sociedad en la que vivimos hoy, formada por legiones de hijos huérfanos de padres vivos. En la que, como señala Sinay, «la muerte física de los padres no es condición necesaria para convertirse en huérfano. Y la presencia física de esos mismos padres no resulta, a su vez, garantía frente a la orfandad»[19].

Pero eliminar la figura paterna implica un alto riesgo social. En una sociedad en la que el complejo de Edipo no existe, nada hay tampoco que logre frenar la tendencia incestuosa del goce, la ausencia de límites y de prohibiciones simbólicas, desregulación pulsional[20]. Los jóvenes que carecen de padre, no solo en sentido físico, sino además simbólico y cultural, regresan al «estadio prepaterno de la escala evolutiva»[21]. En la hipermodernidad, la evaporación del padre provoca caos y neurosis social[22]. Vivimos en un tiempo regido no por el signo de Edipo, sino por el de Telémaco, quien exige justicia: «En su tierra ya no hay ley, ya no hay respeto, ya no existe orden simbólico»[23].

---

[18] D. Guttmann, psicólogo en la Northwestern Medical School, Chicago. *Reclaimed Powers: Men and Women in Later Life*, 1994.

[19] S. Sinay, *La sociedad de los hijos huérfanos. Cuando padres y madres abandonan sus responsabilidades y funciones*, ed. B, 2012, p. 20.

[20] Freud mantenía que el surgimiento de la moral tenía que ver con la resolución del conflicto edípico. Y para Levi-Strauss la ley universal de prohibición del incesto es la que permite separar la cultura de la naturaleza. *Vid.* al respecto, Luis Manuel Estalayo Martín, en su artículo ¿Qué significa ser un buen padre? *Rev. Asoc. Esp. Neuropsiq.* 2010, 30 (107), 419-436.

[21] L. Zoga, *El gesto de Héctor. Prehistoria, historia y actualidad de la figura del padre*, ed. Taurus, 2018, p. 284.

[22] Como señala Françoise Zonabend (1988), «la prohibición del incesto es el primer acto de organización social de la humanidad». En *Edipo Rey*, de Sófocles, la muerte del padre desencadena la caótica ruina del goce incestuoso (*Vid.* al respecto el estudio realizado por M. Recalcati, *El secreto del hijo. De Edipo al hijo recobrado*, ed. Anagrama, 2020).

[23] M. Recalcati, *El complejo de Telémaco. Padres e hijos tras el ocaso del progenitor*, ed. Anagrama, 2014.

El padre es un héroe, innombrable e incomprendido, que necesita urgentemente ser revalorizado y readmitido en el ámbito familiar y social. Su importancia es supratemporal y suprainstitucional[24]. Para ello, nuestro héroe precisa de un aliado indispensable: el sexo femenino. De no hacerlo así, nuestra sociedad y nuestra entera civilización entrará en un proceso de declive y autodestrucción. Pues una crisis del padre, del hombre y de su masculinidad, nos lleva a un desequilibrio peligroso y a una crisis de la entera sociedad: «Cuando la masculinidad se vuelve incapaz de interpretar su propia dimensión generativa, las consecuencias son destructivas»[25].

El padre es absolutamente indispensable para el hijo, la familia y la sociedad. El papel del padre no puede ser eliminado, ni desvalorizado, ni ignorado, ni tergiversado sin consecuencias negativas graves para el hombre que lo ocupa, para el hijo que lo necesita, para la mujer que lo complementa y, en general, para la familia y la entera sociedad. La «regresión pospatriarcal» que está experimentando Occidente pone en peligro la propia civilización[26].

---

[24] L. Zoja, *El gesto de Héctor. Prehistoria, historia y actualidad de la figura del padre*, ed. Taurus, 2018, p. 192.

[25] M. Ceriotti Migliarese, *Masculino. Fuerza, eros, ternura*, ed. Rialp, 2019, p. 121

[26] Como señala Zoja: «Si el macho ha dejado de ser padre, entonces debe ser otra cosa. La solución más simple a esta crisis radical de identidad es el regreso a la condición precedente a la invención del padre. Se produce así una iniciación a la masculinidad adulta de tipo regresivo (…) regresamos al estado prepaterno de la escala evolutiva (…) la regresión hacia el macho irresponsable (agresivo, impaciente, hipersexualizado) parece haber alcanzado niveles nunca vistos (…) se encuentra en peligro la propia civilización». L. Zoja, *El gesto de Héctor. Prehistoria, historia y actualidad de la figura del padre*, ed. Taurus, 2018, p. 15 y pp. 282 y 331.

HIJOS SIN HISTORIA
LA IMPORTANCIA DE LAS RAÍCES

Solo hay dos legados duraderos que podemos esperar dar a nuestros hijos. Uno de ellos son raíces, el otro alas.

Goethe

El jurista y psicoanalista Pierre Legendre escribía: «El hombre es un ser genealógico». Ser hijo significa haber sido generado; la vida humana viene al mundo arrojada a la cadena simbólica de la generación, a la historia que la ha precedido[1]. Por ello, como señalan los expertos y demuestra la experiencia del psicoanálisis, es preferible tener un padre defectuoso o deficitario que desconocerlo por completo. Pues aquel es capaz, al fin y al cabo, de dar raíces a la vida de sus descendientes. Podemos decir que todo padre es el «prólogo» en el libro de la vida de sus hijos. Somos el fruto de tiempos pretéritos.

El ser humano constituye su vida psíquica, no solo a partir de los sujetos presentes que le rodean, sino también de aquellos que ya no están; los ausentes que no volverán[2]. «El

---

[1] M. Recalcati, *El secreto del hijo. De Edipo al hijo recobrado*, ed. Anagrama, 2020, p. 24.

[2] J.P. Winter, *El futuro del padre. ¿Reinventar su lugar?*, ed. Didaskalos, 2020, p. 133.

testimonio paterno más eficaz es aquel que se reconstruye retroactivamente»[3]. Por ello, es imprescindible la pertenencia a una concreta genealogía que inserta a los individuos en la historia y que les permite conocerse a sí mismos, saber de dónde provienen, explicar acontecimientos del presente por su relación con el pasado, comprender su ascendencia y dar consistencia a su existencia. En palabras de Knibiehler, «somos seres de memoria y de historia»[4].

Sin embargo, en la actualidad, se desprecia la parte paterna de la historia de todos aquellos hijos huérfanos de padres vivos. Uno de los peores errores del posmodernismo como movimiento y proyecto histórico y cultural (y que hoy perdura maximizado en el hipermodernismo) ha sido la minusvaloración y desconexión con las generaciones pasadas[5]. «Rechazando la paternidad se rechaza también la deuda simbólica que posibilita la filiación de una generación con otra»[6]. No hay testimonio posible sin memoria, sin «la memoria del padre». Si no hubo padre, no queda nada, ningún testimonio, nada que recordar. El niño no sabe quién es, de dónde viene, cuál es su procedencia, se le escapa su verdadera identidad[7]. Debe haber un reconocimiento de la continuidad histórica de una tradición paterna[8].

De este modo, al eliminar al padre de la genealogía de un niño «se hace opaca toda la sucesión de padres que se

---

[3] M. Recalcati, *¿Qué queda del padre? La paternidad en la época hipermoderna*, ed. Xoroi Edicions, 2015, p. 99.

[4] Y. Knibiehler, *Les peres aussi ont une histoire*, ed. Hachette, 2017.

[5] F. Vidal, *La revolución del padre. El padre que nace y crece con los hijos*, ed. Mensajero, 2018, p. 181.

[6] M. Recalcati, *El complejo de Telémaco. Padres e hijos tras el ocaso del progenitor*, ed. Anagrama, 2014, p. 61

[7] Por esta razón, según Freud, los niños muestran especial interés en las novelas o cuentos familiares, atribuyéndose, a través del juego de su propia imaginación, orígenes ideales: ser la hija o hijo de un rey, de un príncipe, de un héroe…

[8] M. Recalcati, *El complejo de Telémaco. Padres e hijos tras el ocaso del progenitor*, ed. Anagrama, 2014, p. 93.

ha sedimentado a lo largo de la historia»[9]. Siempre será preferible tener un padre, aunque sea imperfecto hasta el extremo, que no tenerlo en absoluto, pues «la genealogía es como una armadura, un esqueleto de apellidos (…) que se suceden como esquirlas resplandecientes durante siglos»[10] y que ayuda a los descendientes a comprenderse y conocerse mejor a sí mismos. Este árbol genealógico concede a los individuos «un suelo donde poner los pies» y sobre el cual construir su propio destino. Porque «cada padre es portador de un universo ante el cual el hijo no puede quedarse indiferente»[11]. Como decía el poeta Gustav Maeterlinck, el padre es a la vez «el mandatario provisional del pasado» y «el órgano momentáneo de una multitud aún por llegar».

Los expertos coinciden en que la ausencia de padre genera psicosis, «un desorden incontrolable en las palabras y en la vida de una persona» que se presenta cuando en lugar de la presencia del padre hay un agujero, un vacío, un desconocido del que nunca se habla. La persona sin raíces no sabe quién es, no tiene arraigo[12]. Como señala Winter, vive en un «tiempo amputado (…) las rupturas en la continuidad en la genealogía tienen repercusiones psíquicas serias (…). Va siempre acompañada de una desorientación en los espacios, es decir, de la dificultad para cada uno de encontrar su propio lugar dentro de la tribu»[13].

Para vivir en plenitud debemos ser insertados en el tiempo, aunque suponga empezar a hacer cuentas con la limitación, la provisionalidad y, más profundamente, con el tema fundamental de la muerte, hoy en día tan obviado.

---

[9] J.P. Winter, *El futuro del padre. ¿Reinventar su lugar?*, ed. Didaskalos, 2020, p.139.

[10] Ídem. p. 57.

[11] Ídem. p. 82.

[12] En este sentido, Edipo, protagonista de *Edipo Rey* de Sófocles, es el ejemplo paradigmático de esta carencia de dominio de sus orígenes y esto provoca que sea un sujeto desfasado, desequilibrado, dislocado.

[13] J.P. Winter, *El futuro del padre ¿Reinventar su lugar?* ed. Didaskalos, 2020, p.136.

No solo el presente sino la historia misma del padre se ha abandonado a una trágica oscuridad y esto ha despertado en los hijos, desde hace un tiempo indeterminado, un sentimiento de orfandad. La renuncia a la historia del padre sería la renuncia al sentido de continuidad que vence al tiempo. Somos también nuestra historia (raíces) y, si la desconocemos, renunciamos a conocer una parte de nosotros mismos. Tenemos una identidad pero, si somos padres, tendremos como padres una identidad más incierta incluso que la que nos tiene reservada el porvenir[14].

La falta de padre, su evaporación, implica la falta de raíces en cuanto «herencia simbólica». Como señala Recalcati, «para que haya diferenciación y subjetivización de la propia libertad es necesario reconocer la base sobre la que esa libertad se ha constituido como posible. Si esta base no es asumida, si la deuda simbólica no es reconocida, la libertad se reduce simplemente a la ausencia de vínculos, y corre el riesgo de precipitarse en un narcisismo sin porvenir»[15]. Si no hay pasado ni futuro nos anclamos en la civilización del «presente perpetuo» de la que hablaba George Orwell.

---

[14] L. Zoga, *El gesto de Héctor. Prehistoria, historia y actualidad de la figura del padre*, ed. Taurus, Madrid, 2018, p. 342.

[15] M. Recalcati, *¿Qué queda del padre? La paternidad en la época hipermoderna*, ed. Xoroi Edicions, 2015, p.68.

CRISIS DEL VARÓN, CRISIS DE MASCULINIDAD

—Pero ¿dónde vives ahora?
—Con los niños perdidos.
—¿Quiénes son esos?
—Son los niños que se caen de sus cochecitos
cuando la niñera no está mirando.
Si al cabo de siete días nadie los reclama
se los envía al País de Nunca Jamás para sufragar gastos.
Yo soy su capitán.
—¡Qué divertido debe de ser!
—Sí —dijo el astuto Peter—, pero nos sentimos bastante solos.
Es que no tenemos compañía femenina.
—¿Es que no hay niñas?
—Oh, no, ya sabes, las niñas son demasiado listas para caerse de sus cochecitos.

J.M. Barrie, *Peter Pan*

Mujeres. El primer sexo (en los países desarrollados)

La realidad es que, por primera vez en la historia de la humanidad, en los países desarrollados, el hombre ha pasado a un segundo plano, cediendo todo el protagonismo a la mujer, cuyas pautas de comportamiento, exigencias, gustos, preferencias y habilidades, son consideradas prioritarias e ideales en una sociedad que sospecha de la masculinidad y la presume malvada y nociva para el correcto desarrollo de la persona.

Hasta la segunda década del siglo XX, toda la estructura social y política se regía por estilos masculinos de actuación. Sin embargo, desde entonces y hasta la actualidad, la «cultura femenina» se ha ido imponiendo hasta suprimir y reprimir como intolerable cualquier posible atisbo de expresión de masculinidad.

Los hombres son hoy, como hace tiempo adelantó Chesterton, «una clase incomprendida en el mundo moderno». Mayo del 68 significó para ellos el inicio de una mutación en su propia esencia que ha culminado actualmente con la negación de la alteridad sexual, el repudio a la masculinidad y la exaltación de una feminidad narcisista, empobrecida, deconstruida y deforme, carente de la dimensión maternal[1]. Lo que ha provocado una alteración de las relaciones paterno-filiales, de pareja y familiares.

El gran énfasis que durante años se ha puesto en conseguir la emancipación de la mujer ha provocado un fenómeno colateral con el que nadie contaba: un oscurecimiento de lo masculino, cierta indiferencia, cuando no desprecio, hacia los varones y una inevitable relegación de estos a un segundo plano.

Aun así, plantear una posible crisis de los varones es algo atípico e incorrecto políticamente en la actualidad. La mayoría de las mujeres lo consideraría absurdo e injusto. Al fin y al cabo el mundo, en general, sigue «dominado» principalmente por hombres. Aunque esta es una realidad más que cuestionable en los países desarrollados, donde las mujeres están comenzando a ocupar los puestos de liderazgo antes copados por varones. Así lo expone en su libro, *The End of Men: and the Rise of Women* (2012), la periodista Hanna Rosin, donde aporta algunos datos —sobre todo de EE. UU.— que muestran el ascenso eco-

---

[1] Acerca de la feminidad narcisista que repudia la maternidad («rechazo del niño como causa de la mortificación del cuerpo femenino») *vid.*, M. Recalcati, *Las manos de la madre. Deseo, fantasmas y herencia de lo materno*, ed. Anagrama, 2018, pp. 130 y ss.

nómico de las mujeres frente al estancamiento de los hombres. Desde principios de 2010, ellas ocupan el 51,4% de los puestos profesionales y administrativos del país, mientras que en 1980 ese porcentaje se situaba en el 26%[2]. Atrás quedan los tiempos en los que Simone de Beavoir proclamaba a las mujeres como el segundo sexo, en su célebre libro de 1949. Recientes estudios y estadísticas nos muestran a diario cómo en los países más desarrollados las mujeres se están convirtiendo en el primer sexo. Las habilidades sociales innatas de la mujer son un valor en alza prácticamente en todos los sectores de la economía del siglo XXI[3].

Tanto el sector público como el privado se inclina por líderes con dotes típicamente femeninas como: visión holística de la realidad, capacidad de resolución pacífica de conflictos, inteligencia emocional, colaboración y empatía, autocontrol, aptitudes verbales[4]. Judy Rosener, profesora de la Graduate School of Management de la Universidad de California, Campus de Irvine, cree que las compañías que utilicen a pleno rendimiento las diversas dotes de la mujer serán más productivas y rentables: «Las organizaciones que no tengan en cuenta las ventajas competitivas que representa la mujer lo harán a su propio riesgo»[5].

El mundo está cambiando en una dirección que favorece los tipos de trabajo que ejercen generalmente las mujeres. El

---

[2] En 2006, la OCDE, en un estudio en el que se analizó el poder económico y político de las mujeres en 162 países, concluyó que cuanto mayor era aquel en un determinado país, mayor era el éxito y desarrollo económico del mismo. En la misma línea, a nivel empresarial, a mayor participación de las mujeres en órganos de decisión, mayores beneficios. Investigadores de la Escuela de Negocios de la Universidad de Columbia junto con la Universidad de Maryland analizaron los datos de las 1500 mejores empresas entre 1992 y 2006, llegando a la conclusión de la estrecha relación entre la eficacia de la empresa, la generación de beneficios y la presencia de mujeres en los altos cargos de dirección (Rosin, 2012).

[3] Amy Pascal, presidenta de Columbia Pictures afirmaba: *«Mi mayor poder como ejecutiva es que soy mujer»*.

[4] H. Rosin, *The End of Men, The Atlantic*, julio/agosto, 2010.

[5] J. Rosener, *America's Competitive Secret: Women Managers*, New York, Oxford University press, 1995, p. 20.

Instituto Nacional de Estadística de Estados Unidos prevé que los sectores laborales que en los próximos años experimentarán un mayor crecimiento son los actualmente copados por el sexo femenino. Los sectores que menos van a sufrir con la crisis, como la educación o la sanidad, están principalmente ocupados por féminas (75 % aproximadamente). Además estos son precisamente de los que se espera un mayor crecimiento en los próximos años (sanidad un 24 % de crecimiento, y educación un 12 %)[6]. Mientras que los trabajos protagonizados por varones, como los relativos a la manufacturación y construcción seguirán experimentando una fortísima recesión[7]. Un estudio del 2012 señaló que «el 82 % de la pérdida de puestos laborales causada por la recesión económica afecta a los varones»[8]. Según el Departamento de Trabajo de EE. UU., por primera vez en la historia, los hombres no conforman la mayor parte (49 %) de la fuerza del trabajo de la nación.

Los puestos de liderazgo comienzan a estar dominados por mujeres, muchas de las cuales no encontrarán un hombre de su nivel para formar una familia[9]. Las estadísticas demuestran que los hombres sin trabajo estable lo tienen más difícil para casarse, los casados se divorcian más, tienen peores relaciones con sus hijos y se suicidan el doble que los hombres con un trabajo estable y bien pagado[10].

---

[6] U. Augustine J. Kposowa, Unemployment and Suicide: A Cohort Analysis of Social Factors Predicting Suicide in the U.S. National Longitudinal Mortality Study, *Psychological Medicine*, enero, 2001; 31 (1):127-138. Bureau of Labor Statistics, Occupational Outlook Handbook, 2010–2011 Edition: Overview of the 2008–18 Projections. http://www.bls.gov/oco/oco2003.htm.

[7] U.S. Bureau of Labor Statistics, News Release: The Employment Situation, diciembre, 2009. Healthcare practitioner and technical occupations: 75 % women. Education, training, and library occupations: 74 % women. Court, municipal, and license clerks: 76 % women. http://www.bls.gov/news.release/archives/empsit_01082010.pdf.

[8] Foundation For Male Studies, 2012.

[9] En 1970, el 84 % de mujeres entre 30 y 44 años estaban casadas; ahora solo el 60 %. En 2007, entre las mujeres americanas sin estudios de segundo ciclo, solo el 43 % estaban casadas.

[10] U. Augustine J. Kposowa, Unemployment and Suicide: A Cohort Analysis of Social Factors Predicting Suicide in the U.S. National Longitudinal

En España, durante 2019, Graphext, plataforma española de manejo de big data, hizo un análisis de los últimos datos de la Encuesta de Población Activa que confirma un giro histórico en el mundo laboral que se esperaba que ocurriese: las mujeres de entre 20 y 44 años ya son mayoría estadística en las consideradas como «profesiones de alta cualificación». En esta categoría se aglutinan los trabajadores profesionales de más alta especialización dentro de las ciencias duras y sociales, la ingeniería, la salud, la enseñanza, administración pública y privada y tecnología de la información y de comunicaciones. Las mujeres adelantan a los varones en casi un tercio en cuanto al volumen de «científicos e intelectuales». Como muestran otros análisis, hay profesiones cualificadas «feminizadas» y otras «masculinizadas»: las mujeres dominan la administración, las ciencias de la salud y la enseñanza primaria y secundaria, entre otras; mientras que los hombres se agrupan mucho más en las ingenierías o enseñanzas universitarias. Pero, pese a todo, y si hacemos la suma total de todos los profesionales en activo, sí es una novedad que las mujeres hayan adelantado a los hombres dentro del mundo de la alta cualificación.

Estos eran unos resultados esperables porque en este tiempo la incorporación de la mujer al mundo laboral ha sido mucho mayor, lo que les ha permitido desarrollar sus carreras. Pero, sobre todo, porque la mujer es ahora el sexo fuerte en las universidades. Desde 2017, 6 de cada 10 titulados en España son mujeres, también son el 57 % de los titulados de máster y están a punto de sobrepasar a los varones en el mundo de los doctorados. También tienden a tener mejor nota media y a completar las carreras más rápidamente que sus compañeros.

Si los hombres se convirtiesen en una mayoría dentro de los trabajadores no cualificados (algo que aún no ocurre

---

Mortality Study, *Psychological Medicine*, enero, 2001; 31 (1):127-138. Bureau of Labor Statistics, Occupational Outlook Handbook, 2010-2011 Edition: Overview of the 2008-2018 Projections, http://www.bls.gov/oco/oco2003.htm.

por el importante impacto de las trabajadoras domésticas y de limpieza) serán más vulnerables en el futuro, no solo por una indeseable brecha económica, sino también porque esos son los trabajos que más fácilmente se destruyen. Los estudios además están ya afectando a otra fuente de desigualdades: la familia. Como demostraron informes de la OCDE, las mujeres buscan hombres con su mismo nivel de estudios para formar una familia y, como hemos visto, cada vez hay menos[11].

Pero no podemos dejar de señalar que «la revolución social de las mujeres pudo producirse porque los hombres la aceptaron muy rápido»[12]. El avance fenomenal de la mujer en nuestra sociedad se pudo llevar a cabo porque sus ideales de libertad fueron compartidos y apoyados por la mayoría de los varones occidentales. Y, si bien es cierto que las mujeres incorporadas al mundo profesional siguen cargadas con la mayor parte de las labores del hogar, sin embargo, es preciso destacar que gran parte de ellas «quiere» seguir dominando el terreno familiar, ejerciendo un matriarcado al que les resulta difícil renunciar por propia voluntad. Falta confianza en las aptitudes masculinas para hacer frente a las necesidades diarias del hogar. Como afirma Lipovetsky, «en las nuevas clases medias es notable comprobar que las madres viven con orgullo su capacidad para poder hacer frente al trabajo profesional y a las tareas maternas. La doble misión les significa una carga, pero también una manera de seguir controlando un poder que no desean compartir. Veo muy poco probable el fin de la preponderancia femenina en la vida familiar»[13].

---

[11] *Vid.* al respecto el informe de la OCDE: *La búsqueda de la igualdad de género: una batalla cuesta arriba*, publicado originalmente por la OCDE en inglés bajo el título: OECD (2017), *The Pursuit of Gender Equality: An Uphill Battle*, OECD Publishing, París. http://dx.doi.org/10.1787/9789264281318-en

[12] Gilles Lipovetsky, entrevista 4 octubre 2019, *Rev. Sophia.*

[13] Ídem.

Estudiar es cosa de chicas

La crisis del varón se manifiesta igualmente de forma dramática en las escuelas donde estudiar se ha convertido en «cosa de chicas». En contra de lo que infundadamente piensa la mayoría de la sociedad, como demuestran recientes estadísticas, son ellas las que están arrasando desde el punto de vista académico. El chico tipo está un año y medio por detrás de la chica tipo en lectura y escritura; está menos comprometido en el colegio; su comportamiento es peor y es más improbable que acabe realizando estudios universitarios[14].

Lejos de aparecer tímidas y desmoralizadas, las chicas de hoy ensombrecen a los chicos. Consiguen mejores calificaciones. Tienen aspiraciones educativas más altas. Siguen programas académicos más rigurosos y participan en clases de alto nivel en mayor porcentaje. Muchas más chicas que chicos estudian en el extranjero. Las chicas se comprometen más académicamente. A igual edad y condiciones, el rendimiento escolar es superior entre las alumnas. Las cifras de fracaso escolar se nutren de varones y cada vez aumentan más[15].

En España, las estadísticas de los documentos PISA, realizados para los países de la OCDE, así como los datos del Ministerio de Educación y Ciencia y los del Sistema Estatal de Indicadores de la Educación, muestran claramente cómo el fracaso escolar está en la actualidad protagonizado principalmente por varones y va en aumento. Mientras en las niñas el fracaso está dentro de los valores medios de la Unión Europea, en los chicos supera el 40 %. La diferencia se agrava aún más en colegios públicos, donde apenas el 50 % de los

---

[14] *Vid.* Cifras de la Educación en España. Estadísticas e indicadores. Curso 2016-2017. Ministerio de Educación y Formación Profesional, 2019.

[15] Según el documento PISA 2009, por sexos, se observa que las chicas obtienen mejores resultados en comprensión lectora tanto en España (496 frente a 467) donde están 38 puntos por encima de los chicos, como en la OCDE (513 como 474). En matemáticas esta tendencia se invierte y son los chicos los que mejor puntúan, superando a las chicas en 11 puntos en España (493 frente a 474) y en la OCDE (501 frente a 490).

chicos logra el graduado escolar[16]. Hoy por hoy en nuestro país acceden a la universidad un 58,1 % de mujeres frente a un 41,9 % de hombres[17].

Según estudios del Ministerio de Educación, en torno al 90 % de las mujeres de 12 comunidades autónomas alcanza los objetivos de la ESO[18]. Entre los alumnos que consiguen acabar la ESO, existe otra diferencia: los chicos han necesitado para conseguirlo repetir curso con más frecuencia que las chicas; un 13 % más. En concreto, un 26 % de las chicas habrá repetido algún curso, mientras que, en el mismo periodo lo habrá hecho un 49 % de los chicos. La proporción es la siguiente: por cada chica que ha necesitado repetir curso, habrá dos chicos repetidores.

De las estadísticas, documentos e informes más recientes se desprende una conclusión evidente: los varones están en crisis desde el punto de vista educativo.

El fracaso escolar normalmente va unido a la indisciplina y al mal comportamiento. En la ESO, los chicos reciben casi el triple de apercibimientos que las chicas, existiendo una estrecha correlación entre el comportamiento y el número de asignaturas suspensas.

El fenómeno afecta por igual a todas las enseñanzas y ciclos. Es una realidad que se da en todo el territorio nacional, independientemente del color político de los diferentes gobiernos autonómicos, pero las administraciones educativas no parecen ser conscientes de esta problemática y de las consecuencias que puede provocar en un medio plazo. Sencillamente se ignora el problema porque su protagonista pertenece al sexo masculino[19]. Como afirma Donna Lafram-

---

[16] Según datos de Eurostat (2017) la proporción de fracaso escolar es muy superior entre los chicos (22,7 %) que entre las chicas (15,1 %).

[17] En algunas comunidades, como Navarra, el porcentaje de chicas que supera las pruebas de acceso a la universidad prácticamente duplica al de hombres.

[18] Tan solo las niñas de Ceuta, Melilla y Baleares están por debajo de la media estatal de éxito (75 %).

[19] Sobre la crisis de los varones en las escuelas, *vid.*, María Calvo Charro, *La masculinidad robada*, ed. Almuzara, 2011.

boise, en relación con las niñas todos estamos pendientes de los fallos del sistema educativo, del acoso en las escuelas, de la falta de estimulación de los padres, de los roles y estereotipos que la sociedad les impone. Pero en el caso de los niños, se les echa la culpa a ellos de su propio fracaso, no a las circunstancias, al modelo educativo o a la sociedad. Esto es injusto y trae nefastas consecuencias.

En el 2011, en un informe, el Consejo Escolar del Estado reconocía que «los varones tienen más dificultades que las mujeres para prosperar en el sistema educativo español, tienen más suspensos, repiten más, abandonan antes el sistema educativo y se gradúan en menor proporción que sus compañeras». Añadía también que «el menor éxito escolar de los varones es un fenómeno que se manifiesta desde hace ya varios años, curso tras curso, en todas las comunidades autónomas (…), en todos los niveles educativos (…) y en todos los indicadores de progreso relacionados con la promoción y la titulación». Y concluía:

> Es sorprendente que este problema, de dominio público no produzca alarma social ni reacción alguna en la comunidad educativa. En todos los ámbitos implicados, familiar, educativo y social, parece que se acepte con cierta resignación el hecho de que los chicos «van peor en la escuela», como si se tratase de algo normal, lógico o sin remedio. Es llamativo, además, que un sistema educativo, como es el nuestro, orientado a la equidad, capaz de detectar y compensar con eficacia, en muchos casos, las dificultades en el proceso de aprendizaje, no haya reaccionado ante una variable (el ser varón), que estadísticamente es, con claridad, predictora de dificultades escolares.

Por lo que recomendaba que se indagase:

> Si existe un conocimiento científico riguroso sobre el tema y, en el caso de que este sea escaso o insuficiente, que impulsen estudios comparativos e investigaciones que permitan identificar con claridad aquellos elementos o circunstancias, tanto en el plano nacional como autonómico, que im-

piden a los varones evolucionar con éxito en su formación y alcanzar resultados similares a los de las mujeres.

Pero la realidad es que desde entonces hasta la actualidad no se ha llevado a cabo en el ámbito público ni un solo estudio relativo a la crisis de los varones en la escuela ni se ha adoptado ninguna medida al respecto.

No estamos ante un fenómeno ceñido estrictamente a España. La crisis del varón trasciende nuestras fronteras. Algunos países de nuestro entorno hace tiempo que son conscientes de esta problemática. A principios de los años noventa, el periódico londinense The Times advirtió de la posibilidad de dar lugar a una segunda clase de hombre sin habilidades y sin empleo. También The Economist se refirió a los chicos como «el segundo sexo» el día de mañana. En Gran Bretaña las chicas en los últimos siete años han obtenido mejores resultados que los chicos en todas las asignaturas de bachillerato y en los exámenes de acceso a la universidad[20].

En Francia, en 2003, Le Monde de l´Education señaló la preocupación de los sectores educativos por la patente inadaptación de los chicos. Según este medio, el fracaso escolar entre los chicos les hace padecer complejo de inferioridad, lo que a su vez provoca una difícil relación y aumenta la tensión con el sexo opuesto.

La revista Business Week, en mayo de 2003, publicó un preocupante artículo («How the educational system bombs out for boys?»), sobre cómo los chicos están siendo marginados por el sistema educativo, frente a unas chicas que, en igualdad de edad, los superan en capacidades. El International Herald Tribune en 2005 se preguntaba: «¿Cómo podemos ayudar a nuestros niños en la escuela?». En los úl-

---

[20] La facultad de Educación de la Universidad de Cambridge llevó a cabo un proyecto de cuatro años (2000-2004), bajo el título Raising Boys, Achievement Project, centrado en la problemática masculina en las escuelas del Reino Unido, tratando de identificar aquellas estrategias pedagógicas capaces de ayudar a los muchachos a superar la crisis.

timos años el fenómeno ocupa repetidamente las portadas y contenidos de periódicos de reconocido prestigio como Newsweek, The New York Times, New Republic o Esquire.

En los Estados Unidos, la crisis de los varones es un tema de plena actualidad en los más variados foros académicos e intelectuales[21]. La administración educativa, tanto federal como estatal, plenamente consciente de la difícil situación por la que atraviesan los chicos, está tomando medidas prácticas al respecto[22]. Según datos recientes del Departamento de Educación, los niños norteamericanos en secundaria están más de 10 puntos por debajo de las niñas en comprensión lectora y más de 24 puntos en escritura. A los 12 años, los chicos que repiten algún curso duplican a las chicas. En el año 2011 se graduaron 140 mujeres por cada 100 hombres, un porcentaje aproximado de un 60% de mujeres frente a un 40% de hombres[23]. Solo en el área de Washington, DC, los chicos suspenden tres veces más que las niñas en primaria; el doble de chicos se encuentra recibiendo algún tipo de educación especial; el 76% de los niños en primaria no saben a penas leer y el 84% de los niños también en primaria no dan los niveles mínimos exigidos.

Por otra parte, se ha demostrado la existencia de una pasarela escuela-prisión para los muchachos en aquellos centros en los que el alumnado es mayoritariamente pobre y perteneciente a minorías. En ámbitos políticos se habla ya de este fenómeno como de una desgracia o un tsunami nacional. Por ejemplo, en Detroit, 8 de cada 10 chicos negros abandonan la escuela pública. Estos jóvenes de edades entre

---

[21] También en Canadá, donde casi el doble de chicos que de chicas abandona el instituto.

[22] Vid. entre otras: http://whitehouseboystomen.com; info@scpcs.org; www.nasspe.org ; Coalition of Schools Educating Boys of Color www.coseboc.org; South Carolina Department of Education Single-Gender Initiatives http://ed.sc.gov/sgi

[23] Ver más datos en el documento: *Taking the Boy Crisis in Education Seriously: How School Choice Can Boost Achievement Among Boys and Girls*, Krista Kafer, Position Paper No. 604, abril, 2007.

16 y 24 años, apenas saben leer, carecen de trabajo y 1 de cada 10 acaba en prisión[24].

Echando un vistazo a las universidades y centros de posgrado pronto nos damos cuenta de que una revolución silenciosa está teniendo lugar. Actualmente, casi un 20 % más de mujeres que de hombres adquiere un título universitario, requisito imprescindible en la actualidad para acceder a la clase política y lograr estatus social y económico. Y demográficamente podemos ver con absoluta claridad que en las décadas próximas estos puestos de relevancia estarán copados por mujeres.

En la universidad los varones permanecen sumidos en una espiral descendente cada vez más profunda. Como señala el analista Thomas Mortenson, las chicas en todo el mundo industrializado «les están dando una paliza a los hombres»[25]. Es un escándalo que se ha normalizado y que progresivamente provocará que la desigualdad entre hombres y mujeres llegue a ser más grande que entre ricos y pobres, como advirtió recientemente (2019) Mary Curnock Cook, exdirectora de UCAS, la plataforma de admisión a las universidades británicas. Reino Unido, junto con Suecia, ostenta el récord de mujeres en la universidad, ya por encima del 60 %. En general, en toda Europa, los licenciados universitarios varones son un tercio menos con respecto a las féminas.

Mientras que las chicas han avanzado de forma espectacular en los últimos cuarenta años, los chicos han comenzado una marcha regresiva y se encuentran atrapados en una espiral descendente. En España, lejos de adoptar medidas para corregir la situación, se ignora la existencia de este fuerte componente sexual en el fracaso escolar. Es un aspecto del que nunca se habla pero que los docentes viven diariamente. Para justificar la crisis escolar de los varones se barajan otras muchas variables, la edad, la raza, el nivel

---

[24] Given Half Chance: *The Schott 50 State Report on Public Education and Black Males,* 2008, Executive Summary, www.blackboysreport.org

[25] Citado por S. Pinker, *La paradoja sexual,* ed. Paidós, 2009, p. 46.

económico, pero la relativa al sexo se ha extirpado de nuestros datos porcentuales. En consecuencia, no hay ninguna actuación para darle solución, ni experimental, ni administrativa. La investigación acerca de las causas de este nuevo fenómeno simplemente no existe. El foco sigue centrado en las escasas áreas en las que las mujeres siguen siendo minoría, como sucede con las STEM (ciencia, tecnología, ingeniería y matemáticas)[26] donde se toman iniciativas constantes, públicas y privadas[27]. Sin embargo, merece la pena destacar que, en los países más desarrollados en políticas de igualdad, como los escandinavos, el número de ingenieras y vocaciones tecnológicas entre féminas va paradójicamente en descenso. Es como si una vez alcanzada una igualdad de oportunidades reales con el hombre se sintieran plenamente libres para elegir la opción deseada, que suele ser normalmente más cercana a las humanidades que a las tecnologías[28].

Tenemos en España un sector creciente de varones que ha abandonado los estudios sin ninguna cualificación útil, que en una proporción muy superior a la de otros países europeos no guardan ninguna relación con el sistema educativo y que tienen unas probabilidades muy elevadas de pasar a engrosar los números de los expedientes delictivos. Es preciso prestar una atención muy especial al fracaso escolar masculino, ya que muchos de los chicos que abandonan la escuela acaban absorbidos por ambientes delictivos e inmersos en un circuito criminal[29].

---

[26] En la actualidad, el 28 % de los investigadores del mundo son mujeres y en España solo el 25 % de los alumnos que elige una carrera del ámbito STEM (ciencia, tecnología, ingeniería y matemáticas) son del sexo femenino. En el caso de las ingenierías, el porcentaje se reduce a menos del 12 %.

[27] *Vid.* al respecto, *Descifrar el código: la educación de las niñas y las mujeres en ciencias, tecnología, ingeniería y matemáticas* (STEM), UNESCO, 2019. En España, *vid. El libro blanco. Situación de las mujeres en la ciencia española*, Ministerio de Ciencia e Innovación, 2011.

[28] V. Pascual, presidenta de la Fundación ASTI, *ABC*, 11/02/2020.

[29] Datos del *Emancipatie Monitor*, 2004, Oficina de Planificación Cultural de Holanda.

Mientras continuemos ignorando estos datos seguiremos sin solucionar la crisis que sufren nuestros muchachos. Este asunto se suele despachar en la mayoría de las ocasiones con la idea simplista de que las chicas son más estudiosas, pero lo cierto es que detrás de los datos de fracaso escolar masculino se esconden otras realidades psicológicas y sociales que son absolutamente despreciadas e ignoradas actualmente por los responsables de la educación. El menor rendimiento escolar puede generar en ciertos casos —especialmente en la adolescencia— complejo de inferioridad, descenso de la autoestima, absentismo escolar, necesidad de evasión de la realidad por medio del consumo de drogas y alcohol. La estabilidad emocional de algunos niños se ve afectada por la incomprensión a la que se ven sometidos durante la convivencia escolar constante con el sexo opuesto. Como afirman algunos expertos, «es una realidad que puede transformar y deteriorar nuestra sociedad, al convertir el esfuerzo de los chicos en inútil, la melancolía en agresividad y la agresividad en problemas de disciplina»[30].

Los chicos españoles son cada vez más analfabetos que las chicas. Tienen problemas pero nadie sabe a qué se deben o cómo abordarlos. Los planes de igualdad en las escuelas no hacen sino ahondar aún más en una postura radicalmente errónea que pretende negar unas características propias a los varones que además están en manos de un profesorado mayoritariamente femenino y muy desubicado en relación con las necesidades propias de los varones en el ámbito educativo. Estos se frustran, reducen su nivel de aspiraciones, piensan que estudiar es «cosa de chicas» y se hacen notar por medio de los excesos de violencia que llenan últimamente las páginas de nuestros periódicos. Nuestro sistema educativo está dando a los muchachos mucho menos de lo que merecen académicamente hablando. Es necesario que los poderes públicos y las administraciones educativas se quiten la venda

---

[30] Informe del Ministerio de Trabajo y Asuntos Sociales, *El rey desnudo. Componentes de género en el fracaso escolar*, 2002, p. 13.

de los ojos y reconozcan la existencia de unas diferencias sexuales en el aprendizaje que están siendo despreciadas.

El sistema educativo actual devalúa la masculinidad. Se espera que los chicos se adapten a un ambiente feminizado que entra en clara contradicción con su autoimagen masculina. Además, al ser el profesorado mayoritariamente femenino, no encuentran una presencia masculina fuerte que pueda alimentar psicológicamente el correcto desarrollo de su masculinidad y que sea al mismo tiempo capaz de encauzarla con firmeza cariñosa.

Nuestros muchachos no necesitan medicamentos contra la hiperactividad, psicopedagogías liberadoras, políticas de género o planes de igualdad que los rescaten de su masculinidad. Lo que necesitan son enormes dosis de comprensión y un sistema de enseñanza que se adapte a sus peculiares características y a sus tareas vitales específicas[31]. Con una muy especial atención a promocionar el profesorado masculino; dado que actualmente la mayoría de los docentes son féminas, en especial en los primeros cursos de infantil y primaria[32]. De este modo, con un predominio absoluto de mujeres en el sistema educativo occidental, los varones se hallan en un ambiente feminizado. Esto sumado a la ausencia (física o psíquica) del padre en el hogar, ha provocado, como señala Risé, «una interrupción en la transmisión de la cultura material e instintiva del hombre (incluidos los aspectos de responsabilidad, atención y protección) (…) la necesidad de transmitir un conocimiento instintivo es sobradamente conocida en la antropología, la sociobiología y la historia de las religiones»[33].

---

[31] En el informe elaborado en el 2006 para la Casa Blanca sobre *Cómo ayudar a los jóvenes americanos*, la primera estrategia propuesta consiste precisamente en instruir adecuadamente al profesorado sobre las diferencias innatas existentes entre niños y niñas: «Strategy 1: Educate Teachers on Gender Differences in Development and Learning, Five powerful strategies for connecting boys to schools», *Paper for White House Conference on Helping America's Youth Indianapolis*, Indiana; 6 de junio de 2006.

[32] Según estadísticas del sector educativo, el 98 % de los maestros en educación infantil son mujeres.

[33] C. Risé, *El padre. El ausente inaceptable*, ed. Tutor, Psicología, 2006, p. 61.

Si no se pone remedio a esta situación con medidas administrativas y legislativas en las escuelas que ayuden a los muchachos a recuperar el lugar que les corresponde, en igualdad real con el sexo femenino, solo es cuestión de tiempo que los varones queden relegados a un segundo plano, convertidos en «el sexo débil», lo que provocará un desequilibrio social sin precedentes cuya capacidad destructiva solo estamos comenzando a percibir tenuemente. Estos chicos sin estudios difícilmente entrarán en el mundo laboral y profesional y, en consecuencia, será muy improbable que adquieran la estabilidad económica requerida para la formación de una familia.

LA EXPIACIÓN MASCULINA

Los hombres: una clase incomprendida en el mundo moderno.

G.K. Chesterton

Una cultura que ya no espera que la mayoría de los hombres sean padres y maridos fiables, promueve una visión degradada de la masculinidad, profundamente en desacuerdo con la dignidad humana de los hombres y de las mujeres, y contraria a las necesidades de los niños. Esta situación, si bien podría ser comprensible —han sido muchos los siglos de dominación masculina— no debe ser ignorada o minusvalorada, pues una crisis del varón nos conduce —igual que si se tratase de la mujer— a una crisis de la sociedad entera.

Mientras las mujeres, tras siglos de lucha, están logrando situarse en el lugar que les corresponde conforme a su dignidad y derechos, los hombres parecen estar más desubicados que nunca. Esta presión social ha provocado que muchos hayan desertado de su papel de valedores de la autoridad, cuidadores de la familia, maridos y padres responsables, defensores de los valores. Los cambios provocados por el feminismo desde la revolución del 68 han dejado un paisaje social prácticamente irreconocible, generando novedades ciertamente confusas, como el nuevo papel del hombre en la sociedad actual. Y es que, en este loable intento por conseguir la igualdad entre los sexos, sin darnos cuenta, hemos aniquilando simultáneamente las diferencias existentes entre ellos, con la pérdida de personalidad y de identidad que esto conlleva, tanto para las mujeres, como para los hombres.

Las consecuencias de la despersonalización sexual son peores para los varones, ya que les ha tocado vivir por vez primera «el tiempo de las mujeres» que gozan del apoyo de los políticos y la sociedad. De ahí las constantes iniciativas que se están tomando al respecto en su beneficio: cátedras de estudios sobre la mujer, centros e institutos dedicados a ellas, planes de igualdad, cuotas para acceder a puestos de trabajo y cargos políticos, leyes de discriminación positiva...

El papel de las mujeres se ha sobrerrepresentado y asistimos a una clara depreciación del hombre, del padre, del varón, que sufre así un complejo de inferioridad. No saben qué es lo que se espera de ellos y se avergüenzan de su masculinidad. Muchas de las aptitudes típicamente masculinas han sido erradicadas y resultan mal vistas: cualquier expresión de virilidad se considera virilismo; la exigencia de respeto se confunde con autoritarismo; y la ingeniería genética amenaza con su total sustitución.

En muchos ámbitos laborales y también en el educativo, la competitividad ha sido sustituida por la colaboración; la escala jerárquica ganada a base del esfuerzo y valía personal ha sido sustituida por la igualdad sin necesidad de alegar mérito alguno; la valentía o asunción de riesgos se considera temeridad e imprudencia; se cree que la introspección y falta de expresividad emocional típicamente masculina oculta la existencia de algún problema psíquico o trauma infantil que convendría liberar; y se confunde la agresividad —movimiento interior autoafirmativo, fuerza que apoya el cambio, energía innata masculina para el logro de objetivos que debidamente encauzada tiene el poder de transformar el mundo en positivo y de proteger el desarrollo de aquellos más frágiles o débiles— con la violencia —carácter destructivo que adquiere la agresividad cuando no es canalizada de manera adecuada—[1].

Como afirma Sinay:

> El fantasma, y a menudo el prejuicio, de la violencia sobrevuela sobre cada varón. Muchos, para no ser acusados de violentos, terminan por sofocar su agresividad. Esta confusión produce una suerte de castración emocional. Debemos tomar conciencia (una conciencia no culposa) de que la agresividad es parte de nuestro equipaje natural. Cuando nos aceptemos y seamos aceptados agresivos, dejaremos de ser destructivos. Con agresividad se construyen edificios y catedrales, se cruzan mares, se atraviesa el espacio, se exploran experiencias desconocidas. Con la violencia se hacen guerras, se somete al prójimo, se destruye el amor. La agresividad no da motivos de vergüenza. La violencia sí[2].

En estas circunstancias, el promedio de los varones se encuentra desorientado, incómodo, con sensación de precariedad, inestabilidad, inseguridad y amenaza, frustrado, preso del miedo de no alcanzar el «ideal masculino» impuesto por las mujeres, y a menudo avergonzado y con miedo a ser hombre.

En ocasiones, son las propias mujeres las que les obligan a revisar su masculinidad, no solo en el ámbito público y profesional, sino incluso en el marco más íntimo de su vida personal y familiar. Se produce cierta evolución hacia los hombres intercambiables con las mujeres. Muchos caballeros bienintencionados intentan ponerse a tono con los tiempos feminizándose, es decir, adoptando como deseables cualidades culturalmente atribuidas al sexo femenino; y sienten que tienen que pedir perdón por su masculinidad, como si fuera negativa o disfuncional, sin darse cuenta de

---

[1] Una visión positiva de la agresividad masculina es la expuesta por M. Ceriotti Migliarese, en su libro: *Masculino. Fuerza, eros, ternura*, ed. Palabra, 2019, p. 39 y ss.

[2] S. Sinay, *Misterios masculinos que las mujeres no comprenden*, ed. Del Nuevo Extremo, 2001, p. 75.

que hay maneras integradoras y valiosas de ser hombre sin renunciar, ni renegar de lo propio[3]. Estamos ante lo que el poeta norteamericano Robert Bly denominó el «varón suave»:

> En los setenta, empecé a detectar por todo el país un fenómeno que podríamos denominar «el varón suave». Incluso hoy en día cuando hablo en público, más o menos la mitad de los varones jóvenes son del tipo suave. Se trata de gente encantadora y valiosa —me gustan—, y no quieren destruir la Tierra o dar comienzo a una guerra. Su forma de ser y su estilo de vida denotan una actitud amable hacia la vida. Pero muchos de estos varones no son felices. Uno nota rápidamente que les falta energía. Preservan la vida, pero no la generan. Y lo irónico es que a menudo se les ve acompañados de mujeres fuertes que definitivamente irradian energía. Nos encontramos ante un joven de fina sensibilidad, ecológicamente superior a su padre, partidario de la total armonía del universo y sin embargo con poca vitalidad que ofrecer. La mujer fuerte o generadora de vida que se graduó en los sesenta, por decirlo así, o que heredó un espíritu más viejo, desempeñó un papel importante en la creación de este hombre preservador, que no generador, de vida[4].

Muchos hombres actualmente son educados, sensibles y afectuosos, lo cual es positivo y perfecto, y será un avance, siempre y cuando al mismo tiempo no anulen o aniquilen su especificidad masculina, pues esto les conducirá, como muestran los resultados del psicoanálisis, a sentirse frustrados, desilusionados y desorientados.

En el proceso histórico de creación de un mundo nuevo más justo con las mujeres, hemos demonizado al hombre y postergado su masculinidad al cuarto oscuro, como si se tratase de un monstruo que hubiéramos de mantener oculto y en-

---

[3] *Vid.* S. Sinay, *Esta noche no, querida*, ed. RBA, 2006, pp. 12-13.
[4] R. Bly, *Iron John. A Book about Men*, ed. Addison-Wesley, 1990.

cerrado bajo siete llaves. Cargando con las injusticias de siglos pretéritos, como si fueran «culpables por asociación genética de todos los abusos pasados cometidos por algunos de ellos»[5], los hombres actuales son ridiculizados en la plaza pública, privados de sus potestades como padres, estigmatizados legalmente y sometidos a un asfixiante matriarcado social en el que está prohibida cualquier exteriorización de masculinidad.

Actualmente, la imagen del hombre fuerte, noble, valiente, con autoridad y seguro de sí mismo ha quedado descartada y sustituida por la de hombres blandos, sensibles, maternales, «modelos femeninos de lo masculino»[6], muchas veces ridículos, incluso esperpénticos, que huyen del conflicto (aunque sea por una causa justa), de la responsabilidad y del compromiso.

El Dr. Macnamara, tras un análisis exhaustivo de miles de retratos masculinos en los medios de comunicación, encontró que en la mayoría de las ocasiones los hombres aparecen como villanos, agresores, pervertidos y vividores. Mostrando pobres ejemplos de masculinidad para los jóvenes. En muchas series de televisión, el único modelo aceptable de hombre es el afeminado o el homosexual. En la misma línea, señala Rosin, cómo las mujeres casi siempre son presentadas como emprendedoras organizadas, casi perfectas; mientras que los hombres aparecen como vagos, torpes, sin ambiciones y teleadictos[7]. Algunos programas televisivos son un manojo de bromas antivaroniles que se siguen unas a otras. Se ha popularizado el desprecio hacia los hombres[8]. El discurso antimasculino en los medios se considera progresista y tergiversa la realidad representando a los hombres como si fueran la causa de todos los males que acechan a la socie-

---

[5] A. R. Kipnis, *Los príncipes que no son azules... o los caballeros sin armadura*, ed. Vergara, 2014, p. 136.

[6] S. Sinay, *Esta noche no, querida*, ed. RBA, 2006, p. 26.

[7] H. Rosin, *The End of Men, and the Rise of Women*, ed. Penguin, 2012.

[8] F. Hayward, *Vapuleando al varón*, en la obra de K. Thompson, *Ser hombre*, ed. Kairós, 2005, p. 129.

dad actual. Al definir al hombre únicamente por sus rasgos criminales o despreciables, se borra toda posible empatía o simpatía hacia los problemas masculinos.

El feminismo igualitarista y dogmático se niega a aceptar la existencia de una crisis del varón[9]. Y se ampara en los sucesos intolerables de casos de violencia, en los que las mujeres son heridas o mueren a manos de sus parejas prácticamente a diario, para someter a la masculinidad a un juicio colectivo en el que carece de presunción de inocencia[10]. Y rescatan a los hombres de su masculinidad creyendo que nos hacen un favor a toda la humanidad, cuando lo que realmente ocasionan es un inmenso perjuicio, pues alimentan al monstruo que querían aniquilar: la incomprensión hacia las especificidades propias del varón puede producir sentimientos de frustración y violencia. De este modo, sin percibirlo, echan más leña al fuego que pretendían sofocar. Como afirma Kipnis en primera persona: «Los hombres nos volvemos destructivos cuando nuestra masculinidad está herida. La violencia surge de la desesperación y el temor, más que de la virilidad auténtica»[11].

En la misma línea, Sinay mantiene que «nadie es violento cuando puede ser como es. Cuando una mujer desprecia la agresividad de los hombres confundiéndola con violencia contribuye a sembrar gérmenes de violencia. Cuando una mujer y un hombre construyen un espacio de convivencia en el que todas las expresiones emocionales (con sus diferen-

---

[9] Sinay afirma que «muchas posturas feministas (las más radicalizadas y dogmáticas) solo tienen diferencias de forma con el machismo: proponen un dogma basado en la supuesta superioridad de un accidente biológico (el sexo) sobre otro. Y elaboran desde allí su propio modelo de competencia, intolerancia, descalificación y resentimiento». S. Sinay, La pecera envenenada, introducción del libro: *La masculinidad tóxica*, Ediciones B, Argentina, 2006.

[10] Datos exactos, estadísticas y estudios que cuantifican cómo los hombres también sufren conculcaciones diarias en sus derechos humanos más básicos, podemos encontrarlos en el libro de D. Jiménez, *La deshumanización del varón. Pasado, presente y futuro del sexo masculino*, ed. Psimática, Madrid, 2019.

[11] A.R. Kipnis, *Los príncipes que no son azules... o los caballeros sin armadura*, ed. Vergara, 2014, p. 150.

cias) les están permitidas a ambos, construyen también un antídoto contra la violencia»[12].

Esta incomprensión hacia los hombres y sus especificidades está trayendo una serie de efectos perversos cuyas consecuencias todavía no hemos comenzado a percibir con claridad. A pesar de todo, hoy las políticas, medidas administrativas y simpatías sociales, siguen dirigiéndose hacia las mujeres, ignorando la profunda crisis por la que atraviesa el sexo masculino, capaz de provocar un desequilibrio en la sociedad de consecuencias muy graves en un corto plazo si no se toman medidas antes de que sea demasiado tarde.

---

[12] S. Sinay, *Misterios masculinos que las mujeres no comprenden*, ed. Del Nuevo Extremo, 2001, p. 75.

¿SER PADRE ES COSA DE HOMBRES? LA INDIFERENCIACIÓN SEXUAL Y EL FIN DE LA ALTERIDAD

Si nada tiene sentido, todo está permitido.

Albert Camus, *Calígula*

Hoy en día, muchas personas, especialmente muchas mujeres, podrán considerar que dar importancia a la paternidad como un atributo propio de la masculinidad resulta algo absurdo, machista, trasnochado, propio de otros tiempos en los que se consideraba al hombre y a la mujer diferentes y se les atribuía respectivamente el papel de padre y madre con unas funciones específicas y complementarias.

La crisis del varón y del padre tiene su origen principalmente en la crisis general de identidad del ser humano, provocada por el desprecio hacia la alteridad sexual y la negación de la existencia de un hombre y una mujer naturales. Ideas elaboradas a lo largo de décadas y que han encontrado su máximo desarrollo actualmente bajo el amparo de la denominada ideología de género[1].

---

[1] La palabra *género* comenzó a ponerse al servicio de objetivos sociológicos e ideológicos en Estados Unidos en la década de los cincuenta. Impulsada por las reivindicaciones feministas por un lado y de homosexuales por el otro, ingenieros sociales, como John Money, comenzaron a utilizar el término en referencia a una identidad sexual que supuestamente no coincide con la identidad

La diferenciación sexual es una realidad a la que se ha resistido la humanidad en diversas ocasiones a lo largo de la historia[2]. El debate sobre si la distinción entre varón y mujer determina su propia identidad ha pertenecido tradicionalmente al ámbito de la filosofía, la ética y la antropología[3]. Como señala Castilla de Cortázar, el reto que presenta el conocimiento de lo que en profundidad es lo masculino y lo femenino, y cuál es su enclave ontológico, se inscribe en una vieja inquietud humana que ya constaba en el oráculo de Delfos: «Conócete a ti mismo»[4]. De hecho, el factor de riesgo que más contribuye al fracaso de un proyecto vital es la falta de conocimiento propio[5].

A lo largo del siglo XX, en el loable intento por conseguir la igualdad, de forma prácticamente imperceptible, se

---

biológica. Desde el principio, el objetivo era ideológico: el género fue creado, no para distinguir las diferencias anatómicas de las diferencias antropológicas no anatómicas constitutivas de la feminidad y la masculinidad, sino más bien para romper la unidad ontológica de la persona divorciándola, por decirlo de alguna manera, de su propio cuerpo, masculino o femenino. La voluntad de determinarse «libremente» en contra de su cuerpo sexuado ha marcado la historia del género desde el principio. Pero el acontecimiento histórico determinante lo constituyó, sin duda alguna, la revolución sexual del 68. Esta, nutriéndose de la *french theory* que apareció en las universidades francesas en los años sesenta y de la mano del existencialismo ateo francés, tuvo una importancia esencial en la configuración de esta ideología, al concitar los peores aspectos del pensamiento marxista y neoliberal radical respecto a la sexualidad, la persona y el matrimonio, que alcanza su máxima expresión pseudocientífica en el fraudulento «Informe Kinsey» de finales de los años cuarenta, en el que se reivindicaba de modo formal la ruptura del polinomio: matrimonio-amor-sexualidad (varón y mujer)-procreación.

[2] Así, por ejemplo, en la mitología griega encontramos lo que ahora se denomina el complejo de Diana, que expresa el rechazo a la condición femenina, y el complejo de Urano, como negación de la condición masculina.

[3] En el siglo XIX la sexualidad humana recibió un intenso tratamiento desde el punto de vista antropológico. Destacan en este sentido las investigaciones realizadas por Ludwig Feuerbach y Freud sobre la condición sexuada del ser humano y sus consecuencias.

[4] B. Castilla de Cortázar, Lo masculino y lo femenino en el siglo XXI, en la obra colectiva: *Retos de futuro en educación*, ed. Ediciones Internacionales Universitarias, 2004, p. 87 y ss.

[5] J. Schlatter, *De tal palo. Una mirada desde el corazón del hijo*, ed. Rialp, 2019, p. 13.

fueron aniquilado progresivamente las diferencias existentes entre los sexos, con la pérdida de personalidad y de identidad que esto conlleva, tanto para las mujeres como para los hombres.

Actualmente, ciertos sectores ideológicos se esfuerzan por reconocer los mismos derechos y deberes, al mismo tiempo que niegan radicalmente la existencia de cualquier diferencia asociada al sexo de carácter natural o biológico. De este modo, transforman la igualdad en un igualitarismo masificador neutralizante de los sexos que no hace sino perjudicar a ambos.

Estamos en un momento histórico en el que, bajo la influencia de la corrección política, marcada por la presión de la imperante ideología de género, expresiones como hombre, mujer, padre, madre, han perdido su sentido teológico-antropológico y se encuentran vacías de contenido, borradas por una idea de identidad absoluta que lo inunda todo, desde la educación en las escuelas, hasta el contenido de las leyes[6].

Consideran los teóricos del género que, aunque muchos crean que el hombre y la mujer son expresión natural de un plano genético, el género es producto de la cultura y el pensamiento humano, una construcción social que crea la «verdadera naturaleza» de todo individuo. El sexo sería de orden «natural», genético, biológico, anatómico, fisiológico, cromosómico, hormonal, «material», y por tanto no inter-

---

[6] Estas leyes ignoran las verdades universales y plantean problemas antropológicos, morales y simbólicos. Se ha perdido el sentido de la ley, incapaz de interpretar los comportamientos y acontecimientos. La confusión se inscribe en la ley al regular situaciones sin medir las consecuencias sobre el individuo y el entero cuerpo social, sin confrontarlo con la historia de la sociedad y de las mentalidades y sobre todo con una concepción antropológica del ser humano. Este tipo de ley participa en la fragmentación de la sociedad y da estatuto legal a las tendencias parciales de la sexualidad humana. Así, la ley se convierte en un instrumento narcisista. Estamos ante la negación misma del derecho considerado como organizador del vínculo social y favorecedor de la relación a partir de las realidades objetivas y universales. *Vid.* al respecto: M. Calvo Charro, Cuando la confusión (sexual) se inscribe en la ley, Ensayo: Género y manipulación semántica, *Rev. Nuestro Tiempo*, invierno, 2017.

cambiable (excepto por intervención quirúrgica). Por otra parte, el género sería elaborado social y culturalmente de manera convencional y, por lo tanto, cambiable, inestable, fluido, transitorio, variable, no solo según las épocas y culturas, sino también y sobre todo según las elecciones individuales y colectivas [7].

Por lo tanto, las diferencias entre el varón y la mujer no corresponderían a una naturaleza dada, sino que serían meras construcciones culturales creadas según los roles y estereotipos que en cada sociedad se asignan a los sexos; roles socialmente construidos[8]. Proponen algo tan temerario como la inexistencia de un hombre o una mujer «naturales», que no hay conjunción de características, ni una conducta exclusiva de un solo sexo, ni siquiera en la vida psíquica[9]. Se niega el fundamento antropológico esencial del ser humano: la alteridad sexual[10].

Como afirma la antropóloga Helen Fisher:

> Estamos viviendo una época, tal vez la única en toda la historia de la evolución humana, en la que un gran número de personas, especialmente los intelectuales y la academia, están convencidos de que ambos sexos son prácticamente iguales. Prefieren ignorar la creciente bibliografía que de-

---

[7] M.A. Peeters, entrevista publicada en la Revista *Temes d'avui*, n. 41, 2012. H. Frignet, *El transexualismo*, Buenos Aires, ed. Nueva Visión, 2003.

[8] Robert Stoller, en su obra, *Sex and Gender* (1968) mantenía que «el vocablo género no tiene un significado biológico, sino psicológico y cultural. Los términos que mejor corresponden al sexo son macho y hembra, mientras que los que mejor califican al género son masculino y femenino, y estos pueden llegar a ser independientes del sexo biológico».

[9] Como afirmó en un comunicado durante la Conferencia de Pekín (Cuarta Conferencia Mundial sobre la Mujer, Pekín, 1995), la Internacional Gay and Lesbian Human Rights Comission: «Hacemos un llamamiento a los Estados miembros a reconocer el derecho a determinar la propia identidad sexual; el derecho a controlar el propio cuerpo, particularmente al establecer relaciones de intimidad; y el derecho a escoger, dado el caso, cuándo y con quién engendrar y criar hijos, como elementos fundamentales de todos los derechos humanos de toda mujer, sin distingo de orientación sexual».

[10] Vid. M. Calvo Charro, *Alteridad sexual. Razones frente a la ideología de género*, ed. Palabra, Colección Argumentos para el siglo XXI, 2014.

muestra científicamente la existencia de diferencias genéticas heredadas y mantienen en su lugar que hombres y mujeres nacen como hojas en blanco, en las que las experiencias de la infancia marcan la aparición de las personalidades masculina o femenina[11].

La meta consiste en «reconstruir» un mundo nuevo y arbitrario que incluye, junto al masculino y al femenino, también otros géneros en el modo de configurar la vida humana y las relaciones interpersonales. Para hacer parecer razonables los nuevos presupuestos éticos los ideólogos de género utilizan un lenguaje ambiguo[12]. Nos hemos acostumbrado al uso del término género cuando queremos hacer referencia a las relaciones entre sexos o políticas de igualdad. Sin embargo, la realidad es que la ideología implícita en esta expresión tiene como finalidad en sí misma precisamente la destrucción de esta bipolaridad entre los sexos y la proclamación de la inexistencia de masculinidad y feminidad en beneficio de una neutralidad absoluta en todos los planos de nuestra vida pública y privada[13]. Pues si no hay un hombre y una mujer «naturales», tampoco hay un padre y una madre, el matrimonio heterosexual no tiene por qué ser el único válido y el concepto de familia se derrumba a favor de la supuesta validez y eficacia educativa de las parejas del mismo sexo, donde cualquiera, hombre o mujer, puede ejercer respectivamente la función paterna o materna.
Como señala el psicoanalista J.P. Winter:

> La diferencia sexual ya no juega un papel esencial en la creación de una familia. El hijo se concibe por otras vías di-

---

[11] H. Fisher, *El primer sexo*, ed. Punto de lectura, 2001.

[12] Algo que no es nuevo, pues, como señaló Lewis, en *La abolición del hombre*, la invención de ideologías llega a afectar incluso a nuestro lenguaje, ocultando el verdadero significado de lo que hay en juego.

[13] El feminismo «de género» ha encontrado favorable acogida en un buen número de universidades en las que se pretende elevar los *gender studies* a un nuevo rango científico.

versas del encuentro sexual entre un hombre y una mujer. Su educación se lleva a cabo por dos mujeres o dos hombres. A diferencia de lo que parecía ser evidente, la diferencia sexual ya no juega un papel principal en relación al hijo. Ya no está vinculada ni a la creación de una nueva vida humana ni a lo que es necesario para llevarla hasta la edad adulta. El deseo y el placer relacionados con el sexo continúan su propio camino por un lado, mientras que la familia, padres e hijos, caminan por una vía paralela[14].

Al negar la complementariedad entre los sexos, se acepta, en consecuencia, que los hijos puedan ser criados y educados al margen de la alteridad sexual. Si el hombre y la mujer son idénticos, fungibles, intercambiables, si no hay ninguna diferencia atribuible al sexo, entonces los papeles propios del padre y de la madre desaparecen y resulta indiferente la presencia o ausencia de alguno de ellos. En este contexto, el padre-varón resultaría del todo prescindible; pues no se le reconoce un papel específico en la crianza y educación de los hijos, la función específicamente paterna no existiría[15].

En la atención a la prole nada importa si los padres son dos hombres o dos mujeres, pues los papeles son los mismos. De este modo, el matrimonio como institución natural configurada por un hombre y una mujer pierde su sentido. Se abre así la puerta a todo tipo de uniones homosexuales y al derecho a que estos adopten hijos o los tengan por inseminación artificial o mediante el nuevo modelo de esclavitud humana y de usurpación deliberada de la filiación natural de los niños que supone el negocio de los vientres de alquiler (nueva forma hipermoderna de mercantilismo y esclavitud del ser humano)[16].

---

[14] J.P. Winter, *El futuro del padre. ¿Reinventar su lugar?*, ed. Didaskalos, 2020, p. 112.

[15] *Vid.* al respecto Sarah Gilbert, *What`s Father For?*, 1975. En este libro, la autora buscaba no solamente eliminar las diferencias entre los sexos, sino demostrar que la figura paterna es perfectamente prescindible e innecesaria.

[16] El diario *The Guardian* (25 de febrero de 2016, All surrogacy is explotation – the world should follow Sweden's ban, Kajsa Ekis Ekman), describía cruda-

Anular la diversidad sexual entre padres y madres no conduce a la igualdad sino al empobrecimiento de la condición humana, a la frustración y al desencanto. Como ya señaló Marguerite Peteers, directora general de Dialogue Dynamics, durante los últimos siglos, los derechos individuales y la libertad de escoger han sobrepasado socialmente, jurídica y políticamente la paternidad, la familia y el amor. Es así como comenzó un largo proceso por el homicidio de la figura del padre dentro de la cultura occidental que, poco a poco, llevó a la muerte de la madre (mentalidad anticonceptiva, el derecho al aborto, una cierta interpretación de los derechos de la mujer como pura ciudadana), la muerte del cónyuge (la revolución sexual, el aumento de las parejas homosexuales) y la muerte del hijo, acaecidas tan explícitas en la segunda mitad del siglo XX. Es así como fue posible la reconstrucción del ser humano sobre nuevos fundamentos: la teoría de género[17].

Hablar del padre, del varón y de la existencia de unas características propias de la educación paterna (distintas de las propias de la educación materna), implica presuponer la existencia de unas diferencias inherentes, naturales, entre hombre y mujer; significa reconocer la alteridad sexual como fundamento antropológico esencial y el dimorfismo sexual como parte de la naturaleza humana.

El intento de vivir sin una identidad, femenina o masculina, está provocando frustración, desesperación e infelicidad entre muchas personas incapaces de ir en contra de su pro-

---

mente los matices del fenómeno: «La subrogación puede haber estado rodeada de un aura de felicidad estilo Elton John, de preciosos recién nacidos y de nociones de familia moderna, pero detrás de esto hay una industria que compra y vende vida humana. Donde los bebés son hechos a medida para complacer los deseos de los ricos del mundo. Donde una madre es nada, y está privada incluso del derecho de ser llamada "mamá", y donde el cliente lo es todo. (...) Es chocante ver cuán rápidamente puede ignorarse la Convención sobre los Derechos del Niño. Ningún país autoriza la venta de seres humanos, pero ¿a quién le importa, mientras nos sirvan bellas imágenes de famosos con sus recién nacidos?».

[17] M.A. Peteers, entrevista publicada en la Revista *Temes d´avui*, n.41, 2012.

pia esencia[18]. La crisis de identidad personal es el principal problema de la sociedad contemporánea en los países desarrollados, y afecta muy especialmente al hombre, al varón y, en consecuencia, a su papel de padre en el ámbito familiar[19]. Ignorados y desubicados, los varones parecen estar convirtiéndose en el nuevo «sexo débil», sumidos en una profunda crisis y en una seria depresión provocada por el intento de vivir sin una identidad masculina en una sociedad en la que el «estilo femenino» se ha convertido en el ideal social[20].

En esta situación, cuando la sociedad pierde el sentido de una de las variantes humanas, como la diferencia sexual que funda y estructura a la vez la personalidad y la vida social, no puede sorprendernos constatar la alteración del sentido de la realidad y de las verdades objetivas. El problema se agrava aún más cuando la confusión sexual se inscribe en la ley y los meros deseos se convierten en fuente del derecho. Como señala Gemma Durand, ginecóloga y miembro de la Academia de las Ciencias y de las Letras de Montpellier, las procreaciones modernas por medio de las biotecnologías conducen a la legalización de la posibilidad que se da a la mujer de tener hijos sin padre, es decir, «de consagrar la inutilidad del padre» por la propia ley[21].

Las leyes que favorecen lo indiferenciado, destruyen la base antropológica sobre la que se asienta nuestra sociedad. La consecuencia es la desprotección de la persona, como hombre y como mujer, con sus específicas características, inquietudes, prioridades, necesidades y exigencias vitales;

---

[18] Sobre la crisis de la identidad femenina y sus consecuencias, *vid.* M. Calvo Charro, Esclavitud y liberación de la mujer en la hipermodernidad, *Nueva Revista*, n. 127, pp. 37-127.

[19] *Vid.* al respecto, M. Calvo Charro, Los derechos emergentes del siglo XXI y la regresión del concepto de ser humano, en la obra colectiva: *La política al servicio del bien común*, CEU Ediciones, 2010.

[20] Sobre la crisis de masculinidad, *vid.* M. Calvo Charro, *La masculinidad robada*, ed. Almuzara, 2011.

[21] G. Durand, en su aportación a la obra de J.P. Winter, *El futuro del padre. ¿Reinventar su lugar?*, ed. Didaskalos, 2020, p. 187.

lo que supone un atentado contra la ecología humana. En esta situación, nos vemos obligados a defendernos frente a la propia ley que ha perdido su dimensión universal y que confunde la verdad objetiva con la verdad individual y subjetiva.

La ley no puede ignorar las verdades antropológicas y científicas elementales sobre la alteridad sexual. Pues construir conceptos normativos de espaldas a la ciencia e incluso al sentido común da pie a enunciados disfuncionales y anacrónicos. Cuando las premisas son falsas, la lógica lleva irremediablemente al absurdo. Los datos científicos de la biología, neurología o psiquiatría de los últimos años deberían ser para el jurista un referente o límite, puesto que delimitan un marco dentro del cual es razonable emitir un juicio o tomar una decisión normativa.

La ideología de género es contraria a la dignidad de la persona, puesto que la utiliza como medio para el logro de sus objetivos. Estamos ante una revolución silenciosa, desestructuradora de la identidad personal, cuya meta es llegar a una sociedad sin clases de sexo, por medio de la deconstrucción del lenguaje, las relaciones familiares, la reproducción, la sexualidad y la educación. Sus consecuencias psicológicas y sociales sobre las generaciones venideras y para el entramado completo de la sociedad no se han medido honestamente y, según los expertos, sus daños serán mucho más graves de lo que podemos siquiera imaginar, capaces de acabar con la civilización occidental tal y como la hemos conocido.

En palabras de Peteers:

> El género es un indicador de una crisis que no es solo, ni en primer lugar, económica y financiera: es una crisis de la democracia, una crisis referida a la naturaleza de nuestro contrato social, al contenido de los derechos del hombre, el tejido de nuestras sociedades, de la autoridad moral de los gobiernos, de la autoridad del derecho, de la gobernabilidad del mundo, de nuestra relación con la naturaleza, del contenido de la educación, del matrimonio y la familia, de nuestra identidad humana. Se trata de una crisis de civilización.

SIN EMBARGO, EL VARÓN EXISTE. NATURALEZA FRENTE A IDEOLOGÍA. DATOS CIENTÍFICOS SOBRE LA ALTERIDAD SEXUAL

Mantener que el hombre y la mujer son lo mismo en aptitudes, habilidades o conductas es construir una sociedad basada en una mentira biológica y científica.

Anne Moir

Una característica distintiva de estas ideologías igualitaristas y de sus prejuicios en contra de una explicación biológica es su devoción por una postura al margen de las evidencias, por unas creencias carentes de soporte empírico y el desprecio absoluto hacia aquellos descubrimientos científicos que puedan poner en duda sus principios. La teoría de género, como cualquier otra ideología, se caracteriza por simplificar la realidad y, en consecuencia, la verdad, reduciendo esta a instrumento de manipulación de las conciencias, produciendo discursos maniqueos como únicas explicaciones posibles de lo que sucede, lo que desemboca en numerosas falsedades repetidas como tópicos indiscutibles[1]. Como afirma K. Hilborn, «cuando la ciencia ignora los hechos a favor de la ideología (…) deja de ser ciencia y se convierte en propaganda para un dogma».

---

[1] *Vid.* al respecto J.A. Agekas Esteban, La ideología de género en la opinión pública, en la obra colectiva: *Mujer y varón ¿Misterio o autoconstrucción?*, 2008, ed. UFV, p. 174.

La identidad de los sexos es una de esas falsedades que, sin embargo, la ciencia ha venido a desenmascarar con sus últimas aportaciones y descubrimientos[2]. Décadas de investigación en neurociencia, en endocrinología genética, en psicología del desarrollo, demuestran que las diferencias entre los sexos, en sus aptitudes, formas de sentir, de trabajar, de reaccionar, no son solo el resultado de unos roles tradicionalmente atribuidos a hombres y mujeres, o de unos condicionamientos histórico-culturales, sino que, en gran medida, vienen dadas por la naturaleza. Según señala el psiquiatra Baron-Cohen, la cantidad de evidencia acumulada durante décadas en laboratorios independientes nos lleva a creer que sí existen unas diferencias esenciales que tienen que ser tratadas. La idea de que esas diferencias son de origen cultural es en la actualidad demasiado simplista y está anticuada[3].

El concepto de «identidad de género» o la idea de que el género, como construcción social o percepción personal, sea distinto del sexo biológico de cada cual es una invención ideológica carente de fundamentación empírica. Hoy la idea nacida con Simone de Beauvoir, de que las diferencias son de origen cultural («no naces, te haces») ya ha sido desmontada y está obsoleta. Ahora hay que dar cauce a las diferencias, justamente para erradicar en lo posible la exclusión o las marginaciones y lograr así una auténtica igualdad de oportunidades.

Los últimos descubrimientos de la neurociencia establecen una conexión incontrovertible entre cerebro, hormonas y comportamientos. El dimorfismo sexual existe ya desde el primer cuerpo unicelular humano, llamado cigoto[4]. Hom-

---

[2] *Vid.* al respecto, Bases científicas de la identidad sexual, en el libro colectivo: *50 años de mayo del 68. Mayo del 68. Una época de cambios, un cambio de época*, vol. II, Actas UFV, 2019. Congreso Internacional 8-10 noviembre 2018, Universidad Francisco de Vitoria, Madrid.

[3] S. Baron-Cohen, *La gran diferencia*, ed. Amat, Barcelona, 2005, p. 25.

[4] J. De Irala, Epidemología de las diferencias psicopatológicas entre hombres y mujeres, en la obra colectiva: *Mujer y varón. ¿Misterio o autoconstrucción?*, ed. UFV, 2008.

bres y mujeres salen del útero materno con algunas tendencias e inclinaciones innatas. No nacen como hojas en blanco en las que las experiencias de la infancia marcan la aparición de las personalidades femenina y masculina, sino que, por el contrario, cada uno tiene ciertas dotes naturales y estrategias cognitivas y conductuales predilectas.

Para la neuróloga María Gudín «la persona humana es hombre o mujer, y lleva inscrita esa condición en todo su ser. Cada célula, órgano y función son sexuados. También nuestro psiquismo. Y esto va a afectar al comportamiento de cada ser humano»[5].

Como afirma Brizendine, neuropsiquiatra de la Universidad de Columbia: «No existe un cerebro unisex. Si en nombre de la corrección política intentamos refutar la influencia de la biología en el cerebro, empezaremos a combatir nuestra propia naturaleza»[6].

En definitiva, la diferencia sexual es un «dato constitutivo del ser humano, que se conjuga en la vida como persona-varón o como persona-mujer»[7]. Es por lo tanto la diferenciación sexual claramente marcada por las palabras padre y madre la que inscribe al niño en el orden de las generaciones.

La alteridad sexual. Madre-mujer, padre-varón. No da igual

En los últimos años la sociedad ha ido perdiendo sus dimensiones universales y sus fundamentos antropológicos. Las mujeres han logrado una igualdad, al menos formal, al precio de perder su feminidad, y los hombres se avergüenzan de una masculinidad que hoy es despreciada por una

---

[5] M. Gudín, *Cerebro y afectividad*, ed. EUNSA, 2001.

[6] L. Brizendine, *El cerebro femenino*, ed. RBA, 2007. *El cerebro masculino*, ed. RBA, 2010.

[7] M. Ceriotti Migliarese, *Erótica y materna. Un viaje al universo femenino*, ed. Rialp, 2019, p. 25.

sociedad que prefiere los modelos femeninos de conducta y comportamiento.

La tensión dialéctica existente entre igualdad y diferencia, entre ideología y ciencia, está en la base de la discusión actual sobre la idea del hombre y el concepto de persona manejado por Naciones Unidas y por los gobiernos y administraciones de los países occidentales. La determinación de si la masculinidad y feminidad pertenecen a la biología o a la educación, a la naturaleza o a la cultura, no es baladí pues supone la asunción de un modelo de persona u otro (sexuado o asexuado) y condicionará directamente el contenido normativo del derecho y las políticas de igualdad y familia que se hayan de adoptar.

Los avances de la ciencia y los progresos biotecnológicos han permitido a las parejas del mismo sexo hacer realidad su «deseo» de tener un hijo (en una versión perversa de la libertad, como posibilidad de hacer o tener todo lo que se desea)[8]. El hijo se concibe por otras vías diversas del encuentro sexual de un hombre y una mujer. Estas parejas afirman que la diferencia sexual no juega un papel esencial en la creación de una familia y que uno hará el papel de padre y otro el de madre. Pero, como expone Winter, «el constructivismo actual elimina la complejidad del problema con falsas simplificaciones». Y la realidad científica es que:

> No da igual nacer de dos personas que son diferentes por su naturaleza, un hombre y una mujer, aunque tengan mucho en común. Nacer según una ley de la naturaleza que no puede ser cuestionada, tener que lidiar desde el principio y necesariamente con un cuerpo y una voz de un hombre y un cuerpo y una voz de mujer. Su forma de tocar, llevar, alimentar, sonreír, etc., no es la misma (...). Tratar con el

---

[8] Al respecto, nos advierte Recalcati, que estamos ante una versión «nihilista» del deseo, ocupado en perseguir sin descanso algo que, en realidad, está destinado a faltarnos siempre. Es la mentira que exalta «lo nuevo» (en este caso un hijo) como principio que orienta la vida del deseo. M. Recalcati, *Ya no es como antes. Elogio del perdón en la vida amorosa*, ed. Anagrama, 2014, p. 28.

otro sexo ocasionalmente y desde el exterior no tiene ciertamente los mismos efectos que estar siempre en contacto con su diferencia[9].

Las repercusiones de ser criado por dos personas del mismo sexo no son indiferentes y existen, pero, como señalan los expertos, se miden, no inmediatamente en los primeros años de vida del niño, sino a lo largo de más de una generación[10].
Para que el hijo crezca de forma equilibrada precisa de un padre y de una madre, la alteridad sexual es esencial: «De la combinación de dos deseos y de dos historias, ambas marcadas por el sexo y por las generaciones sucesivas, se extraerán los rasgos constitutivos de la psique del niño, con los que crecerá (…). Legalizar la homoparentalidad es matar al padre y la madre»[11]. «Un psicoanalista es demasiado consciente del sufrimiento y la angustia que experimentan quienes tienen que afrontar la falta de un padre o una madre para no preocuparse por las consecuencias lógicas, a largo plazo, de la negación de la diferencia sexual del parentesco»[12].

---

[9] J.P. Winter, *El futuro del padre. ¿Reinventar su lugar?*, ed. Didaskalos, 2020, p. 161.

[10] El sociólogo estadounidense Donald P. Sullins, concluye en uno de sus informes que «los problemas emocionales de los niños con progenitores del mismo sexo son más del doble respecto a los que tienen progenitores de sexo opuesto». *Vid.* el artículo completo: Emotional Problems among Children with Same-Sex Parents: Difference by Definition, *British Journal of Education, Society and Behavioural Science,* 7(2), 99-120, 2015.

[11] Dada su amplia experiencia en el ámbito familiar, Winter fue nombrado ponente en la comisión constituida en el Senado de la República de Francia durante el debate para la aprobación de la ley que permitiría tener hijos a las parejas de homosexuales y lesbianas. Sobre las parejas del mismo sexo que «desean» ser padres, la oposición de Winter, derivada del sufrimiento que ha conocido de primera mano de la terapia psicoanalítica de los descendientes de estas parejas, es categóricamente clara: «Solo espero que sopesemos las posibles consecuencias antes de darles en la ley un lugar equivalente al de las familias tradicionales». Por estas opiniones fue calificado como amarillista, amenazante, homófobo y ultraconservador. J.P. Winter, *El futuro del padre. ¿Reinventar su lugar?*, ed. Didaskalos 2020, p. 139.

[12] J.P. Winter, 21 de septiembre de 2018, Facebook.

CRISIS DE PATERNIDAD. LA EVAPORACIÓN DEL PADRE

Ellas nos nutrían, nos consolaban, educaban y cantaban; nos cuidaban cuando estábamos enfermos, nos enseñaban buenos modales y nos protegían... Pero no podían enseñarnos a convertirnos en hombres.

A.R. Kipnis, *Los príncipes que no son azules... o los caballeros sin armadura*

Históricamente, dos fueron los hitos que marcaron la evaporación del padre: primero, la Revolución Industrial, que propició una desaparición física del padre en el hogar y, segundo, la revolución del 68, que favoreció una desaparición aún más grave y sin precedentes, su desaparición simbólica.

Antes de la Revolución Industrial, en muchos países la mayoría de la población era campesina. El resto lo formaban artesanos, pequeños comerciantes y algunos profesionales liberales; pero casi siempre el trabajo paterno se realizaba ante los ojos del hijo que aprendía así el oficio del padre que era en todo momento su modelo y guía vital. Como señala Zoja, cuando los hijos solían aprender el oficio del padre, «el joven casi no hallaba otros adultos que pudieran convertirse en modelos alternativos, ni siquiera en forma de imágenes o historias como sucede en la actualidad infinitas veces al día con los medios de comunicación. La vida era patrilocal, patrilineal, patriarcal. La vida se narraba desde el punto de vista patricéntrico»[1].

Pero la Revolución Industrial hace añicos esa estabilidad y sacude las relaciones paterno-filiales. Las nuevas oportunidades laborales empujan a las masas a las fábricas, lejos de la familia, el centro de gravedad se desplaza hacia la madre que asume la mayor parte de la responsabilidad educativa junto con las incipientes escuelas que comienzan su implantación (y la intrusión de los poderes públicos en la vida privada)[2]. El padre, por vez primera en la historia, comienza a convertirse en un extraño dentro de su propio hogar. Al trabajar fuera de casa su labor se torna invisible, sus hijos ya no aprecian sus méritos, ni sus resultados, su esfuerzo, su cansancio, su sacrificio o su valor.

Pero históricamente, la gran oscuridad sobre la figura paterna llegó de la mano de la revolución del 68. Esta fue en realidad una revuelta dirigida, conscientemente o no, principalmente contra el padre y todo lo que él representaba. Desde entonces y hasta la actualidad la sociedad ha desprovisto de valor la función del padre, no les tiene en cuenta, su autoridad ha sido ridiculizada, las mujeres prescinden de ellos de forma manifiesta, lo que provoca que los hijos les pierdan absolutamente el respeto. Se ha extendido una confabulación con lo femenino-maternal, como si las mujeres fueran seres perfectos cuya calidad en la crianza y educación de los hijos resultase indiscutible. Se produjo lo que López Ibor denominó una «maternalización» de la sociedad[3].

Al mismo tiempo, se experimentó la implantación de un prejuicio de inutilidad masculina hacia aquellos varones que han sido padres; como si fueran poco aptos, ineptos, torpes, incluso perturbadores o perjudiciales. Circunstancias en las

---

[1] L. Zoja, *El gesto de Héctor. Prehistoria, historia y actualidad de la figura del padre*, ed. Taurus, 2018, p. 209.

[2] *Vid.* al respecto, Y. Knibiehler, Padres, patriarcado, paternidad, en la obra colectiva: *Figuras del padre*, dirigida por S. Tubert, ed. Cátedra, 1997, p. 133.

[3] J. López Ibor, *Rasgos neuróticos del mundo contemporáneo*, ed. Cultura Hispánica, Madrid, 1968.

cuales es mejor prescindir de ellos. En una sociedad en la que los ideales de la emancipación femenina son prioritarios, son los hombres, y muy especialmente los padres, los que salen perdiendo. Como señaló Mitscherlinch, «cada vez más, los procesos sociales han privado al padre de su importancia funcional»[4].

Desde la revolución del 68, con la generalización de los anticonceptivos y el aborto, la parentalidad quedó en manos de la madre. Actualmente con las técnicas de reproducción asistida se puede prescindir de los padres incluso físicamente. Y los procesos de separación y divorcio son un exponente claro del menosprecio por la paternidad[5]. Esta tendencia, además de privar a los niños de una orientación afectiva fundamental, provoca la anulación de la autoestima y una depresión creciente de los padres varones del mundo occidental con efectos catastróficos para toda la sociedad[6].

Las manifestaciones actuales de la crisis de paternidad son principalmente tres: 1) la ausencia física y simbólica del padre en los hogares; 2) la ausencia psíquica o distancia emocional del padre respecto de los hijos; y 3) la confusión sobre qué significa exactamente ser padre o cómo debe ejercerse de manera equilibrada y auténtica la función paterna o lo que David Gutmann ha denominado «la desculturización de la paternidad». A continuación, analizaremos estos tres fenómenos más detalladamente.

---

[4] A. Mitscherlich, *Auf dem weg zur vaterlosen gesellschaft*, Frankfurt, 1963. Citado por E. Sullerot, *El nuevo padre*, ed. Palabra, 1993, p. 158.

[5] En España, según los últimos datos del Instituto Nacional de Estadística (INE), en 2018 en este tipo de custodias, la mayoría se otorgaron a la madre (61,6%) y en pocas ocasiones al padre (4,2%). El resto de los casos (el 33,8%) se concedió la custodia compartida, que supone un reparto de estancias y cuidados entre ambos progenitores. En Inglaterra, en caso de divorcio, solo el 7% de los padres logra la custodia de los hijos y en el 90% de los casos tiene que salir de su propio hogar. En Italia, en los supuestos de separación, el padre solo obtiene la custodia de los hijos menores en el 4,7% de los casos, y en los casos de divorcio, el 6,4%.

[6] Muchos hombres sufren el denominado por los psiquiatras, *síndrome de ausencia involuntaria de los hijos*, que les conduce a la depresión y ansiedad. C. Risé, *El padre. El ausente inaceptable*, ed. Tutor, Psicología, 2006, p.72-73.

HUÉRFANOS DE PADRES VIVOS. AUSENCIA FÍSICA Y SIMBÓLICA DEL PADRE

Si cuando estaba vivo no hice otra cosa que buscarlo, intentar encontrar al padre que no estaba, ahora que está muerto siento que debo seguir con esa búsqueda. Su muerte no ha cambiado nada; la única diferencia es que me he quedado sin tiempo.

P. Auster, *La invención de la soledad*

La orfandad paterna en el mundo desarrollado

En los países desarrollados, madres solteras, abandonadas, separadas o divorciadas intentan criar solas a sus vástagos en total ausencia de padre. Estados Unidos es el país con más madres solas del mundo occidental[1]. Allí, según estadísticas recientes, actualmente, 1 de cada 3 niños crece sin padre; 2 de cada 3, si nos referimos a niños pertenecientes a minorías[2]. Los hogares sin padre constituyen la tendencia demo-

---

[1] Como indica Ken Canfield, fundador del National Center for Fathering, la mayoría de los norteamericanos son conscientes de que la ausencia física del padre en el hogar es el principal problema social de los Estados Unidos hoy en día. K. Canfield, *The Heart of a Father*, ed. Northfield, 1996, p. 13.

[2] Hace centenares de años que la esclavitud en los Estados Unidos había anticipado la desintegración actual de la familia por medio de la destitución del padre. Ya en 1965, el *Informe Moynihan* acerca de la familia afroamericana, confirmaba que esta había cambiado poco, a pesar de que había pasado un

gráfica más perjudicial de esta generación, el daño de mayor gravedad causado a los niños. Las investigaciones muestran la existencia de 24,7 millones de niños norteamericanos en esta situación (36,3 %); un número mayor que el de estadounidenses afectados por cáncer, Alzheimer y sida juntos[3].

El Dr. Wade Horn, fundador de la National Fatherhood Initiative (NFI) afirma que hoy en día 25 millones de niños norteamericanos tienen más posibilidades de ver un padre en la televisión que en su propio hogar[4].

Aproximadamente un 40 % de niños norteamericanos nacen actualmente fuera del matrimonio, lo que normalmente, como muestran las estadísticas, significa muy poca o ninguna relación con el padre biológico[5].

En el Reino Unido, 2.7 millones de niños viven solo con su madre y estos hogares aumentan en 20.000 cada año. En este país, 1,1 millones de niños crecen sin su padre en la actualidad. En algunas zonas la ausencia paterna es abrumadora y se calcula que la mitad de los niños nacidos hoy carecerán de padre a la edad de 15 años (Centre for Social Justice, 2017). Hay 236 ciudades en Inglaterra y Gales (que coinciden con las zonas más pobres del país) donde más del 50 % de los cabezas de familia con hijos dependientes son

---

siglo desde la liberación de los esclavos (1865). Y pedía una reacción urgente a favor de los descendientes de los esclavos: una plaga de muchachos jóvenes sin una auténtica familia. Según datos oficiales de 2018, en Estados Unidos, el 65 % por ciento de los niños de color son criados solo por su madre. Según Zoja esta situación se debe a la lacra de la esclavitud en el pasado, «no han sido ni sociedad, ni familia, sino individuos dispersos» (L. Zoja, *El gesto de Héctor. Prehistoria, historia y actualidad de la figura del padre*, ed. Taurus, 2018, p. 12).

[3] Promoting Responsible Fatherhood Initiative, United States Department of Health and Human Services, 2006.

[4] Un estudio desarrollado por Hofferth, realizando una proyección sobre los nacidos en 1980, predijo que antes de alcanzar los 18 años, el 70 % de los niños de familias blancas y el 94 % de familias de color vivirían con un solo progenitor; por regla general, la madre. S.L. Hofferth, Updating children´s life course, *Journal of Marriage and Family*, vol.47 (1985), pp. 93-115.

[5] J.A. Martin et al., Births: Final Data for 2006. *National Vital Statistics Reports*, Volume 57:7. Hyattsville, MD: National Center for Health Statistics. 2009.

mujeres solas. Son los denominados men deserts. En el área de Liverpool el 65 % de los hogares pertenecen a familias sin padre. En Manor Castle son el 75 %[6].

En 2014, el Centre for Social Justice publicó el estudio *Fractured Families*, en él se alarmaba de la creciente tendencia a la ausencia paterna en Reino Unido y mostraba cómo los jóvenes estudiantes de secundaria tenían más posibilidades de tener un smartphone que de vivir con su padre.

En Francia y en la mayoría de los países nórdicos la cifra se incrementa a más del 50 % [7].

En España, actualmente, según datos del Instituto Nacional de Estadística, aproximadamente 1,6 millones de hogares están encabezados por mujeres, siendo el modelo de familia que más está creciendo[8]. Es un hecho que cada vez hay más madres solteras. Se trata de una tendencia imparable que en Francia, Suecia o Islandia ya supone una mayoría[9].

En cuanto a las parejas separadas, en países desarrollados rara vez la custodia es compartida y la mayoría de las veces la asume la madre (68-88 %); dejando a los padres convertidos en meros «visitantes» de sus hijos durante unas pocas horas a la semana. En esta situación de dominación maternal, en

---

[6] Económicamente se calcula que el coste de la ausencia paterna en 2016 fue de 48 billones de libras (lo que se traduce en 1820 libras a cada contribuyente en impuestos) (*Relationships Foundation*, 2016).

[7] Sin embargo, el porcentaje es de menos del 10 % en Grecia, Japón, Corea del Sur y México (Organization for Economic Cooperation and Development, 2010).

[8] La familia monomarental es una variación dentro de lo que conocemos como familias monoparentales. Por monomarentalidad se entienden aquellas familias constituidas únicamente por la madre y los hijos descendientes de una o varias relaciones anteriores (sin entrar a estudiar las causas de la ausencia del padre) o bien por aquellas mujeres que han optado por ser madres solas por medio de la inseminación artificial o la adopción, que no comparten con nadie las responsabilidades familiares. Las familias monoparentales en España hoy son 1.964.900, un 3,6 % más que el año pasado, lo que equivale a más de 1 de cada 10 hogares en nuestro país. De ellos, el grueso (81 %) está encabezado por la figura materna (1.591.200), frente a los 373.700 de hogares encabezados por el padre.

[9] En Islandia, más de 2 tercios de los bebés islandeses —67 %— nacen de padres que no están casados

la mayoría de los supuestos, el contacto con el padre se va poco a poco disipando e incluso perdiendo con el paso del tiempo. Los estudios muestran cómo un 31 % de los padres de parejas no casadas y que no viven juntos pierden el contacto con su hijo un año después del nacimiento[10].

Diferencia entre la orfandad de padres fallecidos y la orfandad de padres vivos. El nombre del padre

Los padres desde siempre se han ausentado del hogar por unos motivos u otros. Pero los hijos esperaban emocionados su regreso: «El hombre depositaba en casa un recuerdo que duraba, un lecho excavado en el árbol, un mito de Ulises. Quedaba la presencia psíquica»[11]. Las mujeres la respetaban y los hijos crecían conscientes de su importancia. Además, las madres asumían, junto a la función materna, parte de la función del padre ausente, convirtiéndose de algún modo en bicéfalas, en una labor titánica, compleja y agotadora, a sabiendas de que ambas funciones, materna y paterna, son imprescindibles para el correcto y equilibrado desarrollo y madurez de los hijos. El padre ausente físicamente estaba, sin embargo, presente simbólicamente. Los hijos crecían rodeados del «nombre del padre».

Actualmente, siguen existiendo diversas razones de ausencia tangible del padre: la muerte, la deserción del hogar, la paternidad no reconocida ni asumida, la separación o el divorcio. La desaparición del progenitor es siempre traumática para el hijo. Pero es preciso aclarar que, mientras la muerte del padre se considera casi siempre natural o irremediable e inflige dolorosos sentimientos de pérdida y de tristeza que se superan con el debido duelo y con el

---

[10] *Men in Families and Family Policy in a Changing World*, Department of Economic and Social Affairs Division for Social Policy and Development, United Nations, Nueva York, 2011, p. 98.

[11] L. Zoja, *El gesto de Héctor. Prehistoria, historia y actualidad de la figura del padre*, ed. Taurus, 2018, p. 341.

tiempo, la ausencia paterna por otras causas produce confusión, angustia, culpa, rabia y emociones profundas de rechazo o de abandono que acompañan a los hijos hasta el final de sus días.

En el caso de la muerte, a pesar de su desaparición, si el padre ocupó un lugar importante en la vida familiar, permanece en el discurso materno y en el corazón de los hijos. Pero en el caso de la ausencia paterna por otras causas, ante el hijo sin padre se alza un mundo sobrecogedor colmado de retos insuperables. Como el monstruo de los cuentos, nadie escapa a la sombra del padre ausente, aunque llene de miedo y temor, incluso aunque no tenga cara. Lo peor es que parece que solo él, ese padre ausente, puede ayudarle a vencer a ese monstruo[12].

---

[12] L. Rojas Marcos, 23 de abril 1996, *El País*.

MADRES SOLAS POR ELECCIÓN. LA ORFANDAD PREMEDITADA

Mi recuerdo más temprano: su ausencia.

P. Auster, *La invención de la soledad*

En la actualidad, existen madres que crían a sus hijos en soledad por distintas circunstancias, incluso por decisión propia, y que, sin embargo, son conscientes del vacío psíquico que tiene la ausencia paterna y, renunciando a seguir únicamente su instinto femenino-maternal, toman medidas al respecto, aplican sus «cualidades paternas» transformándose en una especie de «progenitor conjunto» que agrega a su personalidad de madre una figura paterna[1]. Esta bicefalia resulta beneficiosa para el hijo, al menos mientras es pequeño, porque, una vez en la adolescencia, como señala Zoja, «es fácil que la psicología sufra una regresión y que requiera distinciones más materiales y menos psicológicas; que requiera, entonces, experimentar el polo paterno y el materno, ya no dentro de la misma persona (la madre), sino, respectivamente, en un hombre y una mujer»[2].

---

[1] El concepto de progenitor conjunto pertenece a L. Zoja, *El gesto de Héctor. Prehistoria, historia y actualidad de la figura del padre*, ed. Taurus, 2018, p. 32.

[2] L. Zoja, *El gesto de Héctor. Prehistoria, historia y actualidad de la figura del padre*, ed. Taurus, 2018, p. 340.

Sin embargo, otras madres ignoran e incluso fomentan y celebran la ausencia paterna, como si de algo disruptivo se tratase y mantienen a los hijos alejados de cualquier idea, concepto o símbolo de paternidad; infligiéndoles un daño en su equilibrio psíquico que no pueden imaginar y que, tarde o temprano, acabará por manifestarse en su propia contra. Esta paradójica situación es «injusta desde el punto de vita afectivo, infundada en el aspecto biológico y antropológico y destructiva en el plano simbólico»[3].

El neofeminismo de la década de los setenta se resumía en la reivindicación «mi cuerpo es mío». La mujer, al apropiarse de su cuerpo, del embrión, del hijo, pretendía apropiarse también de la parentalidad, marginando o negando al padre. La mujer, con los medios anticonceptivos, adquirió un sentimiento de propiedad absoluta sobre los hijos. Desde entonces «la paternidad está determinada por la madre»[4], depende por completo de su voluntad y de las relaciones que mantenga con el padre[5].

En su obra *Sola por elección. Madre por elección. Cómo las mujeres están eligiendo la maternidad fuera del matrimonio y creando una nueva familia americana*, la profesora de Estudios de la Mujer del Wellesley College, Rosanna Hertz, afirma con rotundidad que los padres simplemente no son necesarios. El núcleo familiar real es el constituido únicamente por la madre y el hijo. Los hombres en el mundo actual están obsoletos. Los padres no son esenciales para el bienestar de los hijos y se considera que restablecer al padre en la familia tradicional supone un peligro de vuelta al modelo patriarcal[6].

---

[3] C. Risé, *El padre. El ausente inaceptable*, ed. Tutor, Psicología, 2006, p.139.

[4] E. Sullerot, *El nuevo padre*, ed. Palabra, 1993, pp. 85 y 114.

[5] En relación con el aborto es preciso señalar que en la actualidad los hombres carecen de derecho alguno para impedir la muerte de sus hijos nonatos. Son frecuentes las interrupciones voluntarias del embarazo llevadas a cabo por mujeres sin que el padre lo sepa o comparta su decisión; acto de máximo egoísmo que desgarra la necesaria armonía entre los sexos.

[6] L.B. Silverstein y C.F. Auerbach, Deconstructing the Essential Father, *American Psychologist*, 1999.

En la misma línea, Peggy Drexler, profesora de la Universidad de Cornell, en su libro: Educando a los niños sin hombres, mantiene la bondad de criar a los hijos sin la presencia de un padre, por madres solteras o parejas de lesbianas[7].

Existe actualmente la idea, muy extendida e implantada en la sociedad, de que en la crianza y la educación de los hijos la madre se basta y se sobra, que el padre es prescindible, innecesario, a veces incluso un estorbo, perjudicial o perturbador. La sociedad ha devaluado progresivamente la función paterna, hasta el punto de que la presencia y el papel del padre en la procreación resultan prescindibles. Las técnicas de laboratorio y la ingeniería genética han logrado que el origen y dependencia de un padre se esfumen definitivamente. También hay madres solteras que instrumentalizan a los padres biológicos, a los que no permiten participar luego en su vida y que no tienen ningún derecho sobre el niño. Estas mujeres, puesto que ellas han decidido solas el momento de su fecundidad, ocultándolo al padre, consideran al niño como un bien propio y exclusivo, fruto de su narcisismo y del egoísmo[8].

Estas decisiones suelen basarse en emociones y deseos, y en una libertad considerada como la capacidad de dar rienda suelta al instinto del modo más espontáneo posible. Se ha glorificado la liberación del deseo. Lo que emociona se considera auténtico, seguir el propio instinto, sin dar cabida a la razón, se considera liberador: «El instinto maternal me llamaba cada vez más y no estaba dispuesta a esperar

---

[7] Citado por K. Parker, *Save the Males*, ed. Random House, 2008, p. 82.

[8] Las cifras del Instituto de la Mujer reflejan que el número de personas en esta situación en España no deja de crecer. Mientras en el 2002 había 33.000 madres «por elección», como se autodenominan en Internet, en el año 2009 se contabilizaron 81.000. En algunos países de la UE como la República Checa, Polonia, Hungría y Eslovenia las madres solteras representan un 6 % de la población femenina; en otros, como Estonia y Letonia, llegan incluso a un 9 %, según las cifras de la Eurocámara. En España no hay demasiados datos sobre cuantas madres afrontan la maternidad en solitario. Según datos del INE sobre el porcentaje de hijos nacidos de madres no casadas, España ha pasado de un 30-25 % en 2007 a un 45-88 % en 2016, pero este dato no desglosa cuántos de ellos son criados en total ausencia del padre.

más tiempo a encontrar el hombre adecuado»[9]. Esta es la respuesta que ofrecen la mayoría de las madres solas que han recurrido a la adopción, la inseminación artificial o han tenido relaciones sexuales que han dado como fruto un hijo y no han avisado al padre de la situación[10]. Estas mujeres degradan la paternidad y condenan a sus hijos (huérfanos antes de nacer) a una dolorosa carencia de por vida: la ausencia del padre. En estos casos, se elimina voluntaria y conscientemente al padre ex ante de la historia del hijo, se hace opaca toda la sucesión de padres que ha sedimentado a lo largo de su historia precedente provocando un vacío generacional o genealógico de efectos muy negativos en el equilibrio psíquico de aquel.

Tenemos actualmente una verdadera «explosión» de mujeres que deciden vivir en soledad su maternidad, por medio de la reproducción asistida[11]. Pero tener un hijo siguiendo simplemente los deseos o sentimientos del momento supone en muchos casos un ejercicio de individualismo narcisista que perjudicará la estabilidad y equilibrio personal del niño. Como señala Recalcati:

> En las mujeres que asumen la maternidad en soledad, ajena a toda relación amorosa, es mucho más probable que resulte dominante el deseo de querer tener un hijo respecto del deseo real de la maternidad y los hijos estarán más expuestos a

---

[9] Estas decisiones de maternidad en soledad se basan en muchas ocasiones en el denominado emotivismo, corriente de pensamiento asentada durante la segunda mitad del siglo xx y que justifica cualquier decisión «si sale del corazón». Para el emotivista no hay nada más allá de su experiencia personal, ignorando absolutamente el efecto que su decisión pueda tener en terceros o en el ámbito público. *Vid.* al respecto, N. Chinchilla y C. Moragas, Cuando las emociones mandan, *La Vanguardia*, 20/09/11.

[10] Según datos de la asociación ADECES, en su informe de 2011 sobre técnicas de reproducción asistida, en los últimos años se ha incrementado el número de mujeres que demandan una inseminación artificial sin tener pareja. Aproximadamente entre el 10 y 15 % de los tratamientos de reproducción asistida que se realizan en España se hacen a mujeres que viven solas.

[11] En España, este perfil subió en 2018 un 13 %. En algunas comunidades, como Baleares, el aumento es del 96 %. Datos proporcionados por *El Mundo*, 15 de septiembre de 2019.

convertirse en objetos exclusivos del goce de la madre (…). Por el contrario, si el niño es una metáfora del amor de sus padres (…) su ser en el mundo resultará más fácilmente vital y abierto a la contingencia ilimitada de la existencia[12].

En este sentido, el Comité de Bioética de España alertó sobre los riesgos que se desprenden de basar una decisión tan relevante en los meros deseos:

> Frecuentemente se ha sostenido que el deseo de tener un hijo es la mejor garantía de que será querido y cuidado. Pero no es exactamente así (…). Nuestra sociedad ha tendido a promover la satisfacción de los propios deseos, pero no tanto a asumir las responsabilidades que esos deseos pueden traer consigo (…) aunque exista el deseo y se mantenga firme a lo largo del tiempo, no asegura que el hijo vaya a recibir los mejores cuidados y educación. Para ello, es necesario que ese deseo no sea patológico, inmaduro o egoísta[13].

Al fin y al cabo, la ética siempre se ha basado en el equilibrio entre el deseo y el deber[14].

En estos casos, según Recalcati, la vida no encuentra hospitalidad y viene al mundo mutilada, disociada del sentido, expuesta a una sensación generalizada de superficialidad e insensatez[15]. Bajo el disfraz de una promesa de felicidad, lo que se impone es «el deseo». Pero desear un hijo, como señala Gemma Durand, ginecóloga, es convertir al niño en un proyecto, fuera de contexto, lejos de la conversación amorosa: «Cuando el niño se programa, del anhelo se pasa al proyecto y del proyecto a la posesión. Y el lugar del niño

---

[12] M. Recalcati, *Las manos de la madre. Deseo, fantasmas y herencia de lo materno*, ed. Anagrama, 2018, p. 102.

[13] Comité de Bioética de España, *Informe sobre los aspectos éticos y jurídicos de la maternidad subrogada*, Bilbao, a 16 de mayo de 2017.

[14] G. Durand, en su participación en el libro de J.P. Winter, *El futuro del padre. ¿Reinventar su lugar?*, ed. Didaskalos, 2020, p. 191.

[15] M. Recalcati, *Las manos de la madre. Deseo, fantasmas y herencia de lo materno*, ed. Anagrama, 2018, p. 95.

como sujeto vacila». En estas circunstancias «el azar se ha convertido en una necesidad»[16].

Es preciso diferenciar el deseo del amor. Para Bauman, mientras «el deseo es el anhelo de consumir, de absorber, devorar, ingerir y digerir, de aniquilar (…) el amor es el anhelo de querer y preservar el objeto querido. Un impulso centrífugo, a diferencia del centrípeto deseo (…). En cuanto la satisfacción del deseo es colindante con la aniquilación de su objeto, el amor crece con sus adquisiciones y se satisface con su durabilidad. Si el deseo es autodestructivo, el amor se autoperpetúa»[17].

Además, cuando un hijo es muy planificado, cuando es «producido», especialmente por técnicas de reproducción asistida, se da lugar, entre otras, a una consecuencia para el hijo indeseada, lo que Habermas califica como un «menoscabo de su autocomprensión moral»[18]; pues al «crear» al hijo mediante un procedimiento tan planificado, este resulta sustraído de toda contingencia, espontaneidad o improvisación, que de algún modo existe en el inicio natural de la vida en general[19]. Aquel hijo nace sometido a una relación de dominio, por lo que será menos libre («la libertad humana requiere un comienzo indisponible»), pues los hijos son libres cuando su llegada al mundo escapa de nuestro control, cuando en su advenimiento influye «cierto factor de

---

[16] Citada por J.P. Winter, *El futuro del padre. ¿Reinventar su lugar?*, ed. Didaskalos, 2020, p. 184.

[17] Z. Bauman, *Amor líquido. Acerca de la fragilidad de los vínculos humanos*, ed. Fondo de Cultura Económica, 2008, p. 17.

[18] Habermas, citado por M. Albert Márquez, Distorsión de la maternidad y paternidad, en la obra colectiva: *Mayo del 68. Una época de cambios, un cambio de época*, ed. UFV, 2019, vol. I, p. 92.

[19] En España, nacieron en 2017 unos 34.000 niños por reproducción asistida. De ellos, muchos no conocerán sus orígenes genéticos. Según datos de la Sociedad Española de Fertilidad, de los casi 141.000 ciclos de reproducción asistida realizados en 2017, en torno al 40 % se hicieron con gametos o embriones donados. Y como la legislación española establece el anonimato del donante, los bebés así nacidos no tendrán la posibilidad de acceder a un dato fundamental para establecer su identidad.

riesgo» o «la ayuda parcial del azar en la actividad sexual de sus padres»[20]; cuando no nos deben la vida a nosotros sino a un proceso vital, como ha sucedido en las generaciones precedentes en las que el hijo se sentía como un «subproducto de la actividad sexual de sus padres»[21].

Al niño programado se le exige inconscientemente por la madre que «lo encargó» lo mismo que se exige actualmente con otros productos de nuestra sociedad de consumo: que sea perfecto, que funcione bien, que no decepcione jamás, que cumpla las expectativas que se depositaron en él cuando fue adquirido. Este niño viene de hecho, como afirma Recalcati, a satisfacer las expectativas inconscientes de la madre: «El derecho de propiedad sobre el hijo autoriza a la madre a caer en la pura arbitrariedad, en el capricho insensato, en la aniquilación del otro, en su sometimiento (…). Sin saberlo, está como secuestrado en el deseo de la madre». Lo que generará ansiedad en ella y, en consecuencia, los correspondientes sentimientos de angustia e inseguridad en el hijo-producto-posesión: «En nuestros tiempos, tener hijos es una decisión, y no un accidente, circunstancia que suma ansiedad a la situación. Tener o no tener hijos es probablemente la decisión con más consecuencias y de mayor alcance que pueda existir, y por lo tanto es la decisión más estresante y generadora de tensiones a la que uno pueda enfrentarse en el transcurso de su vida»[22].

En estos casos, el niño no es educado para llegar a ser él mismo, es educado ante todo para gratificar y alimentar el narcisismo de quien «lo encargó». Como señala Bauman, se transforma en «un objeto de consumo emocional»[23]. Un relleno hecho a imagen y semejanza de los vacíos existenciales de su

---

[20] A. Naouri, *Padres permisivos, hijos tiranos*, ed. Ediciones B, 2005, p. 236.

[21] A. Naouri, *Educar a nuestros hijos. Una tarea urgente*, ed. Taurus, 2008, p. 42

[22] M. Recalcati, *Las manos de la madre. Deseo, fantasmas y herencia de lo materno*, ed. Anagrama, 2018, pp. 107 y 120.

[23] Z. Bauman, *El amor líquido. Sobre la fragilidad de los vínculos humanos*, ed. Paidós, 2018, pp. 41-42.

madre. Pronto el hijo, sobre todo si es varón, se convierte en el «cuidador» de su madre, el «hombrecito de la casa». Papel que no le corresponde y que le puede hacer sentirse abrumado: «Se transforma en el hijo codependiente, metafóricamente su amante, y por último su víctima no intencional»[24].

En cambio, el niño no planificado, el niño «sorpresa» será siempre más libre porque, como afirma Cerotti, «su vida no está pensada para responder a una necesidad de sus progenitores»; lo que permite a aquellos encontrar «la distancia emotiva necesaria para apoyarle y guiarle sin pretender el control de su vida»[25].

Al error de programar o dominar el proceso creativo del niño, las madres solas añaden otro grave error, de consecuencias absolutamente desequilibradoras para el hijo: la aniquilación simbólica del padre. Nuestro tiempo es, como señala Recalcati, «el tiempo del colapso de lo simbólico» (y en consecuencia, de la «evaporación» del padre)[26]. Estas mujeres unen a la ausencia física del padre, otra ausencia más profunda si cabe: la ausencia simbólica. Esta se produce cuando las mujeres solas ejercen su maternidad con la creencia infundada de que ellas se bastan y sobran, que el padre es desde todo punto de vista prescindible, que su presencia es, en cualquier caso, perturbadora, cuando no perjudicial, para los hijos. Idea que es absolutamente errónea, puesto que la función materna y la función paterna no son iguales ni intercambiables; sino que ambas son necesarias en un constante juego de retroalimentación, complementándose, equilibrándose en todo momento y circunstancias.

---

[24] A. R. Kipnis, *Los príncipes que no son azules... o los caballeros sin armadura*, ed. Vergara, 2014, p. 247.

[25] M. Ceriotti Migliarese, *Erótica y materna. Un viaje al universo femenino*, ed. Rialp, 2019, p. 61.

[26] M. Recalcati, *¿Qué queda del padre? La paternidad en la época hipermoderna*, ed. Xoroi Edicions, 2011, p.41, nota 13. Como señala este mismo autor en su libro *El complejo de Telémaco*: «La autoridad simbólica del padre ha perdido peso, se ha eclipsado, ha llegado irremisiblemente a su ocaso» (M. Recalcati, *El complejo de Telémaco. Padres e hijos tras el ocaso del progenitor*, ed. Anagrama, 2013, p. 11).

Las mujeres que conscientemente y de propósito prescinden de un padre para sus hijos, lo hacen la mayoría de las veces porque consideran negativo o perjudicial el influjo de la masculinidad. El problema se presenta con especial intensidad cuando estas mujeres son madres de hijos varones. En estos casos, la dificultad para comprender y apreciar la masculinidad, así como los resentimientos hacia ella, se trasladan al hijo varón; lo que se convierte en un obstáculo inconsciente en los pequeños varones en el camino hacia la comprensión de sí mismos. Estos niños crecerán con graves problemas de identidad. Como señala la psicóloga Phyllis Tyson, en su análisis de cómo se forma la identidad del sexo masculino: si la madre devalúa la figura del padre, el hijo varón, como hombre, tendrá miedo a que su madre también le devalúe y lo considere prescindible como a su padre: «Entonces es posible que permanezca en un papel pasivo, dependiente e infantil (...) con agresión defensiva dirigida hacia su madre, con la opinión de que todas las mujeres son castradoras potenciales»[27]. De hecho, el hijo para hacerse hombre debe captar que su identidad de varón cuenta con la aprobación de su madre y que está contenta de que se acerque al padre para transformarse en hombre. Como afirma Ceriotti, «si la madre no lo permite, el hijo varón nunca se convertirá el hombre»[28].

En este sentido, son mayoría los expertos que consideran que, por el bien de los hijos y de la sociedad, es necesario que se permita al padre asumir la responsabilidad que le corresponde como coautor del proceso de procreación[29]. Diversidad de estudios e investigaciones demuestran de forma reiterada y objetiva cómo el desarrollo emocional de los niños está en directa relación con la cariñosa, educa-

---

[27] Citado por A.R. Kipnis, *Los príncipes que no son azules... o los caballeros sin armadura*, ed. Vergara, 1993, p. 98.

[28] M. Ceriotti Migliarese, *La familia imperfecta. Cómo convertir los problemas en retos*, ed. Rialp, 2019, p. 57.

[29] C. Risé, *El padre. El ausente inaceptable*, ed. Tutor, Psicología, 2006, p. 139.

tiva, disciplinante e imprescindible interacción constante de ambos progenitores. Por ello, en ausencia de padre, la madre deberá asumir códigos de conducta y educativos típicos de la sensibilidad paterna. Y viceversa, en ausencia de madre, el padre deberá esforzarse por equilibrar con elementos maternales la educación paterna. Ignorar esto, condenar a los hijos a una absoluta ausencia simbólica de la paternidad, está trayendo consigo unos efectos alarmantemente graves.

Cuando el padre no es nombrado por la madre, cuando no es representativo para ella, cuando la simbología paterna no existe en el ambiente familiar, el hijo sufre una carencia psíquica de efectos muy destructivos para su equilibro personal. Como señala el Dr. F. Dussour, «la ausencia física y simbólica del padre impide la formación del necesario triángulo edípico. Su no acceso cierra la puerta a la integridad psíquica y deja al individuo en los meandros de la psicosis, con sus mecanismos primarios de pulsión»[30]. El niño «creado» en ausencia física y simbólica de padre es privado de sus raíces que le insertan en la historia y en el tiempo y que le permiten comprender mejor su vida y su realidad. Los hijos privados de parte de su pasado crecen en la neurosis de no entender de dónde vienen exactamente y el instinto les impulsará a buscar su origen paterno-filial a toda costa[31].

---

[30] F. Dussour, *Pére, passe et manque: d´une genése de la personalité anti-sociale, Les adolescents difficiles*, CFFES, 1998.

[31] Recientemente el Comité de Bioética de España ha publicado un informe en el que recomienda modificar la Ley de Reproducción Humana Asistida de 2006, para eliminar el anonimato de los donantes de gametos. Se abre así un debate que en otros países europeos ha llevado a cambiar la legislación.

CONSECUENCIAS DE LA AUSENCIA PATERNA (FÍSICA Y SIMBÓLICA)

La ausencia paterna es una realidad cuantificada porcentual y numéricamente. Pero es una realidad inaceptable porque, como afirma Risé:

> La figura del padre es esencial en la procreación, la vida y su desarrollo. Sin una importante presencia paterna, el organismo vital tiende a debilitarse y a perder interés en la propia existencia. Todo lo humano asume una forma definida y consigue su dinamismo a imagen y semejanza del padre que lo genera. De la misma manera que adquiere tranquilidad y seguridad afectiva en la experiencia de la madre positiva que lo acoge.
>
> He aquí por qué hoy existe, de manera muy extendida y de forma más o menos consciente, una fuerte y palpable nostalgia de esta presencia paterna[1].

Incluso los hijos tenidos por aplicación de las nuevas biotecnologías buscarán la identidad del donante del gameto, pues hay estudios que muestran que la ansiedad de los niños concebidos por técnicas de reproducción asistida por conocer a sus padres es mayor incluso que la que experimentan los niños adoptados. Por ello, actualmente, diversos países donde regía la donación anónima han reconocido el derecho del

---

[1] C. Risé, *El padre. El ausente inaceptable* (prólogo), ed. Tutor, Psicología, 2006.

niño a saber este dato, en un reconocimiento del derecho de todo ser humano a conocer sus orígenes[2]. El Comité de Bioética de España se adhiere a esta postura. Para justificarlo, destaca que la herencia biológica forma parte integrante de la identidad personal. Los gametos no son células sin más, transmisoras de la vida humana en general; son transmisoras de una relación paterno-filial, que no se puede borrar: «La filiación [dice el dictamen] es la primera identidad que humaniza adecuadamente. A la identidad personal no es indiferente la identidad biológica: la vida que cada uno vive parte desde la dotación natural recibida y define quién es». Por eso, «ocultar a una persona el conocimiento sobre su origen conlleva negarle uno de los elementos constitutivos de su identidad»[3].

Todos los estudios serios y rigurosos realizados a propósito de este asunto demuestran que los niños que crecen sin conocer quién es su padre tienen una vida mucho más difícil y complicada que los que se benefician de la presencia de ambos progenitores. El efecto de la ausencia del padre en la salud y bienestar de los niños es muy negativo.

La sociedad sin padres es «patológica» en alto grado[4]. Como señala el psicoanalista Winter, «la psicosis, un desorden incontrolable en las palabras y en la vida de una persona, aparece cuando en el lugar de la presencia del padre como padre hay un agujero (…) la persona no sabe quién

---

[2] Es el caso de Suecia, del Reino Unido y más recientemente de Portugal, a través de su Tribunal Constitucional. Otros países en los que rige un régimen legal que permite al hijo acceder a información que le permita identificar a su progenitor son Austria, Finlandia, los Países Bajos, Noruega, Suiza y Alemania. Así se establece también en una Recomendación de la Asamblea Parlamentaria del Consejo de Europa de 2019, que sopesa los derechos de padres, donantes y niños. La Recomendación (2156-2019) reconoce que este derecho no es absoluto y que debe equilibrarse con los intereses de las otras partes involucradas en la donación de gametos. Pero concluye proponiendo a los Estados miembros la supresión del anonimato, aunque sin efectos retroactivos. Será el hijo el que decidirá, a partir de la mayoría de edad, si quiere acceder a la información sobre la identidad del donante y, en su caso, iniciar un posible contacto con él.

[3] Esto es algo que se ha reconocido ya en las leyes sobre adopción en España.

[4] C. Risé, *El padre. El ausente inaceptable*, ed. Tutor, Psicología, 2006, p. 89.

es. No tiene arraigo, no está fija en ningún lugar, está encerrada en su propio universo y a la vez zarandeada por imágenes, palabras, atmósferas»[5].

Diversas investigaciones muestran cómo el aumento actual de los cuadros de ansiedad y estrés puede deberse, entre otros factores, a una menor cercanía física y emocional del padre en el desarrollo de los vástagos y consideran que la carencia de padre está en la base de la mayoría de los problemas sociales actuales más urgentes, desde la pobreza y la delincuencia hasta el embarazo de adolescentes, abuso infantil y violencia doméstica[6]. En palabras de Demarco, la falta de padre nos conduce a la anarquía personal y social[7].

Para David Blankenhorn, director del Institute for American Values (EE. UU.):

> En las primeras décadas del siglo XXI, la principal línea divisoria de la sociedad estadounidense no será el color de la piel, la lengua, la religión o el lugar donde uno vive. Será una cuestión de patrimonio personal: quién, siendo niño, recibió el amor y los cuidados de un padre preocupado por él y por su madre y quién no lo tuvo. Así estará dividida nuestra próxima generación de adultos. Es una situación de tal seriedad que, si se distinguiera entre los niños que van a vivir con su padre cuando cumplan 18 años y los que no, la población menor de todos los Estados Unidos quedaría dividida en dos grupos de igual tamaño[8].

Porque la huella del padre marca y, como señala Risé, «distingue, con mucho, la fisionomía de quien la tiene con respecto a quien no la ha recibido»[9].

---

[5] J.P. Winter, *El futuro del padre. ¿Reinventar su lugar?*, ed. Didaskalos, 2020, p. 60.

[6] Datos extraídos de National Fatherhood Initiative, http://www.fatherhood.org

[7] D. Demarco, *Reversing the Deculturation of Fatherhood*, 2010.

[8] D. Blankenhorn, *Fatherless America, Confronting our most Urgent Social Problem*, Nueva York: HarperCollins Publishers, 1995.

[9] C. Risé, *El padre. El ausente inaceptable*, ed. Tutor, Psicología, 2006, p. 19.

Cuando en una sociedad el fenómeno de la ausencia paterna adquiere carácter masivo, deben esperarse consecuencias, no solo en el devenir psicológico del individuo, sino también de forma generalizada a nivel social. La actual devaluación de la función paterna, provocada por el convencimiento social generalizado de que el padre y la madre son intercambiables, de que no hay diferencias biológicas entre los sexos y de que las mujeres pueden sacar adelante a sus hijos en soledad, ha provocado en los últimos años que muchos niños crezcan en ausencia absoluta de un modelo paterno, con los devastadores efectos que tal omisión tiene sobre el equilibrado desarrollo personal, psíquico y académico de estos niños.

Muchos de los problemas actuales de niños, adolescentes y jóvenes tienen su origen en una falta de atención o deficiente implicación por parte de sus progenitores, en especial de su padre. Varios estudios demuestran que la ausencia del padre, física o simplemente psíquica, puede tener efectos muy negativos sobre los hijos, incluyendo problemas de salud serios, ya que su sistema inmunológico se ve afectado por el estrés que genera tal situación de desamparo, y ello a pesar de los esfuerzos de las madres en estos casos para compensar las carencias afectivo-educativas desde el ángulo paterno; ya que la relación madre-hijo necesita ser compensada, enriquecida y equilibrada por la relación paterno-filial. Existe una relación directa entre la ausencia del padre y determinados problemas sociales actuales de carácter muy grave[10].

Hace treinta años se pensaba que los motivos principales de las conductas conflictivas de los chicos se encontraban principalmente en la pobreza o discriminación. Sin embargo, hoy se sabe que la carencia de padre está en la base de la inmensa mayoría de estas actitudes asociales. Es importante que cada hijo se sienta único frente al padre que lo valora para que adquiera una autoestima adecuada que le

---

[10] Sobre los efectos negativos de la ausencia de padre, *vid.* las estadísticas realizadas por el National Center for Fathering, www.fathers.com.

permita un equilibrado desarrollo personal y que evite posteriores «dependencias emocionales» insanas u otras patologías como «el miedo constante al abandono». Sin olvidar que estas relaciones de dependencia o carencias son el origen también de muchas adicciones (a las drogas, al juego, al sexo...): «Detrás de cada adicción hay una nostalgia, una añoranza, un vacío, una necesidad, un anhelo (...). En muchos adultos, ese anhelo es un reflejo en el tiempo de un hambre de padre insatisfecha»[11].

Consecuencias de la ausencia del padre en el equilibrio psíquico y emocional de los hijos. Datos y cifras

La mayoría de los datos expuestos a continuación han sido extraídos de investigaciones y estudios realizados en EE.UU.[12]. La falta de datos en España da una idea del desconocimiento y la falta de interés por este grave asunto en nuestro país[13].

El sociólogo Duncan Timms (University of Stockholm,

---

[11] J. Schlatter, *De tal Palo. Una mirada desde el corazón del hijo*, ed. Rialp, 2019, p. 140.

[12] Vid. *NRFC Quick Statistics:* Nonresident Fathers (2008). *NRFC Quick Statistics:* Fathers and Child Support (2008). *Responsible Fatherhood Spotlights:* Nonresident Fathers and Children in Foster Care (2008). *Responsible Fatherhood Spotlights:* Nonresident Fathers of Young Children (2007). Datos extraídos también de *U.S. Dept. of Justice; U.S. Department of Health and Human Services; National Center for Health Statistics; U.S. D.H.H.S. Bureau of the Census; Center for Disease Control.* Y aportados por las asociaciones All Pro Dad y National Center for Fathering.

[13] Lo que sí muestran con claridad las estadísticas españolas es que las madres que crían a sus hijos en soledad tienen muchas más posibilidades de engrosar los porcentajes de pobreza y exclusión social. El resultado es siniestro y lo recoge el estudio *Más solas que nunca, Save the Children*, junio 2015, España. Asimismo, según los datos recogidos por la Fundación Adecco, en su VI Informe sobre *Monomarentalidad y empleo*, el 50,1 % de las madres solas está en riesgo de pobreza. Esto son casi 22 puntos porcentuales por encima del resto de tipos de hogar, en los que el riesgo de pobreza se sitúa en el 28,6 %.

1991) realizó un seguimiento de todos los niños nacidos en Suecia en 1953 durante 18 años. Se le hizo un psicodiagnóstico a cada uno de estos 15.000 niños a intervalos regulares. Los que presentaron un grado mayor de disfunción psicológica fueron varones nacidos de madre soltera que crecieron sin padre.

Son convergentes con estas conclusiones los resultados de un seguimiento de más de 17.000 menores de 17 años que realizó en Estados Unidos el National Center for Health Statistics[14]: el riesgo de problemas emocionales y/o de conducta es significativamente más alto para niños que han crecido sin padre (entre 2 y 3 veces más alto).

Ronald y Jacqueline Angel, investigadores de la Universidad de Texas, publicaron un trabajo en el que se evaluaron los resultados de todos los estudios cuantitativos que analizaron los efectos de la ausencia paterna: «El niño que crece sin padre presenta un riesgo mayor de enfermedad mental, de tener dificultades para controlar sus impulsos, de ser más vulnerable a la presión de sus pares y de tener problemas con la ley. La falta de padre constituye un factor de riesgo para la salud mental del niño».

Los adolescentes sin padre se embarcan antes y en mayor medida en experiencias sexuales.

Tienen mayor riesgo de abusar de drogas como el alcohol y la marihuana.

Tienen más posibilidades de sufrir enfermedades mentales y suicidarse.

Sufren más proporción de abandono escolar y criminalidad. Estos efectos se agudizan cuando se trata de niños que experimentaron el divorcio de sus padres siendo menores de 5 años.

En EE. UU., el 29,7 % de los niños sin padre y el 21,5 % de los hijos de padres divorciados que viven solo con su madre han repetido al menos una vez curso, en comparación con el 11,6 % de los que viven con su padre y su madre biológicos. También acceden menos a la universidad.

---

[14] National Health Interview Survey of Child Health (1988).

Un estudio realizado sobre 156 víctimas de abusos sexuales mostró que la mayoría pertenecían a familias sin padre[15].

La mayoría de los niños con carencias afectivas por parte de su padre sufren problemas de identidad sexual y emocionales, como ansiedad y depresión. En general necesitan más ayuda psiquiátrica. El 80 % de los adolescentes en hospitales psiquiátricos provienen de familias rotas. En 1988, un estudio realizado sobre niños de preescolar en tratamiento psiquiátrico en los hospitales de Nueva Orleans descubrió que cerca del 80 % provenían de hogares sin padre[16].

El 72 % de los chicos que han cometido algún asesinato y el 60 % de los que cometieron violación crecieron sin padre. El porcentaje aumenta cuando se refiere a niños y jóvenes de color.

Los niños que han crecido en ausencia de padre son más agresivos, tienen menos autocontrol y escaso sentido de culpabilidad. Son menos solidarios y empáticos y tienen significativamente menos capacidad intelectual. Y experimentan alteraciones de sueño, como pesadillas y terrores nocturnos, que suelen comenzar entre uno y tres meses desde que el padre desaparece del hogar.

El 63 % de los suicidios de jóvenes se dan entre muchachos sin padre.

El 90 % de los niños que se van de casa son de familias sin padre.

El 85 % de los chicos con desórdenes de conducta provienen de familias sin padre.

El 80 % de violaciones con violencia son protagonizadas por chicos de padres ausentes.

---

[15] B. Gomes-Schwartz, J. Horowitz y A.P. Cardarelli, *Child Sexual Abuse Victims and Their Treatment*, U.S. Department of Justice, Office of Juvenile Justice and Delinquency Prevention.

[16] J. Block *et al.*, Parental Functioning and the Home Environment in Families of Divorce, *Journal of the American Academy of Child and Adolescent Psychiatry*, 27 (1988). N. Zill, D. Morrison y M.J. Coiro, Long Term Effects of Parental Divorce on Parent-Child Relationships, Adjustment and Achievement in Young Adulthood, *Journal of Family Psychology*, 7 (1993).

Los jóvenes sin padre protagonizan el 71 % del abandono escolar en secundaria.

El 75 % de los adolescentes en centros de desintoxicación no conocen a su padre.

El 70 % de jóvenes internados en reformatorios crecieron sin padre.

El 85 % de jóvenes en prisión en EE. UU. proviene de familias en las que solo estaba la madre[17].

Un punto interesante al respecto es que el impacto de una madre ausente respecto de la variable criminalidad es casi nulo, lo que confirma la especificidad de la figura paterna respecto de la conducta transgresora[18].

En cuanto a la pobreza, los niños de familias sin padre tienen 5 veces más posibilidades de ser pobres y hasta 10 veces más de ser extremadamente pobres[19].

Los efectos negativos de la ausencia paterna adquieren mayor intensidad cuando los hijos son varones, en especial, en lo relativo al autocontrol y fracaso escolar. Estos chicos tienden a mostrar actitudes masculinas muy exageradas con radicalización de estereotipos por la falta de un modelo adecuado de masculinidad[20].

En relación con las niñas, la presencia del padre es determinante para su autoestima. En los hogares sin padre las niñas suelen embarcarse antes en relaciones sexuales, embarazos tempranos y divorcios[21]. El riesgo de embarazo en la

---

[17] *Prison Reform Trust*, 2015. También en Inglaterra y Gales el 76 % de todos los hombres en prisión han crecido en ausencia de padre.

[18] La conexión entre ausencia del padre y delincuencia surge de numerosos trabajos de investigación. Fulton Co. Georgia Jail Populations, Texas Dept. of Corrections 1992; Adams, Milner y Schrepf, 1984; Anderson, 1968, Chilton y Markle, 1972; Monahan, 1972; Mosher, 1969; Robins y Hill, 1966; Stevenson y Black, 1988; Wilson y Herrnstein, 1985; Bohman, 1971; Kellam, Ensminger y Turner, 1977.

[19] K. Canfield, *The Heart of a Father*, ed. Northfield, 1996, p. 20.

[20] *Men in Families and Family Policy in a Changing World*, Department of Economic and Social Affairs Division for Social Policy and Development, United Nations, Nueva York, 2011, p.66.

[21] El estudio titulado *Does Father Absence Place Daughters at Special Risk for Early*

adolescencia es también un 100 % más alto en ausencia de padre. Por otra parte, la doctora Maine, sostiene que la carencia de padre (o su presencia débil y desdibujada) hace que las hijas necesitadas de las funciones que este debería brindarles no se sientan ni validadas ni valoradas y empiecen a dudar de sí mismas, a no gustarse, a tratar de modificarse, a partir de lo físico, de un modo obsesivo y, en última instancia, a tratar de llamar la atención a través de fenómenos corporales[22].

Como señala el psiquiatra Schlatter, en términos generales «las consecuencias en los chicos suelen alterar más el orden social y son más externalizadas —adicciones, agresividad y violencia— mientras que las chicas sufren más problemas internalizados como ansiedad, depresión...»[23].

Pero lo más grave es que nos encontramos ante un problema intergeneracional: los hijos que han crecido sin padre son más proclives a tener hijos fuera del matrimonio y no querer asumir responsabilidades al respecto[24].

Estas cifras nos permiten medir cuantitativamente la tragedia, pero de ningún modo alcanzan a reflejar el dolor y sufrimiento de los miles de hijos afectados por esa dolorosa carencia, «un agujero negro en el alma»[25]. Estos hijos viven la peor de las orfandades; aquella en la cual sus padres están vivos[26].

En este sentido, es preciso señalar que cuando la ausencia se debe al fallecimiento del padre, las consecuencias son

---

Sexual Activity and Teenage Pregnancy? muestra que las adolescentes que experimentan ausencia de la figura paterna presentan una mayor tendencia a quedar embarazadas.

[22] M. Maine, Hambre de padre, *Perspectivas sistémicas*, n. 66, mayo-junio, 2001.

[23] J. Schlatter, *De tal palo. Una mirada desde el corazón del hijo*, ed. Rialp, 2019, p. 146.

[24] Furstenberg and Weiss, 2000. *Men in Families and Family Policy in a Changing World*, Department of Economic and Social Affairs Division for Social Policy and Development, United Nations, Nueva York, 2011, p. 67.

[25] S. Sinay, *Ser padre es cosa de hombres*, ed. Del Nuevo Extremo, Argentina, 2012, p. 21.

[26] *Vid.* al respecto, S. Sinay, *La sociedad de los hijos huérfanos*, Ediciones B, Argentina, 2012.

notablemente menos nocivas para los hijos, porque la separación es más comprensible para estos y porque, al no ser una ausencia deseada por la madre, esta suele adoptar parte de los roles paternos en un esfuerzo por llenar el vacío de la función paterna e intentar así equilibrar la educación de los hijos.

Lo mismo podemos decir de aquellos casos en los que el padre se halla fuera del hogar por motivos de trabajo u otras causas contrarias a su voluntad y la de la madre. En estos casos, el padre está físicamente ausente pero simbólicamente presente. La madre lo respeta y lo hace respetar por sus hijos, a los que habla de su padre con ternura y afecto. El padre ausente físicamente está, sin embargo, presente simbólicamente.

Ausencia de padre y violencia

Entre el 6 y el 10 de agosto de 2011, muchos barrios de Londres y otras poblaciones inglesas sufrieron desórdenes generalizados, caracterizados por saqueos descontrolados y ataques incendiarios de violencia sin precedentes; 5 personas murieron y al menos otras 16 resultaron heridas como resultado directo de los actos violentos cometidos. Las pérdidas económicas por daño a la propiedad privada alcanzaron la cifra aproximada de 200 millones de libras esterlinas, y la actividad económica local se vio afectada de modo significativo. Hasta el 15 de agosto fueron detenidas 3100 personas y se presentó acusación formal contra más de 1000 de ellas. Un estudio sociológico posterior demostró que la mayoría de los detenidos eran varones jóvenes que habían crecido en ausencia física del padre o bien con una enorme distancia emocional del mismo (ausencia psíquica)[27].

Como señaló el propio David Cameron:

---

[27] Antecedente de este hecho en Francia es el informe elaborado por el juez Bruel por encargo de Lionel Jospin, en el que se estudiaba el origen de la violencia en los barrios marginales. Su diagnóstico fue claro y contundente: carencia paterna.

¿Puede haber alguien que crea todavía que no hay relación entre la ausencia paterna y el salvajismo de los jóvenes que recorrían las calles como si fueran bestias? Si queremos tener la esperanza de arreglar nuestra sociedad rota, tenemos que empezar por la familia y por los padres. En ausencia de padre, los niños tienen más posibilidad de vivir en pobreza, abandonar la escuela y acabar en prisión. No podemos ignorar esto[28].

Estos hechos podrían repetirse en cualquier lugar del mundo desarrollado. De hecho, Gilles Kepel, experto en terrorismo islámico, desarrolló en Francia un estudio basado en entrevistas realizadas a jóvenes yihadistas en prisión y constató un único punto en común entre todos estos jóvenes peligrosos: la ausencia del padre bajo una forma u otra[29].

Por otra parte, en un país tan distante de Francia como Colombia, en esa misma línea, Botero (2008) realizó una investigación en Bogotá a través de tres fragmentos de historias de vida de madres solas. El estudio plantea la incidencia que tiene la ausencia física y emocional del padre en la perpetuación de la violencia, la delincuencia, el sicariato y demás figuras de terror en ese país y en la descomposición del sistema, encontrando como resultado en los tres casos padres ausentes[30].

Son muchos los estudios e investigaciones que marcan un nexo de unión directo entre ausencia paterna y violencia. La relación entre estructura familiar y delincuencia es mucho más sólida y relevante que la existente entre marginalidad y criminalidad o pobreza y delincuencia. Las estadísticas demuestran que solo el 13 % de los delincuentes juveniles pro-

---

[28] David Cameron on riots: broken society is top of my political agenda. *The Guardian*, 15 de agosto de 2011.

[29] Citado por J.P. Winter, *El futuro del padre. ¿Reinventar su lugar?*, ed. Didaskalos, 2020, p. 146.

[30] Datos extraídos de D. Montoya Zuluaga, N. Castaño Hincapié y N. Darío Moreno Carmona, Enfrentando la ausencia de los padres. Recursos psicosociales y construcción de bienestar, *Revista Colombiana de Ciencias Sociales*, 7(1, enero-junio, 2016), 181-200.

vienen de familias en las que el padre y la madre biológica están casados. Por el contrario, el 33 % son hijos de padres separados o divorciados y el 44 % proviene de padres que nunca estuvieron casados[31].

Los psiquiatras insisten en que el niño que no ha experimentado el conflicto edípico —chocar con el padre y sus corolarios sociales— tiene muchas posibilidades de lanzarse en su juventud a comportamientos asociales, violentos, agresivos[32]. Sin la guía y dirección de un padre, la frustración de los muchachos les conduce a variadas formas de violencia y comportamiento asocial[33]. En ausencia de padre «las pulsiones odiosas surgen y se desbordan desordenadamente»[34]. Al eliminar al padre se ha suprimido una de las etapas principales del desarrollo de la personalidad: la fase en que el joven se enfrenta a la prohibición, con la norma paterna[35].

Desde los 8 o 9 años, los niños sin padre (y sin otra figura masculina sustitutiva de padre ausente) tienen muchas posibilidades de buscar en la calle su medio de vida, sus modelos, sus líderes, sus ritos iniciáticos, su identificación y su sustento. Su vida no será una vida de familias, sino de bandas callejeras. Crecerán en el desorden, sin capacidad para integrarse en sociedad e incapaces asimismo de asumir más

---

[31] En el Reino Unido, la ausencia masiva de padres durante la Primera Guerra Mundial fue la causa a la que algunos medios, como *The Times*, *The Guardian* o *Daily Mirror*, atribuyeron el aumento de la delincuencia juvenil (F. Vidal, *La revolución del padre. El padre que nace y crece con los hijos*, ed. Mensajero, 2018, p. 158).

[32] En su retorno a Freud, Lacan va a resaltar la importancia del padre enunciada por el fundador del psicoanálisis. Lo hará al formalizar el mito edípico a modo de metáfora, en la que se destacará el papel fundamental del padre como privador de la madre. *Es imprescindible que el NO del padre se haga ley para la madre*. En la conceptualización de este proceso se revela la función normalizadora del padre en tanto corte y barrera respecto del deseo incestuoso. Se trata de una función de interdicción.

[33] J. Dobson, *Bringing up Boys*, ed. Tyndale, 2001, p. 56.

[34] J.P. Winter, *El futuro del padre. ¿Reinventar su lugar?*, ed. Didaskalos, 2020, p. 150.

[35] C. Risé, *El padre. El ausente inaceptable*, ed. Tutor, Psicología, 2006, p. 102.

tarde su propia paternidad en toda su dimensión afectiva, educativa y social[36].

Los economistas de la Universidad de California, Llad Phillips y William Comanor, basándose en un seguimiento de más de 15.000 adolescentes que realiza anualmente el Center for Human Resources (Ohio State University), encontraron una fuerte asociación estadística entre ausencia de padre y delincuencia y violencia juvenil: el riesgo de actividad criminal en la adolescencia se duplica para varones criados sin figura paterna.

También los antropólogos M. West y M. Konner detectaron una relación entre ausencia del padre y violencia, al estudiar el funcionamiento de una serie de culturas diferentes. Las culturas con mayor involucración del padre en la crianza de los hijos resultaron ser las menos violentas[37].

En ausencia de padre, los jóvenes no encuentran el límite a su psicología que impone la presencia de la función paterna, que les ayuda a interiorizar el sentido de la ley y, en consecuencia, como no saben «cómo pertenecer», roban, agreden y son violentos para ocupar, a la manera primitiva, un territorio. En palabras de Anatrella: «Cuando el padre está ausente, cuando los símbolos maternales dominan y el niño está solo con mujeres, se engendra violencia»[38]. La negación de la función paterna pone en peligro a toda la sociedad. Son muchas las investigaciones que advierten de la sólida relación estadística existente entre los niños problemáticos y violentos y la ausencia de padre[39].

Para el pediatra Aldo Naouri, «la violencia pulsional (de los chicos) nunca renuncia a manifestarse». Y lo consigue

---

[36] *Vid.* E. Sullerot, *El nuevo padre*, ed. Palabra, 1993, pp. 216-217.

[37] West, M.M. y Konner, M.J. The Role of the Father: an Anthropological Perspective, en *The Role of the Father in Child Development*, M.E. Lamb (ed.), Wiley, Nueva York, 1976. pp. 185-218.

[38] T. Anatrella, *La diferencia prohibida. Sexualidad, educación y violencia*, ed. Encuentro, 2008, p. 24.

[39] *Vid.* al respecto, M. Gurian, *A Fine Young Man. What Parents, Mentors, and Educators can do to Shape Adolescent Boys into Exceptional Young Men*. Nueva York,

con especial facilidad cuando el padre no ha construido las necesarias barreras destinadas a canalizarla o desviarla mediante un proceso «civilizador» del que es el principal protagonista[40].

En este sentido, señala Cordés, que quien busca los motivos de la predisposición hacia la violencia solo o principalmente en factores socioeconómicos se queda en la superficie del problema. Se queda satisfecho con una teoría de socialización de cortos vuelos; infravalora el influjo de la familia y el enorme efecto del comportamiento paterno, pasando por alto la influencia decisiva de las relaciones intrafamiliares[41].

Es por ello urgente revalorizar al padre y devolverle al lugar que le corresponde socialmente y que ha ocupado a lo largo de la historia de la humanidad: «El lugar afectivo y simbólico en que el hombre ha aprendido a respetar la norma y a transformar la agresividad. Solo la recuperación de una relación significativa con la figura paterna puede liberar al individuo de la sociedad occidental del laberinto perverso en que ha sido arrojado y devolverle una confiada orientación hacia la vida»[42].

Tarcher/Putnam, 1999.

[40] A. Naouri, *Educar a nuestros hijos, una tarea urgente*, ed. Taurus, 2008, p. 58.

[41] P.J. Cordes, *El eclipse del padre*, ed. Palabra, 2004, pp. 50-51.

[42] C. Risé, *El padre. El ausente inaceptable*, ed. Tutor, Psicología, 2006, p. 109.

PADRES AUSENTES PSÍQUICAMENTE. LA DISTANCIA EMOCIONAL

Era un hombre invisible,
en el sentido más profundo e inexorable de la palabra.

P. Auster, *La invención de la soledad*

En otros casos, el padre está presente físicamente en el hogar, pero no se corresponsabiliza en la educación y crianza de los hijos; tarea que abandona en manos de la mujer. Lo que provoca un distanciamiento emocional con aquellos, a los que apenas conoce y, por lo tanto, no comprende. La relación padre-hijo está hecha de ausencia, aun cuando hay presencia física. Es el denominado por los psicólogos síndrome de la función paterna en fuga[1]; aunque el padre está presente físicamente, no ejerce su papel. El lugar del padre como modelo y guía emocional es un espacio deshabitado, desvalorizado, minimizado, muchas veces descalificado y a menudo invadido por madres de muy buenas intenciones[2].

---

[1] Este concepto fue acuñado por vez primera por M.A. Acquesta, aunque con un sentido o significado diferente al utilizado en la presente obra. *Vid.* al respecto, M.A. Acquesta, *El síndrome de la función paterna en fuga*, Facultad de Ciencias Sociales, (UNLZ), año VII, número 12, V3 (2010), pp. 73-83.

[2] S. Sinay, *Misterios masculinos que las mujeres no comprenden*, ed. Océano del Nuevo Extremo, 2001, p. 146.

Son padres en un sentido biológico, pero muchos no hacen los ajustes psicológicos y de comportamiento que se necesitan para asumir el papel de padre en sentido funcional e incluso existencial. Los hijos están presentes, pero no los «ven» ni fomentan el contacto con ellos. Lo que puede causarles un dolor profundo y consecuencias negativas en su desarrollo equilibrado, pues todo niño necesita tener «sintonía» con su padre y sentirse «valioso» ante sus ojos. Todo niño empieza a percibirse como adecuado o inadecuado a partir de la respuesta que encuentra en sus relaciones con su padre que percibe e interpreta como aprobación o desaprobación. Y a partir de estas señales, el niño construye poco a poco una imagen de sí mismo como alguien valioso o no[3].

Los jóvenes, especialmente en la pubertad, experimentan una profunda atracción por su padre, un deseo de estar en contacto, de ser acogido y abarcado por su campo psíquico. Sin embargo, cuando se encuentran con un padre distante e incapaz de proporcionar atención, afecto y aprobación, incapaz de satisfacer estas necesidades emocionales, se sienten culpables, que han fallado en algo y se preguntan: «¿Qué hay de malo en mí para que mi padre no me quiera?». En estos casos, el mensaje figurado que reciben y que hunde su autoestima es: «No eres lo bastante digno para ser amado».

Existe en la actualidad un sentimiento muy difundido: «La nostalgia de la mirada del padre»[4]. De un padre que te mire con ternura, que te conozca, que te vea, te sonría, aunque también te grite de vez en cuando e incluso te castigue cuando sobrepases los límites por él previamente impuestos. De un padre que trabaja fuera y trae el sustento pero que vuelve siempre, retorna al hogar y, además de mantener el orden, reparte afecto y comprensión. Un padre que se cansa, se irrita, se estresa pero al mismo tiempo escucha, comprende, perdona, sonríe.

---

[3] M. Ceriotti Migliarese, *La familia imperfecta. Cómo convertir los problemas en retos*, ed. Rialp. 2019, p. 76.

[4] C. Risé, *El padre. El ausente inaceptable* (prólogo), ed. Énfasis, 2006.

El concepto de orfandad actualmente, como señala acertadamente Sinay, excede la acepción tradicional. Hay una orfandad que va mucho más allá de todos los bienes materiales y el sustento que se pueda proporcionar a un hijo. Se trata de una orfandad emocional y afectiva (ausencia de interacción nutricia y amorosa con su padre); orfandad ética (privación de referencias, ejemplo, valores, principios, pautas); orfandad espiritual (ausencia de trascendencia a instancias superiores y de referencias existenciales esenciales); orfandad normativa (ausencia de límites, de normas, de control amoroso por parte de su padre)[5].

La simple presencia física del padre no basta para un desarrollo equilibrado de los hijos. Aquella debe ser una presencia activa, real, operativa, consciente, creativa, nutricia, que orienta y da referencias, que registra, mira, ve, escucha, siente, comprende, toca, empatiza, ama. Presencia significa dación de afecto y comprensión; pero también significa la imprescindible imposición sin complejos de normas familiares que garanticen la armonía en el hogar, así como la imposición de sanciones o penalidades cuando aquellas resulten incumplidas.

Las causas de la ausencia psíquica del padre pueden ser muy diferentes, según si la distancia emocional tiene su origen en el propio padre o si ha sido provocada por la madre.

Distancia paterna heredada

Como señala el psiquiatra Schlatter, «la calidad de nuestras relaciones interpersonales va a depender también de cómo haya sido nuestro aprendizaje emocional desde niños»[6] (…) y «aunque lo normal es que un padre quiera evitarlo, los datos sugieren que hay habitualmente una tendencia a repetir

---

[5] *Vid.* al respecto, S. Sinay, *La sociedad de los hijos huérfanos. Cuando padres y madres abandonan sus responsabilidades y funciones*, ediciones B, 2012, pp. 22-23.

[6] J. Shlatter, *De tal palo. Una mirada desde el corazón del hijo*, ed. Rialp, 2019, p. 134.

durante la vida como sujetos activos los patrones que uno padeció en la infancia»[7]. Y esto puede afectar de manera muy directa al ejercicio de la propia paternidad. Hombres cuyos padres han mantenido una rígida distancia emocional con ellos, que no han sido objeto de muestras de afecto o cariño por su progenitor, no han aprendido a ser afectuosos o cercanos por falta del ejemplo correcto en el propio entorno familiar y luego, al ser padres, tienden a repetir los patrones que les fueron aplicados en su hogar. Varones de padres que estuvieron ausentes en la cotidianeidad de sus dolencias, de sus necesidades afectivas, de sus vivencias emocionales. Es lo que vieron como modelo y lo que aprendieron.

Durante generaciones se enseñó a los hombres a mantener económicamente a las familias, pero no a mostrar cariño o afecto. Padres que basaban su rol prácticamente solo en su obligación de traer el sustento al hogar. Su función prioritaria era la provisión material. Dimitían de su rol de educadores, para ser simplemente «abastecedores». Algunos además controlaban los aspectos académicos de los hijos en cuanto a rendimiento y fiscalizaban el comportamiento. Estos padres presentes en estas tareas sin embargo «brillaban por su ausencia» en el plano emocional de la vida de sus hijos.

Eran padres analfabetos emocionales, personalidades alexitímicas[8], incapaces de mostrar cariño explícito, especialmente con los hijos varones. Les preocupaba traer el sustento material al hogar, careciendo de la capacidad precisa para proporcionar asimismo el sustento emocional que los hijos precisan. Mantenían la disciplina en el entorno familiar abandonando todo lo relativo a los sentimientos y afectos al mundo femenino maternal muchas veces de forma bienintencionada pero obviamente equivocada.

---

[7] Ídem. p. 119

[8] Término que procede del latín: *a*, partícula negativa; *lexos*, «lenguaje», y *timos*, «afectividad». De acuerdo con Sifneos (1973), quien introdujo el concepto en el ámbito de la psiquiatría, este término significa literalmente «ausencia de palabras para expresar las emociones»; y denota una dificultad en identificar y describir emociones, así como una vida de fantasía interna empobrecida.

Así, durante generaciones, los hijos, sobre todo los varones, del progenitor de su mismo sexo terminaron obteniendo un modelo parcializado: les mostraba cómo actuar, cómo hacer, pero no los guiaba en el sentir y, mucho menos, en la expresión de lo afectivo. Es lo que vieron como estereotipo. Al no haber tenido de quién aprender, no tienen cómo saber y tienden a repetir el modelo que conocieron. Tienen profundamente arraigadas las pautas tradicionales que a ellos les impusieron. Padres pertenecientes a culturas patriarcales trasnochadas. En su mayoría buenas personas, excelentes profesionales, honrados trabajadores que luchan por «salvar el mundo» mientras se hunde su hogar. Muchos de ellos piensan honestamente que están haciendo mucho por sus hijos, pero la realidad es que al hacerlo «sin sus hijos» los están perdiendo y perjudicando, mientras condenan a las mujeres a una profunda soledad educativa, dañando así también su relación de pareja.

Pero, por suerte, los padres no nacen, sino que se hacen. Como señala Schlatter, esa «cascada hereditaria» puede modificarse[9]. Siempre hay tiempo para aprender a ejercer correctamente la paternidad. Los sentimientos y emociones son educables y se puede aprender a manifestar las emociones y el amor sin vergüenza ni prejuicios, con naturalidad y espontaneidad. En palabras de Ceriotti, «en el campo de las relaciones humanas, siempre se puede cambiar de rumbo, siempre se puede recomenzar»[10].

Estos padres pueden superar sus experiencias paterno-filiales negativas del pasado, descubrir recursos personales íntimos postergados y convertirse en padres emotivos y afectuosos. Si bien es cierto que en este cambio el papel de la mujer es básico y esencial, cediéndole espacio, haciéndole corresponsable, ayudándole a desarrollar su expresividad emocional y favoreciendo una relación íntima y de confian-

---

[9] J. Shlatter, *De tal palo. Una mirada desde el corazón del hijo*, ed. Rialp, 2019, p. 143.

[10] M. Ceriotti Migliarese, *La familia imperfecta. Cómo convertir los problemas en retos*, ed. Rialp. 2019, p. 45.

za con los hijos. Las mujeres, especialmente cuando han sido madres, son maestras en el mundo afectivo y pueden colaborar ayudando al padre a comprender sus emociones y manifestarlas, a acercarse a los hijos; no solo desde un punto de vista disciplinante y controlador, sino también desde la expresión sincera y cálida del amor y los sentimientos. De este modo, a la presencia física uniremos la nutriente y esencial presencia emocional del padre que a lo largo de la vida de los hijos complementará y equilibrará las imprescindibles aportaciones maternas.

Distancia paterna bienintencionada pero errónea

En la preadolescencia y posterior adolescencia, edad de melancolías, incertidumbres, confusión e inmadurez, cuando los hijos necesitan de forma apremiante a su padre, se produce la paradójica situación de que los jóvenes se muestran exteriormente desafiantes, antipáticos y agresivos, lo que dificulta la comunicación con sus progenitores y provoca el consiguiente distanciamiento paterno. Los jóvenes en esta complicada etapa vital desean con fuerza la cercanía de su padre, pero simultáneamente provocan su alejamiento con sus actitudes y ademanes.

Ante esta situación, muchos padres se apartan voluntariamente de los hijos al interpretar el rechazo de estos como una exigencia de legítima autonomía. Sin embargo, estamos ante el momento vital de los hijos en el que la presencia y vigilancia paterna es más necesaria que nunca, especialmente para evitar experiencias demasiado precoces que lejos de conducirles a la madurez supondría saltarse tareas psicológicas de la infancia y de la pubertad absolutamente imprescindibles para adquirir un correcto equilibrio y madurez emocional.

La dificultad de entablar una adecuada comunicación padre-hijo en esta etapa se ve ampliada en la actualidad en una sociedad culturalmente compleja donde los cambios son cada vez más rápidos y los padres que no están «al día» quedan a años luz de los intereses, aficiones y gustos de sus hijos. Algunos padres piensan que sus hijos están tan informados con los actuales medios y son tan independientes que no necesitan más de ellos. Pero esto no es así en absoluto. Lo que desean los hijos es que su padre esté disponible siempre a pesar de todo y les indique qué es lo que deben hacer. La realidad es que desean que su padre se «meta donde nadie le llama»[11].

Ante esta complicada fase del crecimiento de los hijos, los padres deben ser conscientes de que la mayor parte de las provocaciones y conductas disruptivas del adolescente se deben a su necesidad de llamar la atención, requiriendo el afecto y la corrección paternas. Están exigiendo la intervención y el afecto paterno más que en ninguna otra etapa de su vida, aunque lo hagan de forma traumática, llamativa y agresiva. Por ello, el padre no debe perder de vista que hay que querer a los hijos más, cuando menos lo merecen, porque es cuando más lo necesitan.

Los adolescentes buscan y desean en su fuero interno los límites, las prohibiciones e incluso los castigos, porque necesitan ubicarse en el mundo. Precisan saber lo que está bien y lo que está mal. Necesitan fronteras contra las que rebelarse. Sin normas que ser infringidas, sin límites que ser traspasados, su vida carece de sentido. Y es al padre, con cariño y afecto, al que corresponde marcar esos límites y reconducir a los hijos al sendero correcto. Porque además «los límites nos obligan a elegir y hacernos cargo de nuestras elecciones. Los límites nos convierten en seres responsables, nos recuerdan nuestra humanidad, nos dicen que no estamos solos en

---

[11] Bonnie Root, una mujer que sufría alcoholismo en vías de recuperación, recordaba lo siguiente en una entrevista hecha en 1998: «Cuando tenía 14 años mi novio me introdujo en el mundo del *crack*, una versión sintética y barata de la cocaína. Tenía aspecto de estar "enganchada" —llevaba el pelo hecho una pena, mi piel estaba en malas condiciones— pero aun así, mi padre nunca me preguntó qué me pasaba. En realidad yo no quería hacer lo que estaba haciendo. Lo que quería era que mi padre me dijera que me quería y que estaba preocupado. Pero eso no sucedió nunca…». Extraído del libro de Wendy Shalit, *Retorno al pudor*, ed. Rialp, 2012, p. 319.

el universo, que nuestras acciones tienen efectos, que existe el mundo, que están los otros»[12].

Distancia provocada por la madre. Familias matrifocales. El prejuicio del padre inútil

En dirección diametralmente opuesta, están aquellos padres distanciados por la interposición materna. Padres que desde un inicio deseaban implicarse en la crianza y educación de los hijos pero que han sido desplazados de su paternidad por la propia mujer, que desconfía abiertamente de la sensibilidad educativa masculina debido a su presunta falta de calidad en la relación con los hijos. Madres que sienten que compartir los espacios integrales de la crianza es ver debilitado su rol materno y, en consecuencia, un pilar fundamental de su feminidad y autoestima[13]. Algunos padres describen a sus hijos como «secuestrados» por su mujer con el objetivo de evitarles su supuesta influencia negativa. Como señala Poli, en estas circunstancias se crea una alianza madre-hijo:

> Están siempre de acuerdo, se respaldan y defienden el uno al otro, ateniéndose a un pacto no escrito de defensa recíproca. Mujer e hijo se mueven como perfectos aliados. Progresivamente el padre queda encasillado en la figura del perdedor y queda encerrado en el estereotipo del malo, de persona con un carácter insoportable. Se sentirá generalmente en minoría hasta acabar recluyéndose definitivamente en sí mismo[14].

Es lo que algunos psicólogos denominan familias «matrifocales». Según Zoja, la «matrifocalidad» se entiende como

---

[12] S. Sinay, *La sociedad de los hijos huérfanos*, ediciones B, 2008, p. 145.

[13] S. Sinay, *Ser padre es cosa de hombres*, ed. Del Nuevo Extremo, Argentina, 2012, p. 42.

[14] O. Poli, *Corazón de padre*, ed. Palabra, 2012, pp. 29 y 30.

una condición familiar en la cual el padre no se encuentra del todo ausente, pero en la que su presencia no resulta decisiva: el vínculo madre-hijo es muy fuerte, y el que se establece entre el padre y el hijo es sumamente débil; la familia extendida la conforma solo la materna, las mujeres son las que toman las decisiones importantes y el padre se nuestra pasivo[15]. El origen de esta configuración familiar se produce, en gran medida, por una falta de confianza de la madre hacia las actitudes paternas en la crianza y educación de los hijos. La madre considera al padre torpe o no válido para estas labores y le deja de lado sin permitirle intervenir. La madre parte de un prejuicio de inutilidad del padre en los asuntos domésticos. El espacio paterno está invadido por la madre que considera que es la única que tiene calidad. El padre desplazado es «el inoportuno, el no deseado, aquel que no tiene espacio entre la madre y el hijo. Debe ser el espectador benévolo de la pareja madre/hijo»[16]. En estos casos, la distancia emocional entre el padre y los hijos es provocada por la madre, que se considera a sí misma como la única competente para dar afecto y educación de calidad, lo que mantiene al padre al margen tanto de las decisiones más importantes que atañen a los hijos como de los pequeños detalles de cada día. Cuando el padre no es significativo para la madre, el niño lo percibe y él mismo se coloca en su lugar convirtiendo la función paterna en inexistente.

Muchos padres que no son valorados o tenidos en cuenta en el ámbito familiar, calificados de torpes, criticados o considerados estorbos en la educación de sus hijos por sus propias mujeres, optan por apartarse y dejar esta competencia en manos de la madre. Cuando esta prefiere hacerlo todo ella sola, cuando no desea la intervención del hombre, al que considera poco fiable, cuando infravalora la figura masculina en el hogar, el padre, en muchos casos, acaba cediendo

---

[15] *Vid.* al respecto, L. Zoja, *El gesto de Héctor. Prehistoria, historia y actualidad de la figura del padre*, ed. Taurus, 2018, p. 267.

[16] T. Anatrella, *La diferencia prohibida. Sexualidad, educación y violencia*, ed. Encuentro, 2008.

toda la responsabilidad educativa a la madre y, al no sentirse necesario ni querido, se refugia en un trabajo que le resulta más gratificante y retributivo, lejos de un hogar en el que no es bienvenido y del que se siente perfectamente ajeno. Muchos de estos padres se sienten a gusto en un trabajo donde son altamente valorados y admirados como personas eficaces y virtuosas. Sin embargo, en sus casas, pasan a un segundo plano, prácticamente son ignorados o resultan poco significativos para su mujer e hijos. En estas circunstancias, al llegar al hogar, experimentan sensaciones de vacío y soledad.

En estos supuestos, los padres se hallan llenos de confusión respecto al papel que desempeñan: cualquier elevación del tono de voz puede ser calificada de autoritarismo, cualquier manifestación de masculinidad es interpretada como un ejercicio de violencia intolerable, el intento de imponer alguna norma como cabeza de familia le puede llevar a ser tachado de tirano o maltratador. El padre siente su propia autoridad como un lastre y su ejercicio le genera mala conciencia, por lo que opta por retirarse discretamente del escenario. Como afirma Recalcati, «no son capaces de tomar la palabra, no saben soportar el peso simbólico de su función pública, se muestran perdidos, evaporados»[17].

---

[17] M. Recalcati, *El complejo de Telémaco. Padres e hijos tras el ocaso del progenitor*, ed. Anagrama, 2014, p. 23.

¿QUÉ ES UN PADRE?
LA DESCULTURIZACIÓN
DE LA PATERNIDAD

He intentado descubrir yo mismo, desde el comienzo, de pequeño, lo que estaba bien y lo que estaba mal, ya que nadie a mi alrededor podía decírmelo. Y ahora reconozco que todo me abandona, que necesito a alguien que me señale el camino y me repruebe y me elogie, no en virtud de su poder sino de su autoridad, necesito a mi padre.

A. Camus, *El primer hombre*

La paternidad en la actualidad se nutre de una paradoja peculiar: por una parte, el aumento exponencial de las familias sin padre; pero, por otra, el deseo de implicarse y ser parentalmente competente de muchos hombres que han hecho de la paternidad una prioridad en su vida y quieren desarrollar en profundidad y con dedicación la labor educativa y crianza de los hijos, colaborando asimismo activamente en las labores cotidianas del hogar[1]. No quie-

---

[1] Un informe reciente de la Oficina del Censo Estadounidense revela que el 32 % de los padres con parejas que trabajan fuera de casa se ocupan ahora de modo habitual de sus hijos menores de 15 años, mientras que en 2002 esa cifra estaba en un 26 %. Entre los padres casados que viven con sus hijos de entre 5 y 18 años, el 93 % habla con ellos de sus asuntos varias veces a la sema-

ren ser padres ausentes (muchos de ellos tuvieron padres meramente abastecedores o proveedores, ausentes física o psíquicamente); pero al mismo tiempo tienen dificultades para el ejercicio de su propia paternidad. Se encuentran más perdidos que nunca, no saben cómo comportarse o reaccionar como padres, tanto por la falta de modelos adecuados de paternidad, como por la presión social que les impone un ideal femenino con el que no se identifican, no se sienten felices ni realizados; tienen miedo a ser hombres[2].

En este clima social imperante, intenta sobrevivir toda una generación de padres que no saben muy bien cómo desenvolverse ante una sociedad que les ha privado de su esencia, que les obliga a ocultar su masculinidad y que no les permite disfrutar de su paternidad en plenitud. Se sienten culpables y no saben exactamente de qué o porqué. Esta falta de identidad masculina les hace tener poca confianza en sí mismos, una autoestima disminuida que conduce a muchos de ellos a la frustración y que se manifiesta de diversas maneras en su vida: esforzándose por ser más femeninos; quedándose al margen de la crianza y educación de los hijos; convirtiéndose en espectadores silenciosos de la relación madre-hijo; refugiándose en el trabajo donde encuentran mayor comprensión y valoración que en el ámbito familiar.

---

na; también con esa frecuencia, el 63 % ayuda a sus hijos con los deberes; y el 54 % los lleva a actividades lúdicas o deportivas. A partir de un análisis de la National Survey of Family Growth (2006-2008) basado en entrevistas a 13.495 adultos estadounidenses, el Pew Research Center calcula que el 98 % de los padres casados que viven con sus hijos menores de 5 años juegan con ellos varias veces a la semana. Con la misma frecuencia, el 95 % come con ellos o les da de comer; el 89 % ayuda a bañarles y vestirles; el 60 % les lee algún cuento (cfr. *A Tale of Two Fathers*, 2011). En España *vid.*, entre otros, los datos extraídos del informe de la Fundación de la Obra Social de la Caixa, *Infancia y futuro. Nuevas realidades, nuevos retos*, Colección Estudios Sociales, n. 30, 2010.

[2] Los estudios, libros e investigaciones se centran mayoritariamente en las madres. Es difícil encontrar en Europa trabajos dedicados a los padres, cómo ejercer la paternidad, consejos prácticos o libros de autoayuda.

De igual modo que la forma de ejercer la paternidad varía a lo largo de la biografía de cualquier padre, también cambia con el tiempo histórico. Cualquier visión que vea la paternidad como una constante estándar a lo largo de los siglos no está mirando con realismo y profundidad la historia[3]. Y el momento actual se caracteriza por la «desculturización de la paternidad»[4]. Esta impregna las generaciones actuales de padres que se encuentran más desubicados e inseguros que nunca y desconocen qué significa realmente ser padre en el siglo XXI. Las mujeres llevan implícito en su ser el saber cómo comportarse como madres, así lo han recibido de la naturaleza. Pero los padres no. Cada varón, cada hombre, es único y debe aprender a ser padre en el curso de su vida, paso a paso, progresivamente, en la relación padre-hijo. En este proceso las mujeres juegan un papel fundamental, buscando y afirmando todo lo bueno que hay en ellos y reconociendo lo positiva y honorable que es la paternidad.

DESVIACIONES HIPERMODERNAS DE LA PATERNIDAD. LO QUE NO ES UN PADRE

Para comprender qué significa exactamente ser padre, debemos comenzar por hacer una interpretación negativa de tal concepto y aclarar en primer lugar algunos errores muy extendidos en la actualidad sobre la figura paterna.

Un padre no es un procreador
Como apunta Kyle Pruett, reconocido psiquiatra infantil, «paternizar es mucho más que inseminar»[5]. Padre no es simplemente aquel que colabora en la procreación de un

---

[3] F. Vidal, *La revolución del padre. El padre que nace y crece con los hijos*, ed. Mensajero, 2018, p. 13.

[4] D. Guttmann, *Reclaimed Powers: Men and Women in Later Life*, 1994.

[5] K. Pruett, *El rol del padre. La función irremplazable*, ed. Vergara, 2001.

niño. Tres segundos bastan al hombre para ser progenitor. En palabras de Winter, «un espermatozoide no sustituye a un padre»[6]. Ser mero progenitor de un niño no garantiza el establecimiento de un vínculo de apego significativo entre ambos. El simple hecho de ser genitores, portadores de simiente, capaces de procrear, no convierte a los hombres automáticamente en padres. La genética no hace al padre. Como decía Michael Levine: «Tener hijos no le conviene a uno en padre. Del mismo modo que tener un piano no vuelve a uno pianista». De hecho, hay hombres que ejercen la función paterna de forma amorosa, con equilibrio y dedicación, sin ser los padres biológicos de las criaturas[7].

Tener un hijo en principio es un mero acontecimiento biológico. Transformar esta peripecia en un hecho trascendente y significativo, en un acto pleno de sentido, en un acontecimiento espiritual, es un proceso que requiere «conciencia, compromiso, responsabilidad y amor. Mientras eso no ocurra somos meros reproductores, simples causantes de un accidente biológico»[8].

---

[6] J.P. Winter, *El futuro del padre. ¿Reinventar su lugar?*, ed. Didaskalos, 2020, p. 159.

[7] Para los cristianos, el mejor ejemplo de paternidad sin lazos de sangre es el de san José, padre implicado, amoroso, paciente, al mismo tiempo que decidido y valiente. Legalmente Jesús es hijo de José y María, pero carnalmente lo es solo de María; sin embargo, José lo acoge, educa, alimenta, atiende, conoce y comprende. Juan Pablo II en la Exhortación Apostólica *Redemptoris custos*, sobre la figura y la misión de san José en la vida Cristo y de la Iglesia, destaca esta especial misión de san José como custodio de Jesús: «San José ha sido llamado por Dios para servir directamente a la persona y a la misión de Jesús mediante el ejercicio de su paternidad (…). Su paternidad se ha expresado concretamente al haber hecho de su vida un servicio, un sacrificio, al misterio de la encarnación y a la misión redentora que está unida a él; al haber hecho uso de la autoridad legal, que le correspondía sobre la Sagrada Familia, para hacerle don total de sí, de su vida y de su trabajo; al haber convertido su vocación humana al amor doméstico con la oblación sobrehumana de sí, de su corazón y de toda capacidad, en el amor puesto al servicio del Mesías, que crece en su casa». Como afirma el obispo de Portsmouth, Philip Egan, «por encima de todo, la relación padre-hijo de autosacrificio habría sido tan honda en este extraordinario buen hombre (san José), que Jesús la habría reconocido como un bello y resplandeciente icono de Su Padre celestial».

[8] S. Sinay, *La sociedad de los hijos huérfanos. Cuando padres y madres abandonan sus*

Para ser padre, el hombre debe «adoptar» al hijo. Esta simbología o rito iniciático quedaba patente en el derecho romano según el cual los hijos, incluso los biológicos, solo se consideraban adoptados y aceptados por el padre cuando este, en un rito simbólico (tollere liberum), los alzaba en sus brazos hacia el cielo. El verbo suscipere significaba no solo desplazar al hijo hacia arriba, sino alzarlo de modo social y moral, para toda la vida[9]. El padre en Roma tenía derecho de aceptar o rechazar al hijo. Abandonarle era algo corriente, era un acto de soberanía doméstica absoluta, podía arrojarle a la calle, asfixiarle o privarle de alimentos; es decir tenía el derecho de matarle por cualquier medio. También Paul Veyne (1987) destaca que el nacimiento de un romano no se limitaba a un hecho biológico, puesto que el jefe de la familia tiene la prerrogativa inmediatamente después de nacido su hijo «de levantarlo del suelo, donde lo ha depositado la comadrona, para tomarlo en sus brazos y manifestar así que lo reconoce y rehúsa exponerlo».

Como explica el jurista francés, J. Mulliez:

> El pater es (en la Roma antigua) aquel que da la vida o la muerte. El fundamento de la paternidad reside así en la voluntad de un hombre de constituirse padre y técnicamente importan poco las razones políticas, religiosas, sociales o económicas que lo empujan a querer ser padre. (...) El lazo biológico es por sí mismo incapaz de hacer el padre: la paternidad biológica no es más que un hecho y no un derecho (...). Es en realidad la voluntad del individuo y ella sola la que lo constituye como padre[10].

Un padre eficaz a nivel simbólico, será aquel capaz de levantar a su hijo del suelo y ofrecerle al mundo; capaz de acogerle, nombrarle y donarle la palabra. En este sentido, todo

---

responsabilidades y funciones, ed. B, 2012, p. 19.

[9] L. Zoja, *El gesto de Héctor. Prehistoria, historia y actualidad de la figura del padre*, ed. Taurus, 2018, p. 194.

[10] J. Mulliez, *Histoire des pères et de la paternité*, Larousse, París, 1990, p. 28.

hijo, sea biológico o no, habrá de ser adoptado para que sea tal y responsabilizarse de su futuro. El padre lo es por un acto de voluntad y reconocimiento. Alzándolo hacia el cielo, el padre convierte al bebé en hijo y a él mismo en padre. Esa aceptación simbólica del hijo es lo que Zoja denomina «la marca del padre» que le acompañará de por vida[11]. O como señala Recalcati, «la paternidad (...) es necesariamente un acto que infunde a un acontecimiento biológico —el nacimiento de una vida— el carácter de un acontecimiento humano: el acontecimiento de la vida se humaniza a través de su adopción simbólica»[12].

Para ser padre hay que querer ser padre. La palabra padre es verbo (paternizar, en una traducción literal del anglosajón fathering) no es sustantivo, e implica: presencia, guía, cuidado, acción, iniciativa, colaboración, transmisión de valores, ejemplaridad, honestidad, cambio en el orden de prioridades, cambio de mentalidad, cambio de vida. Uno no se convierte en padre por la vía biológica sino a través de un acto del consentimiento y del deseo que implica una nueva responsabilidad. Es un regalo de vida simbólico diferente del regalo de la vida biológica. Todos los hijos reciben este último de sus madres, pero no todos reciben el primero de sus padres. Estos últimos han sido concebidos físicamente pero psíquicamente no han sido bautizados con «el agua del padre»[13].

Padre, en sentido estricto, es algo mucho más profundo que un mero fenómeno biológico. La paternidad procede de la voluntad y del corazón. Ser padre es un proceso gradual que comienza con la decisión de tener y hacerse cargo de un niño. La paternidad puede ser definida como: «El proceso psicoafectivo por el cual un hombre realiza una se-

---

[11] L. Zoja, *El gesto de Héctor. Prehistoria, historia y actualidad de la figura del padre*, ed. Taurus, 2018, p. 111.

[12] M. Recalcati, *¿Qué queda del padre? La paternidad en la época hipermoderna*, ed. Xoroi Edicions, 2011, pp. 60-61.

[13] L. Zoga, *El gesto de Héctor. Prehistoria, historia y actualidad de la figura del padre*, ed. Taurus, Madrid, 2018, p. 279.

rie de actividades en lo concerniente a concebir, proteger, aprovisionar y criar a cada uno de los hijos, jugando un importante y único rol en el desarrollo del mismo, distinto al de la madre»[14].

Padre es aquel que se ocupa del hijo, con el que crece y se identifica. El padre concede al hijo un sentimiento de seguridad y de alteridad frente a la madre. La función paterna es indispensable para que el niño asuma su propia individualidad, identidad y autonomía psíquica necesaria para realizarse como sujeto. Todo ello sin olvidar que la perspectiva y la educación femenino-maternal resultan también imprescindibles para el equilibrio de los vástagos, ya que complementan y equilibran al hombre en el ejercicio de su paternidad. Un padre implicado es aquel que se responsabiliza del bienestar intelectual, financiero, material y emocional de los hijos de manera proactiva, positiva, equilibrada, constante y regular, en coordinación con la madre.

El hecho de ser padre conlleva un tipo de responsabilidad diferente de la que implica ser un marido y requiere un compromiso adicional. Este cambio afectará a las elecciones, el comportamiento y las prioridades del hombre en su vida cotidiana. Como señala Sinay, «ser padres es convertirse en educadores, rectores, referentes, acompañantes, sostenedores, limitadores, legisladores»[15]. Esto lleva tiempo; la paternidad es un papel en el que los hombres crecen gradualmente. Ser padre es por encima de todo ser «servidor de la vida y del crecimiento»[16].

Pero para que un hombre se transforme en padre no basta con que él lo quiera; también la madre debe quererlo. Debe introducir al hombre y hacerle partícipe de esta nueva

---

[14] A. Oiberman, La relación padre-bebe: una revisión bibliográfica, *Rev. hosp. mat. inf. Ramón Sardá*, 1994, XIII, nº 2, p. 21.

[15] S. Sinay, *La Sociedad de los hijos huérfanos*, ediciones B, 2008, p.166.

[16] Benedicto XVI, Yaudé, 18 marzo 2009, vísperas en la basílica María Reina de los Apóstoles.

situación, buscar su involucración, favorecerla, presentarle y hacerle significativo frente al hijo. Indicarle a este implícitamente que ella no es la única referencia sino que está acompañada, con el mismo nivel de importancia, por el padre. Como señala Aldo Naouri: «El niño comparte un lazo biológico con la madre que no tiene con el padre y este vínculo hace que la relación entre ambos sea mucho más fuerte. Por el contrario, el padre es solo quien su madre le dice que es y contará para el niño en la medida en que vea que cuenta para su madre»[17]. Corresponde a la madre atribuir al padre la justa y necesaria «autoridad simbólica»[18].

Un padre no es un mero abastecedor
Tampoco es padre en sentido estricto el progenitor más o menos preocupado por los vástagos que se limita a traer el sustento al hogar. De lo primero que debe abastecer un padre a un hijo es de su propia presencia activa y amorosa. Además, en la sociedad actual, los recursos económicos también los aporta ahora la madre, absolutamente inmersa en el mundo profesional.

Los hijos desean y necesitan el corazón de su padre; no su cartera. Cientos de encuestas muestran cómo cualquier hijo prefiere compartir tiempo con su padre que cualquiera de los regalos que este le pueda hacer. Desean más la presencia de su padre que los bienes materiales[19].

En generaciones pasadas muchos hombres se limitaban a ejercer su paternidad siendo abastecedores o proveedores de los bienes materiales. El modelo paterno generalizado que tuvieron muchos hombres se agotaba en el cumplimiento de las obligaciones materiales y, en algún caso, también el con-

---

[17] Leer más: https://www.europapress.es/epsocial/infancia/noticia-pediatra-aldo-naouri-considera-educacion-actual-da-ninos-va-sentido-equivocado-20081027150359.html

[18] M. Recalcati, *¿Qué queda del padre? La paternidad en la época hipermoderna*, ed. Xoroni Edicions, 2015. p. 48

[19] *Vid.* al respecto las estadísticas de las organizaciones: www.allprodad.com y www.fathers.com

trol férreo de los estudios y comportamiento de los hijos. Muchos padres consideraban de buena fe que a eso se reducía su obligación, sin percibir que, aunque a sus hijos no les faltó nada material, sí carecieron de algo esencial: la presencia del padre, la relación íntima desde el amor, el afecto y la comprensión; pues es difícil comprender a quien no se conoce y es imposible conocer a quien apenas se dedica tiempo.

Este modelo de padre abastecedor por desgracia aún pervive. En nuestros días, muchos padres hiperocupados en su trabajo tratan de compensar sus ausencias y la culpa sobrevenida por la falta de tiempo para los hijos con bienes materiales; sin ser conscientes de que dejan a sus hijos sobreabastecidos en el orden material, mientras se encuentran «huérfanos en el orden existencial»[20]. Padres que dedican a sus vástagos cada vez más dinero (las mejores extraescolares; regalos o celebraciones de cumpleaños desorbitados; el último modelo de móvil; juguetes; viajes…), pero cada vez menos tiempo. Padres acostumbrados a «contar el dinero para la vida de sus hijos, pero a contar cada vez menos en la vida de estos»[21]. Padres que erróneamente consideran que atiborrar a sus hijos con todo lo que deseen y pidan compensará sus constantes ausencias, que comprarles más y más cosas, aunque no tengan tiempo para compartir y escucharles en su vida diaria, les transmitirá la idea de que «les quieren mucho».

Un padre no es un amigo o colega de los hijos
Intentar ser amigo de los hijos es el peor maltrato que se puede infligir a estos. Una de las principales misiones de todo padre es dotar de seguridad a los hijos: capacidad resolutiva; fortaleza; constancia; guía; validación y reprobación. Un amigo no proporciona esa sensación en absoluto. Un padre no tiene que ser el mejor amigo de sus hijos, sino el mejor

---

[20] L. Zoja, *El gesto de Héctor. Prehistoria, historia y actualidad de la figura del padre*, ed. Taurus, 2018, p. 134.

[21] Ídem. p. 258.

padre de sus hijos. La amistad, la complicidad, la camaradería, el compincherío y el amiguismo paterno es, como señala Sinay, «una anomalía, una incoherencia y un serio peligro que desvirtúa un proceso natural y necesario»[22].

El actual discurso educativo hipermoderno se caracteriza por la proximidad de los vínculos entre padres e hijos; la diferencia simbólica entre las generaciones se derrumba irreversiblemente y acaba favoreciendo una proximidad entre iguales o, lo que es peor, una suerte de «identificación confusional resultante de la horizontalización de los vínculos que extravía así todo sentido de verticalidad»[23].

En esta situación se encuentran, de manera forzosa, miles de padres separados o divorciados que quedan por sentencia judicial obligados a compartir unas pocas horas esporádicamente con sus hijos, y ante la escasez de tiempo compartido, se ven abocados a cambiar la relación padre-hijo por una relación lúdica: en lugar de ayudar con los deberes o formar en valores los llevan de compras, al cine o a cenar. Esto les imposibilita para el correcto ejercicio de la paternidad y les convierte en compañeros de juegos o pasatiempos durante el escaso tiempo que les ha sido concedido.

Muchos padres desean ejercer una paternidad plena, pero, tras un divorcio, se ven privados de esta posibilidad. Padres que sufren dolorosamente una ausencia involuntaria e impuesta. A menudo poder ver y disfrutar de los hijos depende de la buena voluntad de la madre[24]. En la práctica judicial sobre el divorcio se descubre una profunda indiferencia ante la paternidad como función social y como valor. Un divorcio por mutuo acuerdo puede acabar convertido para el padre en una condena a prescindir del hijo, quedan-

---

[22] S. Sinay, *La sociedad de los hijos huérfanos*, ediciones B, 2008, p. 146.

[23] M. Recalcati, *El secreto del hijo. De Edipo al hijo recobrado*, ed. Anagrama, 2020, p. 12.

[24] En relación con el divorcio, es preciso señalar que la mayoría de los estudios se centran en la atención sobre los problemas que este causa a los hijos. En cambio, apenas se ha estudiado el sufrimiento psíquico de los padres que se encuentran lejos de los hijos sin desearlo y que suele manifestarse en forma de depresión (*involuntary child absence syndrome*).

do su paternidad humillada, atrofiada y herida. El divorcio es el medio a través del cual un número cada vez mayor de hombres se han hecho conscientes del declive de la paternidad en nuestras sociedades[25].

En dirección diametralmente opuesta, otros hombres adoptan el papel de amigos de sus hijos de forma voluntaria, por propia iniciativa. Padres que tienen miedo a caer mal a sus hijos, pues presuponen que el ejercicio de la autoridad, con la imprescindible imposición de normas que implica, romperá la armoniosa relación con ellos. Aquí se produce una nefasta confusión entre amor y complacencia, entre paternidad y amistad, que carga a los hijos con un «amigo» (papá) anacrónico y disfuncional, mientras genera un enorme vacío en el imprescindible espacio paterno. Estos padres, inmaduros y narcisistas, provocan la soledad de toda una generación de hijos que se sienten desasidos, abandonados, que buscan la confrontación con el mundo de los adultos, pero no la encuentran ya que les resulta imposible hallar un adulto (su padre) con quien medir su propio proyecto de mundo. Les han dejado solos en su trayectoria formativa; han abandonado su papel educativo y han entregado a los descendientes una libertad fatalmente mutilada[26].

Una de las grandes angustias de los padres de hoy es el miedo a no ser amados por los hijos. Esto provoca la paradójica y novedosa «inversión de la dinámica del reconocimiento»: ya no son los hijos los que piden ser reconocidos por los padres, sino los padres los que piden el reconocimiento de los hijos. De este modo, «la disimetría generacional es invertida»[27]. Pero el amor y el respeto no pueden ser objeto de transacción o chantaje, por ello, toda acción destinada a comprar el afecto de los hijos está destinada al fracaso.

---

[25] E. Sullerot, *El nuevo padre*, ed. Palabra, 1993, p. 244.

[26] M. Recalcati, *El complejo de Telémaco. Padres e hijos tras el ocaso del progenitor*, ed. Anagrama, 2014, pp. 79 y 82.

[27] M. Recalcati, *¿Qué le queda al padre? La paternidad en la época hipermoderna*, ed. Xoroni Edicions, 2015, p. 72.

También hay padres que, contraviniendo las propias leyes de la naturaleza, en una patética involución, se niegan a madurar y adoptar el papel que les corresponde, y prefieren ser eternos adolescentes, negándoles a sus hijos el ejemplo paterno maduro y equilibrado que necesitan. Padres que, en su regresión a una obstinada inmadurez, abdican de sus funciones orientadoras y limitadoras e intentan ir de «colegas» de sus hijos y les dejan huérfanos, porque se niegan a asumir el rol de hombre maduro que corresponde a su edad. No aceptan la natural pérdida de juventud. Son adultos que, siguiendo la nueva prioridad de los tiempos hipermodernos de ser perpetuamente joven, se resisten a envejecer y tratan de huir del tiempo, se mimetizan patéticamente con los adolescentes, tienen horror a la responsabilidad de criarlos, educarlos, limitarlos, guiarlos[28]. Es la figura del «padre-hijo» que trata de asimilarse de forma simétrica a la juventud de sus descendientes. En estos casos, eliminada la distinción generacional, el padre se evapora y se desvanece ante el peso de sus responsabilidades educativas[29].

Otra modalidad de padre inmaduro e irresponsable es el padre «cómplice» (que incluso compra tabaco y alcohol para las reuniones de su hijo y sus amigos, que ridiculiza a los profesores del colegio, que le ríe al niño las gracias soeces, sus ordinarieces y groserías) que utiliza su actitud «tanto de estrategia de acercamiento al hijo, como de modelo cultural que le lleva a sentirse también joven»[30]. Padres que «en una abominable demostración de confianza» se convierten en «confidentes, colegas, compinches, proveedores de coartadas», comparten con los hijos todos los detalles de sus andanzas sentimentales e incluso sexuales; situación

---

[28] Para Lipovetsky, «nuestra pulsión neofílica es ante todo un exorcismo del envejecimiento de la vivencia subjetiva: el individuo desinstitucionalizado, volátil e hiperconsumidor es el que sueña con parecerse a un ave fénix emocional», en la obra *Los tiempos hipermodernos*, ed. Anagrama, 2014, p. 84.

[29] M. Recalcati, *El complejo de Telémaco. Padres e hijos tras el ocaso del progenitor*, ed. Anagrama, 2014, p. 64.

[30] S. Sinay, *La sociedad de los hijos huérfanos*, ediciones B, 2008, p. 85.

que los hijos muchas veces viven como «una tortura emocional»[31]. Estos padres-colegas tienen una errónea concepción del amor que les hace temer que ejercer las funciones parentales en sus aspectos menos fáciles y demagógicos pueda traer como consecuencia el desamor de los hijos. Por ello dicen «sí» a todas las exigencias de los hijos y buscan su aprobación constante, invirtiendo la lógica relación paterno-filial. Piensan que sus actitudes «amiguistas» darán como resultado el cariño de los hijos, incluso su admiración. Pero al mendigar el amor de los hijos, el padre, no solo se expone al chantaje, sino que además puede ser objeto de indiferencia, reproche, desprecio y rechazo, pues el hijo, aunque no haya conocido nunca otro estilo parental, sabe en su fuero interno cómo «debería» comportarse un padre. Como señala Zoja, «sabemos que las ansiedades de los progenitores influyen en los hijos aun cuando no sean comunicadas de manera directa. En consecuencia, los hijos retiran el aprecio y afecto al padre que no se estima a sí mismo»[32].

La autoridad se gana con un ejercicio paterno coherente y responsable, en una relación asimétrica y jerarquizada que permite decir «no», marcar límites, imponer normas. Todo hijo tiene derecho a ser educado por un adulto que asuma la responsabilidad de enseñarle el camino y marcarle los límites, de guiarle con su ejemplo y su presencia, enseñándole la esencial distinción del bien y el mal. El conflicto intergeneracional es saludable y debe existir. Crecer implica separarse psicológicamente, abandonar la infancia y la adolescencia; pero para muchos niños tal separación es difícil porque los espacios psíquicos entre padres e hijos se confunden. Los padres que, por una pobre resolución de sus propias cuestiones y vacíos existenciales, se refugian en la «amistad» con sus hijos, les hacen a estos un daño tan pro-

---

[31] Ídem. p. 141.

[32] L. Zoja, *El gesto de Héctor. Prehistoria, historia y actualidad de la figura del padre*, ed. Taurus, 2018, p. 314.

fundo como injusto. Los adultos que se niegan a madurar se aferran a sus hijos y disfrazándose de «amigos» les impiden crecer también. Les impiden conocerse, desarrollar sus recursos confrontándolos con los condicionamientos. Los incapacitan para la responsabilidad[33]. Es lo que Bauman ha calificado como la «condición líquida» de las nuevas generaciones[34].

En palabras de Savater: «El padre que no quiere figurar sino como el mejor amigo de sus hijos, algo parecido a un arrugado compañero de juegos, sirve para poco (...). Y desde luego las instituciones públicas de la comunidad sufren una dura sobrecarga pues cuanto menos padres quieren ser los padres más paternalista se exige que sea el Estado»[35].

En este sentido, y con plena conciencia de la complejidad del paisaje de las relaciones entre padres e hijos, el experimentado pediatra Naouri, anima a todos los padres que le quieran escuchar «a no tener miedo de sus hijos y a no tener miedo a darles miedo: son los únicos padres que tienen los niños y se adaptarán más rápidamente a sus condiciones si no se cuestionan constantemente»[36].

Un padre no es una mamá-bis
Asimismo, es errónea la creencia de que el padre debe ejercer su función imitando los modelos de conducta femeninos, como si de una madre-bis se tratara[37]. Porque, precisamente al contrario, el padre debe ser la no-madre. Ser padre es cosa de hombres, en el ejercicio y desarrollo de una masculinidad plena y equilibrada que complementa las habilidades y virtudes de la maternidad.

---

[33] S. Sinay, *La sociedad de los hijos huérfanos*, Ediciones B, 2008, p. 146.

[34] Citado por M. Recalcati, *El complejo de Telémaco. Padres e hijos tras el ocaso del progenitor*, ed. Anagrama, 2014, p. 84

[35] F. Savater, *El valor de educar*, ed. Ariel, Barcelona, 2004, p. 63.

[36] A. Naouri, *Educar a nuestros hijos, una tarea urgente*, ed. Taurus, 2008, p. 157.

[37] La expresión *madre-bis* fue utilizada por vez primera por el prestigioso pediatra francés Aldo Naouri, en su libro *Une place pour le pére*, París, 1985.

El modelo social ideal y dominante ahora es el consistente en la relación madre-hijo. La cultura psicológica actual parece confabularse con la sensibilidad femenina. Se ha difundido la convicción de que la proximidad emotiva constituye la variable decisiva para ser buenos padres. La cultura educativa que exalta exclusivamente la sensibilidad típica del código materno infravalora a los padres obligándoles a desconfiar de su instinto masculino, sintiéndose equivocados o poco adecuados[38]. Como afirma Gregorio Luri, «la figura del padre está desapareciendo de los discursos sobre la familia porque no se le perdona que no sea una madre»[39].

En nuestra cultura, la intimidad y el sentimiento «verdadero» vienen definidos como femeninos. Reina la idea rousseauniana de que la dirección y el consejo paterno impiden el correcto crecimiento corporal y anímico del niño. El padre solo es valorado y aceptado en la medida en que sea una especie de «segunda madre»; papel este exigido en muchas ocasiones por las propias mujeres que les recriminan no cuidar, atender o entender a los niños exactamente como ellas lo hacen. El padre queda de este modo convertido en una especie de madre «defectuosa». Los hijos captan estas recriminaciones y pierden el respeto a los padres a los que consideran inútiles y patosos en todo lo que tenga que ver con la educación y crianza de la prole.

Dada la actual inclinación social generalizada a pensar que el instinto femenino-maternal es el único válido, muchos hombres tienden a copiar los estilos femeninos de actuación; se ven empujados a ocuparse de su hijo de la misma forma que lo hace su compañera. Algunos padres bienintencionados creen que realmente actuar como si de una mamá-bis se tratase será lo mejor para sus hijos. Ellos mismos desconfían de sus habilidades masculino-paternales, ignorando lo esenciales que son para el equilibrado crecimiento de sus hijos. Otros tienen simplemente miedo a ser padres,

---

[38] O. Poli, *Corazón de padre*, ed. Palabra, 2012, pp. 207-208

[39] G. Luri, *Elogio de las familias sensatamente imperfectas*, ed. Ariel, 2017, p. 10.

miedo a ser hombres. La sociedad ha impuesto un prejuicio de inutilidad masculina en el ejercicio de la paternidad y una presunción de maldad y abuso pende a modo de espada de Damocles sobre toda manifestación de masculinidad. De manera que se muestran temerosos a exteriorizar atributos que les son propios como la autoridad, la valentía o la fortaleza. Temen la imposición de normas, la instauración de límites, la aplicación necesaria en ciertos casos de medidas represivas; olvidando así que en el asunto de la educación y crianza de los hijos tienen un papel que les es propio y que, como afirman reiteradamente los psiquiatras, resulta absolutamente indispensable para la correcta construcción psíquica del niño[40].

La «feminización» del padre implica un peligro adicional, pues, si bien resulta innegable, como señala Zoja, que, en general, una menor agresividad paterna es buena para los hijos, «muchos chicos se alejan de ese padre dócil, débil a sus ojos, para admirar a algún tipo violento que inspira temor en el barrio, y optan por un padre adoptivo»[41]. Y es que todo hijo espera del padre un afecto semejante al materno pero esto no agota su expectativa. El hijo también espera que su padre sea valiente, fuerte, seguro de sí mismo. Esto proporciona seguridad al hijo y convierte al padre en un líder con autoridad ante sus ojos.

Los hijos necesitan de la alteridad sexual para lograr el equilibrio emocional y un adecuado desarrollo psíquico. Los padres no son madres defectuosas. Los hijos no necesitan ser rescatados de la masculinidad de sus padres, sino premiados con ella. Los hijos necesitan la masculinidad de

---

[40] Vid. al respecto. A. Naouri, *Educar a nuestros hijos, una tarea urgente*, ed. Taurus, 2008, p. 65.

[41] «En el caso del padre, se complica por el hecho de que el hijo proyecta sobre él expectativas más conflictivas; y no de forma excepcional, sino como norma; no en distintos momentos, sino en todos (…) una especie de ley de la evolución darwiniana, en la que el bien coincide con la mayor capacidad para asegurar la supervivencia propia y la de sus descendientes» (L. Zoja, *El gesto de Héctor. Prehistoria, historia y actualidad de la figura del padre*, ed. Taurus, 2018, p. 24-25).

sus padres tanto como la feminidad de sus madres, en un juego simbiótico y sinérgico que les conducirá al equilibrio personal.

PADRES PARENTALMENTE COMPETENTES. CARACTERÍSTICAS DE HOY Y DE SIEMPRE DE LA FUNCIÓN PATERNA

Llega a ser el que eres.

Píndaro

Mucho se habla hoy en día de una «nueva paternidad». El concepto padres nuevos pretende referirse a aquellos hombres que, adaptándose a las nuevas demandas y realidades sociales, como la incorporación de la mujer al mundo laboral y la exigencia de una mayor inteligencia emocional y sensibilidad en el trato con los hijos, ejercen su función paterna aproximándose más a los modelos femeninos de conducta que a los estrictamente masculinos propios de su sexo. Pero estos no son padres «nuevos» porque al mimetizarse con las madres dejan vacío el espacio paterno y no se les puede considerar «padres» propiamente dichos, sino meros imitadores de las madres.

La realidad es que no hay padres «nuevos». Esto implicaría minusvalorar o despreciar lo mucho de bueno que aportaron los padres de generaciones pasadas[1]. Lo que hay son nuevas circunstancias sociales que el padre deberá tener en

---

[1] Como señala la profesora V. Sanders, «es casi como si quisiéramos que los padres hubieran sido monstruos, en orden a que hubiera un culpable al que achacar todo lo que estuviera mal en la familia», citada por F. Vidal, *La revolución del padre. El padre que nace y crece con sus hijos*, ed. Mensajero, 2018, p. 89.

cuenta, especialmente la igualdad de la mujer, pero que en ningún caso deberán implicar la renuncia a su masculinidad y a una serie de funciones que ha venido cumpliendo de forma secular a lo largo de la historia y que son tan válidas hoy en día como lo fueron en el pasado, aunque enriquecidas por un bienvenido aumento de la inteligencia emocional y más manifestaciones explícitas de afecto.

En la actualidad, abstracción hecha de los padres ausentes física o psíquicamente, existe un gran número de padres que quiere implicarse a fondo en la labor educativa y crianza de los hijos, compartiendo asimismo activamente las labores cotidianas del hogar. El problema es que muchos de ellos no saben exactamente cómo hacerlo de forma correcta e intentan imitar los modelos maternales de conducta, sin ser conscientes de la importancia de mantener su identidad masculino-paternal y su estilo propio de actuación para el correcto y equilibrado desarrollo de los hijos.

Estos varones ignoran qué significa exactamente ser padre, qué es la función paterna y cómo deben ejercerla, ya que la sociedad les muestra una imagen borrosa, eclipsada y poco definida de lo que realmente representa ser padre.

La paternidad es una forma de vida. Esta función paterna deberá cumplirla el padre o, en su ausencia, una figura masculina alternativa, desde la intimidad del amor, desde el afecto. Pero, como Héctor en la Ilíada, sin renunciar a las armas que le proporciona, desde tiempos seculares, una masculinidad equilibrada y serena.

Antes de adentrarnos en las características que debería asumir todo padre parentalmente competente, debemos aclarar que no existe el padre perfecto (por suerte), igual que no existe la madre perfecta, el hijo perfecto o la familia perfecta. Podemos decir que la «imperfección razonable» es la normalidad que debemos asumir gozosamente. Todos cometemos errores, por muy bien formados que estemos, y de ellos se aprende. Somos humanos. No debemos caer en el error de pensar que por cometer errores somos malos padres o que sufrimos algún tipo de patología. Vivimos un momento histórico y social en el que los padres (y madres) están angustiados y ejercen su paternidad con ansiedad, con desconfianza hacia sus propias capacidades. Como afirma Ceriotti, es «como si educar bien se hubiera convertido en una cuestión de especialistas, en una tarea muy cansada y de resultados inciertos»[2]. Sin embargo, educar es una tarea maravillosa y una gran oportunidad para mejorar nosotros mismos, si lo hacemos con buena voluntad y en gran medida siguiendo nuestro sentido común. Es obvio que tenemos que intentar formarnos al respecto (ningún padre nace sabiendo ser padre) pero debemos vivir nuestras imperfecciones con serenidad, como «normalidades», no como fracasos.

También es preciso señalar que cada padre es un ser humano único e irrepetible, que viene con un bagaje educativo y cultural distinto, y también con un carácter y un temperamento diferentes y que a la vez desarrolla su paternidad en un marco singular, peculiar y propio (con uno o varios hijos, casado o separado, estresado por el trabajo o tranquilo...). Las posibilidades de ejercicio de la paternidad son infinitas, tantas como padres. Por eso, las características señaladas a continuación deben ser interpretadas por cada uno con flexibilidad y dentro de su propio, único y peculiar marco vital y personal.

El padre es libertad

La relación madre-hijo es esencial en la historia de cada persona, tanto desde un punto de vista físico como espiritual, especialmente durante el primer septenio de vida. Se trata de una fase muy especial, caracterizada por un tipo de interacción que Ceriotti define como «interdependencia sociobiológica»[3].

---

[2] M. Ceriotti Migliarese, *La familia imperfecta. Cómo convertir los problemas en retos*, ed. Rialp, 2019, pp. 16-17.

[3] Ídem. p. 94.

Como afirma Risé: «Es necesario que esta unión vital (madre-hijo) continúe todavía un largo tiempo y del modo más completo posible: plenamente, hasta los 3 años; menos completamente, hasta los 5; reduciéndose después más, hasta los 7 años. Durante este primer septenio, la aportación de la madre a la existencia y a la propia formación psicológica del niño es decisiva»[4].

En esta etapa, el apego materno-filial, la relación simbiótica que se crea es muy fuerte y necesaria, pero toda madre debe ser consciente de la necesidad de conjugarla con ciertas dosis de «desapego» para que la relación sea equilibrada y sana. La relación madre/hijo no debe ser exclusiva y excluyente. Debe ser transitoria y no «totalizadora». Así como se construye de forma progresiva, también, aunque pueda resultar difícil, se debe disolver progresivamente para permitir que el hijo crezca y adquiera su propia autonomía. Desde el primer momento, la madre debe favorecer la desvinculación afectiva del hijo hacia ella y hacer frente al desafío de lograr «la justa distancia emotiva y física (…) vigilarla continuamente y redefinirla en función del momento evolutivo del hijo»[5].

Cuando la madre no es capaz de liberar al hijo de sí misma en la justa medida, corresponde al padre, con una presencia real y afectuosa, reconducir la relación a sus justos términos por el bien de ambos. Debemos ser conscientes de que el seno materno es íntimamente acogedor, pero a la vez es profundamente limitativo. La entrada del padre en esa unidad abre al hijo a la necesaria relación con el mundo que le va a permitir desarrollarse como persona de forma plena fuera del influjo del regazo materno. En todas las culturas, la separación del hijo de la madre es un hecho esencial, un momento decisivo, no solo para la vida del hijo y de la propia madre, sino para la entera sociedad[6].

---

[4] C. Risé, *El padre. El ausente inaceptable* (cap. I), ed. Enfasis, 2006.

[5] M. Ceriotti Migliarese, *Erótica y materna. Un viaje al universo femenino*, ed. Rialp, 2019, p. 67 y 68.

[6] Recordemos al respecto la tradición judeo-cristiana, según la cual, Dios ha

La enorme fuerza del vínculo materno-filial presenta riesgos. Las mujeres corremos el peligro de transformar con suma facilidad el instinto de donación que nos caracteriza, en instinto de posesión y de exclusión, y convertir la solicitud en un control exhaustivo y agotador; creando entre la madre y el hijo un «continuum psicofísico espacial, que da forma a una relación de pertenencia e influencia mutuas»[7].

En estas circunstancias, es misión del padre «salvar» a la madre y al hijo de ese peligro; especialmente aquellas madres demasiado ansiosas o preocupadas por su hijo que le transmiten una percepción del mundo como un lugar plagado de peligros y, en consecuencia, la idea de que solo estará a salvo en el regazo materno. Estos excesos maternos que tienen como fin dar a los hijos la «mejor vida» posible acaban construyendo personalidades débiles y dependientes, pasivas, inmaduras y vulnerables, a veces cargadas de ira o hundidas en la depresión.

La dación de amor de las madres, el instinto amoroso materno, puede volverse en nuestra contra en ausencia de padre (o ante un padre «insignificante»), pues un amor ilimitado puede asfixiar a los hijos. En una desviación de la maternidad, la madre se transforma de generadora de vida en «trampa mortal»[8]. La madre teje alrededor de los hijos un «útero virtual» con el fin, consciente o no, de mantenerlo indefinidamente en su interior[9]. En estas circunstancias de simbiosis madre/hijo, «sofocante y antivital»[10], al padre correspondería dotar al hijo de libertad frente a la posesión obsesiva de la madre.

---

enviado a nuestros corazones el Espíritu de su Hijo, que clama: «¡Abbá, Padre!». De modo que ya no eres esclavo, sino hijo (libre) (Pablo, Ga, 4, 6-7).

[7] M. Cerotti Migliarese, *Erótica y materna. Un viaje al universo femenino*, ed. Rialp, 2019, p. 65.

[8] Ídem. p. 65.

[9] A. Naouri, *Educar a nuestros hijos, una tarea urgente*, ed. Taurus, 2008, p. 132.

[10] C. Risé, *El padre. El ausente inaceptable*, ed. Tutor, Psicología, 2006, p. 21.

La madre, en ausencia de padre o cuando este no es significativo, puede desarrollar lo que Naouri llama un «amor caníbal», capaz de «devorar» a sus hijos por amor; no se desvincula de ellos, lo que impide que estos adquieran su propia identidad como sujetos independientes y hace que se sientan siempre como una prolongación de la madre. En palabras de Sullerot, en estas circunstancias, «el hijo no es más que un pedazo de la madre y el padre no es nada»[11].

Cuando no hay padre, cuando la función paterna no existe, la madre puede crear con el hijo una relación de pareja, fusional e hipnótica, que se repliega sobre sí misma, un universo cerrado, una insana mutua interdependencia que perjudica el equilibrio psíquico de ambos. Esta ilusión (de ser pareja), que Lacan definió como «perversión primaria», es profundamente incestuosa porque borra la diferencia entre ambos[12]. Como señala Winter, los estragos cometidos por este tipo de madres al cien por cien («demasiado madres») son conocidos de sobra por los psiquiatras y psicoanalistas: «El hijo queda atrapado en un estatuto de objeto (…). Los síntomas que el hijo produce en este caso muestran que lucha con todas sus fuerzas por dar espacio a su propia singularidad»[13].

En este contexto, el padre no juega su papel de «separador» que es el que, precisamente, permite al niño diferenciarse de la madre y avanzar en su evolución hacia el estado psicológico de adulto. La relación madre-hijo es una relación de fusión, un binomio que la propia madre debe ayudar a romper designando al padre frente al niño e introduciéndolo ante él. Cuando el hijo no tiene autonomía, no tiene independencia, es un apéndice de la madre. Se produce una simbiosis total que anula las respectivas iden-

---

[11] E. Sullerot, *El nuevo padre. Un nuevo padre para un nuevo mundo*, ed. Palabra, 1993, p. 221.

[12] M. Recalcati, *¿Qué queda del padre? La paternidad en la época de la hipermodernidad*, ed. Xoroi Edicions, 2015, p. 47

[13] J.P. Winter, *El futuro del padre. ¿Reinventar su lugar?*, ed. Didaskalos, 2020, p. 141.

tidades. La madre aprisiona al hijo que se convierte en su «pareja», su paño de lágrimas, su confidente, el guardián de sus secretos íntimos e insatisfacciones. De este modo, quedará sometido al insoportable peso y responsabilidad de «dar sentido» a la vida de su madre. Versión patológica del amor que solo genera esclavitud. Algo para lo que el niño no está preparado. Los psiquiatras llegan a hablar en estos caos de «incesto psíquico»: hay mujeres que, insatisfechas con su relación de pareja, encuentran en el hijo varón un pequeño hombrecillo que puede amarlas, admirarlas y hacer que se sientan imprescindibles. A la vez que provocan en el hijo un profundo sentimiento de culpabilidad cada vez que se distancia emotivamente de ella y acaba viviendo su necesidad de desvinculación y crecimiento como una traición culpable a la persona que más le ama[14]. Cuando la madre transforma su amor en apropiación y control «sin proponérselo, acaba cargando al hijo con una deuda de gratitud imposible de saldar y culpabilizadora, que también le va a condicionar en sus decisiones afectivas de adulto»[15].

Para evitarlo, es necesario que la madre sepa «renunciar al tinte erótico de la relación con el hijo varón, si se le quiere proteger del riesgo seductivo y dejarle plenamente libre»[16]. La mujer, aunque haya sido madre sola o esté ejerciendo la maternidad sin el apoyo del padre, debe ser consciente de que el hijo, por su propia felicidad, está destinado a alejarse de ella y debe apoyarle y animarle a seguir esta dirección hacia su autonomía.

Esta situación asfixiante se produce especialmente en aquellos casos de madres que han decidido tener al hijo en soledad: lo han planificado, lo han buscado con ansiedad, normalmente por técnicas de reproducción asistida (anu-

---

[14] M. Ceriotti Migliarese, *La familia imperfecta. Cómo convertir los problemas en retos*, ed. Rialp. 2019, p. 58.

[15] M. Ceriotti Migliarese, *Erótica y materna. Un viaje al universo femenino*, ed. Rialp, 2019, p. 69.

[16] Ídem, p. 38.

lando la pareja como origen necesario de la vida); y el hijo, una vez «obtenido», se convierte en su objeto de deseo. En estos casos, señala Recalcati que: «Desear tener un hijo a toda costa representa una perversión del amor: el hijo en lugar de ser el indicio de una trascendencia —la metáfora del amor entre los dos— se convierte en un objeto que niega toda trascendencia»[17]. Por desgracia, es habitual en la actualidad que el sueño siempre presente de la omnipotencia materna se haga terrible realidad.

No obstante, este «secuestro arbitrario del hijo como "propio" no define en absoluto la maternidad, sino solo a su declinación patológica (...). La maternidad patológica consiste en poseer, devorar, sofocar al hijo, reducirlo a objeto de su propio goce»[18]. El equilibrio de toda madre debe encontrarse entre la entrega amorosa hacia su hijo y la disponibilidad y apertura a perderlo, a dejarlo ir cuando sea el momento oportuno. Este es uno de los mayores regalos de la maternidad: dejar que el hijo emprenda su propio vuelo. Esta es, de hecho, la mayor prueba que le espera a toda madre, dejar marchar a su hijo después de haberlo engendrado y atendido: «regalarle la libertad como señal de amor (...) dar a luz un hijo (...) supone ya desde el principio perderlo, reconocerlo como pura trascendencia, generarlo como una alteridad»[19].

El niño que ha tenido una relación excesivamente estrecha con su madre, especialmente si es varón, acaba sintiéndose anulado por esta y luego, en la adolescencia, la ve como un impedimento a sus deseos de autoafirmación y masculinidad y suele reaccionar contra ella con desprecio y agresividad, en busca de su independencia y autonomía, utilizando la violencia-transgresión para afirmar su propia existencia; dañando a su genitora incluso físicamente.

---

[17] M. Recalcati, *Las manos de la madre. Deseo, fantasmas y herencia de lo materno*, ed. Anagrama, 2018, p. 82.

[18] Ídem. pp. 34 y 93.

[19] Ídem. pp. 92 y 33.

El padre es quien permite enfrentar la realidad y la separación o insertar entre la madre y el hijo un espacio que libera de la inmediatez y la fusión con los seres y las cosas. Como señala Recalcati: «La función paterna tiene como primera tarea prohibir lo que, sin embargo, el Edipo de Sófocles lleva a cabo: la unión incestuosa con la madre. Un padre, parece decirnos Freud, es aquel que sabe hacer valer la ley de la interdicción del incesto facilitando el proceso de separación del hijo respecto de sus orígenes»[20].

El padre representa la libertad, tanto para el hijo como para la madre. Una función paterna, que se cumple de diferentes maneras a lo largo de la vida, es la de dejar ir a los hijos, empujarles al mundo tras haberles provisto de información y haberles entrenado en el uso de las herramientas propias de ellos. La madre tiende a retener y es el padre quien, con amor, presencia y asertividad, puede cortar amorosamente ese cordón umbilical invisible que une a madre e hijo. Esto permite a los hijos madurar, completar su crecimiento, y a la madre salir de un rol fijo y a veces abrumador para recuperar y fecundar otros espacios propios en su vida como mujer[21].

El padre libera al hijo de la excesiva dominación de su madre y le permite sentirse como un ser pleno y autónomo, lo que le ayudará a su vez a madurar. Concede libertad a sus hijos para tener sus propias experiencias, incluyendo riesgos, fracasos y sufrimientos; lo que sin duda ayuda al hijo a percibir sus propias limitaciones y le fortalece. Desafía los límites del universo materno, lo separa. Sin separación no hay crecimiento y el individuo no consigue jamás despegarse de los niveles psicológicos de la infancia. Como afirma Risé: «Se trata de esos estados psicológicos que el psicoanálisis clásico hace coincidir con el estado calificado "de perversión" en cuanto que sigue dirigido a la satisfacción de los impulsos vinculados

---

[20] M. Recalcati, *¿Qué queda del padre? La paternidad en la época de la hipermodernidad*, ed. Xoroi Edicions, 2015, p. 21.

[21] S. Sinay, *La sociedad de los hijos huérfanos. Cuando padres y madres abandonan sus responsabilidades*, ed. B, 2012.

a la búsqueda del placer de la primerísima infancia, incapaz de una auténtica relación ni de entregarse al otro»[22].

Para el padre, realizar esa separación y, en consecuencia, abrirse espacio en el mundo del hijo, no es tarea sencilla, pues el hijo lo ve con sospecha, como un intruso que irrumpe en la relación simbiótica. Pero, como señala Recalcati, «para que haya reencuentro de sí es necesario el desarraigo, el desgarro, la ruptura de uno»[23]. La separación es un trauma necesario y beneficioso: «El padre inflige el primer dolor, afectivo y psicológico, interrumpiendo la simbiosis con la madre (en la que el bebé sigue hasta que es absolutamente necesaria la intervención paterna) (…) el padre hiere al hijo para hacerle más fuerte (…) la herida infligida por el padre, intrínsecamente necesaria en la existencia del hombre, es también fundadora de su orden»[24].

Por ello, el padre deberá separar con delicadeza, de forma amorosa y responsable, pues no abandona al hijo a su suerte, sino que, en un proceso de iniciación, le guía, le marca el camino, le concede herramientas morales, éticas y espirituales para la nueva andadura y le enseña cómo sobrevivir lejos del campamento base de mamá. Lo que hace posible el acceso al mundo de la cultura y los símbolos: «Si la separación no se realiza bien, el individuo corre el peligro de seguir siendo toda su vida un niño que añora al ser amado del que le han separado y que busca, en una estéril ansia narcisista, la mirada de aprobación»[25].

El lazo con el padre es alianza y raíz, «responde a la exigencia de pertenencia que caracteriza al ser humano». Pero a la vez el hijo necesita alas, errancia, empuje a lo desconocido, a nuevas experiencias que favorecen el crecimiento, exigencia legítima de diferenciación. La vida humana exige

---

[22] C. Risé, *El padre. El ausente inaceptable*, ed. Tutor. Psicología, 2006, p. 97.

[23] M. Recalcati, *¿Qué queda del padre? La paternidad en la época hipermoderna*, ed. Xoroi Edicions, 2011, p. 42.

[24] C. Risé, *El padre. El ausente inaceptable*, ed. Tutor, Psicología, 2006, pp. 18 y 27.

[25] Ídem.

raíz, pero también rebelión; lazos familiares pero también su disolución[26]. «Pertenencia y errancia» («procedencia y porvenir») definen los dos polos de la subjetividad humana: «pertenencia» como tendencia a la identificación, a pertenecer a una comunidad, a estar juntos, a arraigar en una cultura de grupo; y «errancia» como viaje que separa, que crea la experiencia propia, que libera, que diferencia. El efecto del desenganche realizado por el padre será siempre beneficioso, no mortifica la relación materna, sino que la vivifica sustrayéndola al empaste necesariamente incestuoso de la identificación indiferenciada con el propio hijo[27].

El padre liberador acompaña, observa y guía al hijo responsablemente. El padre promueve la emancipación. En este sentido el padre es «aventura»: el mundo exterior, lejos de la madre, está plagado de retos, miedos y dificultades; pero es mucho más excitante y novedoso[28]. Pero a la vez es «custodia»: el padre está siempre a su lado en la exploración de ese mundo nuevo plagado de retos. El padre es el que prioritariamente enseña a los hijos «a abrir la puerta de la vida con prudencia, pero también con decisión»; evitando que el hijo renuncie a retos, a experiencias que le harán crecer y ampliar sus horizontes por miedo, pasividad, comodidad o conformismo[29].

Pero cuando la madre se pierde en sus propios hijos, vive solo para ellos, les dedica plenamente su vida, degrada el amor materno y «la maternidad da paso a un instinto devorador, recíproco por lo general, entre madre e hijo: la ma-

---

[26] M. Recalcati, *El secreto del hijo. De Edipo al hijo recobrado*, ed. Anagrama, 2020, p. 114.

[27] M. Recalcati, *¿Qué queda del padre? La paternidad en la época hipermoderna*, ed. Xoroi Edicions, 2011, pp. 48-63.

[28] Como señala Zoja, mientras la madre abraza al hijo y fija sus ojos en los del hijo sin cambiar la posición del amamantamiento, el padre, con frecuencia, lo gira y lo invita a mirar hacia el exterior, es decir, a contemplar el mundo con una mirada paralela a la suya. L. Zoja, *El gesto de Héctor. Prehistoria, historia y actualidad de la figura del padre*, ed. Taurus, Madrid, 2018, p. 290.

[29] En palabras de Vidal, «la entrega paterna se hace desde la aventura y la custodia». F. Vidal. *La revolución del padre. El padre que nace y crece con los hijos*, ed. Mensajero, 2018, p. 282.

dre absorbe al hijo que a su vez absorbe a la madre»[30]. En estas circunstancias, el padre, valorando a la madre en su condición de mujer y manteniendo con ella el correspondiente vínculo afectivo/sexual, la libera de la cerrazón y de la posesividad de los hijos, evitando que acabe siendo «engullida» y explotada de por vida por unos hijos que tienden a aprovecharse de su natural disponibilidad.

En la adolescencia, la intervención paterna se hace aún más esencial y necesaria. Durante esta etapa es muy frecuente que las madres se sientan desbordadas y no sepan cómo hacerse respetar y obedecer. Entonces, el apoyo e intervención del padre en la educación de los hijos adolescentes le resultará a la madre aún más liberador y descubrirá realmente el valor de la educación paterna.

Con la revolución del 68 las mujeres nos independizamos de los hombres, pero caímos en una nueva esclavitud femenina: la dependencia absoluta de los hijos. Ahora necesitamos del hombre, la reincorporación del padre, para experimentar una nueva emancipación, esta vez de los hijos; porque la madre debe ser «no-toda-madre»; no madre al cien por cien. Los hijos no deben ser la razón única de su vida. La mirada de la madre no debe concentrarse en sentido único en la existencia del hijo, debe dejar espacio y tiempo también a su propio desarrollo personal, como mujer. El hecho de que en la madre aparezca «la mujer» es la salvación, tanto para el niño, como para la propia madre. En este sentido, el padre ayuda a reconducir a la madre a su posición de «mujer» anulando un crecimiento desmesurado y excesivo de su dimensión materna capaz de ahogar su autodesarrollo como fémina. Pues, como considera Fornari, siguiendo a Lacan, «cuando el código materno tiende a perdurar más allá del periodo en el que resulta funcional, pone en grave peligro la feminidad»[31].

---

[30] M. Recalcati, *Las manos de la madre. Deseo, fantasmas y herencia de lo materno*, ed. Anagrama, 2018, pp. 121-122.

[31] Citado por M. Recalcati, *Las manos de la madre. Deseo, fantasmas y herencia de lo materno*, ed. Anagrama, 2018, p. 120.

En la actualidad, como expone Ceriotti, «se está produciendo una transformación progresiva en nuestros principales códigos simbólicos» y nos encontramos con mujeres que renuncian abiertamente a tener hijos, porque entienden que «maternal es sinónimo de sacrificial». Mujeres que interpretan la maternidad como una amenaza contra un «ideal estéril de feminidad» y rechazan al niño como causa de la mortificación del cuerpo femenino. Pero paradójicamente, al mismo tiempo, es usual encontrar otras mujeres que, habiendo sido madres, sufren desviaciones en el ejercicio de la maternidad, como es el amor desmesurado y posesivo por los hijos. La mujer-madre «equilibrada», es decir, aquella que habiendo sido madre y ejerciendo orgullosa una maternidad plena no renuncia a su propio desarrollo personal y profesional tratando de encontrar el punto medio de la balanza entre ambos ámbitos de su vida, es difícil de encontrar.

La mujer, una vez que ha sido madre, para lograr el equilibrio debe aprender a guardar la medida adecuada de su parte «erótica», es decir, de su ser mujer, sin permitir que quede anulado o devorado por su lado maternal. Se trata de aquella madre que no es toda y solo madre, en beneficio no únicamente de ella misma y de su propio crecimiento personal, sino en claro provecho de sus hijos y de su pareja. Este modelo de mujer será más libre y dará más libertad y autonomía a sus propios hijos: «Lo erótico y lo maternal, el amor de sí y el amor al otro, son dos componentes inescindibles de la condición femenina (…) ambos deben encontrar un equilibrio y una integración mutuas»[32].

Toda madre debe aprender a «abandonar» a su hijo en algún momento, hacerle el regalo de su propia ausencia, para así favorecer el crecimiento autónomo del niño y, simultáneamente, su propio crecimiento personal como mujer en otros ámbitos ajenos al estrictamente maternal; incluyendo la propia relación de pareja con el padre que saldrá sin duda

---

[32] M. Cerotti Migliarese, *Erótica y materna. Un viaje al universo femenino*, ed. Rialp, 2019.

beneficiada y enriquecida. Sin embargo, muchas madres consideran que los hijos son «la razón de su existencia», se anulan como mujeres y renuncian por propia iniciativa a su desarrollo personal en otros ámbitos. Se trata de una versión patológica del amor, en la que la «mujer» es devorada por la «madre» que, a su vez, devora al hijo (este queda obligado a una tarea que no le corresponde y para la que no está preparado: dar sentido a la vida de su madre). Se produce una esclavitud bidireccional: de la madre hacia el hijo y de este hacia la madre. Están cerrados en un vínculo sin aire. La madre se convierte en la prisión de sus propios hijos: «La madre asfixiante, la madre que no respeta la distancia simbólica necesaria en la relación con su hijo, absorbe al hijo en ella misma dejándose absorber íntegramente por el hijo (…) en una simbiosis mortífera»[33].

El mayor regalo que podemos hacer como madres a nuestros hijos es que aprendan a prescindir de nosotras. Y el mayor regalo que nos puede hacer el padre de nuestros hijos es ayudarnos a prescindir de los hijos. Como ya señalamos al comienzo de este libro, la gran revolución del hombre como padre es, precisamente, la liberación de la mujer como madre[34]. Para ambos, la consigna debería ser «la pareja primero». No se trata de un eslogan, es algo que debemos buscar sinceramente, una medida de sabiduría[35]. Una sana relación de pareja es el mejor antídoto contra los excesos del dominio materno y garantía de libertad y autonomía para el hijo en un marco de seguridad y felicidad. El hijo verdaderamente libre desde el punto de vista psíquico es el hijo de «la pareja»[36].

---

[33] M. Recalcati, *Las manos de la madre. Deseo, fantasmas y herencia de lo materno*, ed. Anagrama, 2018, pp. 122 y 125.

[34] Idea señalada de forma reiterada por F. Vidal en su obra *La revolución del padre. El padre que nace y crece con los hijos*, ed. Mensajero, 2018.

[35] A. Naouri, entrevista, gentedigital.es/Patricia Costa, 29/10/2008.

[36] M. Cerotti Migliarese, *Erótica y materna. Un viaje al universo femenino*, ed. Rialp, 2019, p. 65.

El padre: límite a la omnipotencia del hijo

Todo hijo experimenta, desde el nacimiento, cierta tendencia a la tiranía. Y es lógico pues pretende prolongar los mecanismos biológicos intrauterinos con los que la madre le ha hecho adicto al placer. El niño, en el seno materno, sin sensaciones de frío, hambre o sueño, ha experimentado su capacidad de ser insaciable y omnipotente y pretende seguir siéndolo una vez sale del vientre de su madre. Como afirma Anna Freud, la primera característica de todo niño al nacer es su «egocentrismo sustancial»[37].

Por el bien de la familia y el suyo propio, desde que nace, el niño debe percibir que sus pretensiones de tiranía no son factibles por más tiempo. Sin embargo, hay madres que en un ejercicio de amor malinterpretado y desmedido colocan al niño en la cúspide jerárquica, desplazando al padre y a sí mismas. Instauran un filiarcado, establecen una bebelatría que intoxica, a veces de muerte, la relación de pareja; pues no hay nada más nocivo dentro del hogar que un hijo tirano que con la complicidad materna crea, muchas veces de manera inconsciente, «alianzas secretas» madre/hijo que se superponen a la alianza privilegiada, única y primaria que siempre debe existir entre los padres muy por encima del hijo.

Se produce así una alteración de los papeles simbólicos, una «mutación antropológica»[38]. Niños equivalentes a los padres. La filiación misma ha cambiado de sentido en la sociedad hipermoderna: «Si antes el hijo formaba parte de la familia sometiéndose a su organización jerárquica y a las leyes de su funcionamiento, en nuestro tiempo la familia, cuando aún existe, tiende a organizarse y a subordinar las leyes de su funcionamiento a las exigencias de su dios-niño y a

---

[37] A. Freud, en su obra, *Normalidad y patología en la niñez*, citada por M. Ceriotti Migliarese, *La familia imperfecta. Cómo convertir los problemas en retos*, ed. Rialp. 2019, p. 77.

[38] M. Recalcati, *El complejo de Telémaco. Padres e hijos tras el ocaso del progenitor*, ed. Anagrama, 2014, p. 67.

su voluntad ahora absoluta»[39]. El niño es el rey de la familia; todo debe ser sometido a sus exigencias. Es una metamorfosis antropológica; ya no es el hijo el que tiene que hacer cuentas con la realidad, sino que es la realidad la que tiene que plasmarse según el capricho del hijo[40].

La crisis de paternidad implica una crisis de autoridad, reflejada en la familia en la ausencia de una jerarquía y en la consideración de que tanto los hijos como los padres se encuentran en un absoluto plano de igualdad, cuando no de superioridad de los infantes sobre los adultos[41]. Norbert Elias publicó, en 1989, un destacado ensayo sobre los cambios experimentados por nuestra sociedad en los últimos años. El más significativo de estos cambios ha sido sin duda la transferencia de la autoridad de los padres a los hijos[42]. La inmensa mayoría de los padres, por ejemplo, actualmente «consulta» a sus hijos antes de tomar alguna decisión que les concierne (el colegio, el campamento de verano, el menú del día, el plan de fin de semana...) y la opinión de los hijos resulta determinante en la decisión final. De este modo, son los hijos los que deciden qué hacer y qué no hacer, al margen del parecer de los padres[43]. Y, por supuesto, las decisiones de los infantes suelen aproximarse no a lo mejor sino a lo más fácil o a lo que menos esfuerzo exige.

Estos niños que hacen lo que quieren cuando quieren tendrán además muchas posibilidades de ser infelices en su madurez ya que, como explica Lipovetsky en su libro *El crepúsculo del deber*, la fiebre de la autonomía moral se paga con

---

[39] M. Recalcati, *¿Qué queda del padre? La paternidad en la época hipermoderna*, ed. Xoroi Edicions, 2011, p. 66.

[40] M. Recalcati, entrevista realizada para el diario *El Mundo*, 4 de enero de 2017.

[41] A. Naouri, *Padres permisivos, hijos tiranos*, Ediciones B, 2005.

[42] N. Elias, *Essays Regarding the Germans*, Frankfurt, 1989.

[43] Es lo que Recalcati califica como: «Cliché hipermoderno de la retórica del diálogo». M. Recalcati, *¿Qué queda del padre? La paternidad en la época hipermoderna*, ed. Xoroi Edicions, 2011, p. 94.

el desequilibrio existencial[44]. Y psíquico, pues, como afirma Recalcati, «la hiperactividad como paradigma de la época hipermoderna» tiene su origen en la dificultad del niño para encontrar encarnaciones fiables del orden simbólico. Cuanto más difícil le resulta esto más se hiperactiviza «para que algo de lo simbólico, de la función de la ley, se movilice e intervenga». En la sociedad hipermoderna nuestros hijos viven el drama del vacío de la ley. Lo que les provoca angustia no es infringir la ley sino la ausencia de peso simbólico de la misma, su total carencia de valor. Si no hay ley que transgredir, no se genera sentimiento de culpa, ni responsabilidad y la vida de los hijos parece diluirse en el territorio frívolo del narcisismo y en una idea de autorrealización que excluye absolutamente el esfuerzo[45].

La desaparición de toda forma de autoridad en la familia no predispone para la libertad responsable sino a una forma caprichosa de inseguridad que con los años conduce a la frustración, infelicidad e inmadurez. La propia palabra autoridad proviene etimológicamente del verbo latino augeo que significa, entre otras cosas, «hacer crecer». Como afirmaba Kant, no se puede educar a un niño sin contrariarle en mayor o menor medida. No es posible ningún proceso educativo sin dos factores: disciplina y autoridad. El principio de autoridad forma parte de la personalidad y es condición imprescindible para su correcto desarrollo. Autoridad entendida como la posibilidad de marcar normas, establecer límites, trasmitir valores y principios, desde una relación asimétrica y jerarquizada, basada en el respeto y con una finalidad positiva[46].

Algunas madres, en ausencia de un padre significativo, intentan evitar al niño cualquier sufrimiento, esfuerzo o pena, y acaban provocando personalidades narcisistas, egoístas,

---

[44] Citado por J.R. Ayllón, *Diez claves de la educación*, ed. Trillas, 2006, p. 82.

[45] M. Recalcati, *¿Qué queda del padre? La paternidad en la época hipermoderna*, ed. Xoroi Edicions, 2011, p. 67.

[46] La autoridad difiere del autoritarismo en que este último no es el resultado de una relación sostenida por el reconocimiento y el afecto, sino que es el producto de la imposición por la fuerza y la carencia de argumentos.

individuales, ajenas a las necesidades de la familia y la sociedad. Niños tiranos con todos los derechos y ningún deber, pues la madre y su función materna no es por lo general capaz de limitar los naturales deseos de omnipotencia del niño. Además, a largo plazo, estas madres acaban convirtiéndose en «esclavas» de los hijos. Si el hijo no encuentra límite a sus apetencias se convertirá en un ser despótico y falto de respeto hacia los que le rodean. Estas madres no logran hacerse obedecer e incluso, en ocasiones, llegan a ser agredidas por un hijo al que no han puesto límites[47]. En palabras de Poli, «se crean las condiciones psicológicas de insaciabilidad típicas del hijo que siempre quiere más, que no está nunca contento con lo que tiene y no valora lo que posee»[48]. Estas conductas inadaptadas son pasos hacia la descomposición social, hacia la negativa a aceptar cualquier tipo de autoridad dentro de la sociedad[49].

Al padre corresponde entonces colocar al hijo en su lugar, instaurar la ley simbólica de la familia, el orden de filiación frente a sus pretensiones de omnipotencia y le ayuda a madurar integrándose en el universo del adulto y así en la realidad, incluso con sus aspectos más duros y desagradables. El padre, con su natural propensión a la firmeza, permite al hijo adquirir el sentido de los límites, marca las prohibiciones. El padre opera como articulador entre el deseo y la ley[50]. El niño que entra en relación con el padre, siente que

---

[47] Según datos de la Fundación Amigó, durante 2018 se incoaron en España 4833 procedimientos a menores por violencia contra sus padres o madres; un 3,6 por ciento más que durante 2017. En la Comunidad de Madrid, por su parte, durante 2018 se abrieron 686 expedientes a menores por delitos por este motivo, lo que la sitúa como la tercera comunidad que registra más casos, por detrás de Andalucía y Comunidad Valenciana. No obstante, es preciso tener en cuenta que estos datos solo señalan las situaciones más graves, ya que existe una cifra negra que no se detecta porque no se llega a la denuncia.

[48] O. Poli, *Corazón de padre*, ed. Palabra, 2012, p. 116.

[49] En este sentido, es interesante la obra de L. Bui Trong, especialista en violencia urbana, *Violences urbaines. Des vérités qui dérangent (Document Temoignage)*, 2000; y *Les racines de la violence: De l'émeute au communautarisme*, 2003.

[50] S. Tubert, *Figuras del padre*, ed. Cátedra, Universidad de Valencia, 1997, p. 8.

no es todopoderoso, que está sujeto a reglas que, aunque no le guste soportarlas y aceptarlas, le liberan psíquicamente de la angustia y ansiedad y le dan seguridad. Como señala Risé: «Cualquier psicólogo o educador conoce bien la angustia característica del niño mimado, al que se trata de evitar lo más posible la experiencia del límite, de la prohibición, de la regla (...). En realidad, y a nivel más hondo, busca desesperadamente un límite, una detención, una norma (...) busca de cualquier modo satisfacer su necesidad de una ley»[51].

La firmeza del padre robustece el carácter moral del hijo[52]. Por eso, el padre no debe nunca justificarse. El padre que se justifica convierte a su hijo en juez, dándole la vuelta a la jerarquía de la relación y cuando se invierte la jerarquía es como si el padre le retirase la protección al hijo[53]. El hijo-niño con tendencia a la tiranía debe comprender que no es él a quien compete dictar la ley, sino a otra instancia exterior representada por su padre. El padre introduce la ley en un vínculo previo, para determinar una ruptura y un nuevo reordenamiento. Debemos cortar de raíz la ilusión del niño de una igualdad de poderes o prerrogativas y situarle en su lugar, poniendo a raya su propensión a la tiranía y su ilusión de omnipotencia y desengañándole de la convicción, que hasta entonces tenía, de ser un pequeño dios al que por naturaleza se le debía todo. El padre funciona como «regulador» externo de la conducta de su hijo, y le permitirá, gracias a su amorosa función, ir internalizando poco a poco esa ley, que luego pasará a ser principio autónomo de su comportamiento[54].

Siguiendo el pensamiento de Lacan, un padre es aquel que sabe unir y no oponer el deseo a la ley: «Para que haya deseo, para que la existencia esté animada por el empuje del

---

[51] C. Risé, *El padre. El ausente inaceptable*, ed. Tutor, Psicología, 2006, p. 29.

[52] B. Tierno, *Saber educar hoy*, ed. Temas de Hoy, 2011, p. 133.

[53] A. Naouri, *Educar a nuestros hijos, una tarea urgente*, ed. Taurus, 2008, p. 210.

[54] J. Schlatter, *De tal palo. Una mirada desde el corazón del hijo*, ed. Rialp, 2019, p. 28.

deseo, para que haya facultad de desear, es necesario que haya ley»[55].

Los límites nos convierten en seres responsables, nos recuerdan nuestra humanidad, nos dicen que no estamos solos en el universo, que nuestras acciones tienen efectos, que existe el mundo, que están los otros. Tenemos libertad porque existen límites. Para traspasar, cuestionar o subvertir los límites primero es preciso tenerlos y conocerlos. Los límites hacen que los hijos se sientan seguros y los adolescentes los necesitan de forma especialmente intensa; precisamente para tener algo contra lo que poder rebelarse. Nuestros hijos tendrán que rehacerlos, superarlos o redefinirlos en un trabajo de maduración personal. Todo niño necesita «poner a prueba la solidez de las barandillas»[56] y tratará de derribarlas o saltarlas, pero a pesar de su actitud desafiante, su pretensión última es que su padre le coloque en su lugar y funcione a modo de muro de contención. Todo hijo debe ser «enmarcado» o «contenido» por medio de límites que le den seguridad para soportar las frustraciones a las que se vea sometido. El resultado en último término será una persona más equilibrada y segura de sí misma.

Solo así el hijo podrá luego vivir en sociedad. Cuando el hijo acepte un NO de su padre en el hogar estará preparado para aceptar un NO de una autoridad, de un profesor, de un adulto. El «¡No!» como «prohibición simbólica, como un regalo de la Ley de la palabra, como un regalo que humaniza la vida»[57]. Porque lo más paradójico es que los hijos desean en su interior, inconscientemente, recibir ese NO que refleja en último término atención y afecto paterno. Significa que el hijo es importante para el padre, y a pesar de su obstinado enfado ante la negativa, aquel lo sabe. Por eso, cuando un

---

[55] Lacan, citado por M. Recalcati, en su obra ¿Qué queda del padre? La paternidad en la época hipermoderna, ed. Xoroi Edicions, 2011, p. 37.

[56] En expresión de A. Naouri, en su obra Educar a nuestros hijos, una tarea urgente, ed. Taurus, 2008, p. 210.

[57] M. Recalcati, El complejo de Telémaco. Padres e hijos tras el ocaso del progenitor, ed. Anagrama, 2014, p. 78.

hijo no recibe nunca un NO, lo busca, lo provoca con mal comportamiento, con rabietas, con actitudes arriesgadas, desafiando continuamente el mundo de los adultos y su autoridad, tratando de conseguir que su padre se fije en él, que le preste atención aunque sea de forma punitiva; intentando lograr desesperadamente que exista una ley, una norma, y que sea aplicada por su padre[58]. Esa transgresión representa la insistencia de un apremio simbólico de reconocimiento

El psiquiatra Recalcati recuerda una paciente bulímica que robaba en los supermercados «buscando despertar la ley paterna de su sueño ciego», ser vista robando significaba para ella que por fin alguien asumiría la responsabilidad de aplicarle una ley y pararía su deriva pulsional[59].

El padre: instancia de frustración

Padre es aquel que, en la intimidad del amor, frustra adecuadamente al hijo. La frustración es fundamental en todo proceso educativo, pues quien no aprende a lidiar con las contrariedades y fracasos nunca madurará. Como nos recuerda desde la experiencia diaria el pediatra Aldo Naouri:

«Los bebés llorarán si no se quedan saciados. Es cierto. Pero seguro que no por mucho tiempo. Esta frustración formará para ellos la base de su educación futura. La ecuación «educar=frustrar» se verifica siempre y desde la más tierna infancia»[60].

El pequeño disgusto que representan las frustraciones diarias merece la pena a largo plazo al instaurar, mediante capas sucesivas que se añaden unas a otras, una percepción mucho más segura del mundo y en absoluto traumatizará a

---

[58] *Vid.* al respecto, M. Recalcati, *¿Qué queda del padre? La paternidad en la época hipermoderna*, ed. Xoroi Edicions, 2011, p. 71.

[59] M. Recalcati, *El complejo de Telémaco. Padres e hijos tras el ocaso del progenitor*, ed. Anagrama, 2014, p. 78.

[60] A. Naouri, *Padres permisivos, hijos tiranos*, Ediciones B, 2005.

los hijos, antes al contrario, ayudará a la correcta configuración de su carácter como personas maduras, responsables y, en consecuencia, libres.

Educar es pues frustrar, confrontar al hijo con una realidad esencial de la vida: no se puede todo, las cosas no siempre salen como uno pretende, y esto no es una falla, una anomalía ni una injusticia; simplemente es la vida real[61]. Son muchos los expertos que mantienen que quien en su infancia no ha tenido experiencias de frustración o no ha aprendido a canalizarlas será un candidato idóneo para sufrir conflictos psíquicos en la edad adulta[62]; o peor aún, no conseguirá jamás alcanzar la etapa adulta de la existencia[63].

Desde el instante del nacimiento, todo niño debería tener derecho a la frustración, derecho al desengaño. Sin embargo, vivimos en una sociedad con miedo a frustrar a los hijos, como si el hecho de ponerles límites o negarles algo fuera a ocasionar en ellos un daño irreparable: «Frente al obstáculo, la familia moderna se moviliza, de forma más o menos compacta, para retirarlo sin darle al hijo el tiempo adecuado para hacer su experiencia»[64].

Sin embargo, la frustración es imprescindible para lograr un correcto y equilibrado desarrollo psíquico. El niño debe aprender que no se puede todo en la vida. Debe saber cómo gestionar los fracasos. Tiene que aprender a remover los obstáculos y levantarse cuando se haya caído o algo no le haya salido como esperaba. Debe saber que a veces las cosas no resultan como uno había planeado y esto no es una injusticia ni un fallo del sistema, es sencillamente la vida misma.

El mayor favor que podemos hacer a nuestros hijos es enseñarles a gestionar la frustración, porque esta les va a acom-

---

[61] S. Sinay, *La sociedad de los hijos huérfanos*, ediciones, 2008, p. 109.

[62] J. Soler y M. Mercé Conangla, *Ámame para que me pueda ir*, ed. Amat, 2006, p. 84.

[63] A. Naouri, *Educar a nuestros hijos, una tarea urgente*, ed. Taurus, 2008, p. 181.

[64] M. Recalcati, *¿Qué le queda al padre? La paternidad en la época hipermoderna*, ed. Xoroni Edicions, 2015. p. 73.

pañar toda su vida: estudias pero suspendes; amas pero te abandonan; te cuidas pero caes enfermo; haces planes que luego no salen; quieres a personas que fallecen... El niño que no es capaz de gestionar los fracasos y frustraciones de la vida diaria, de adulto tendrá muchas posibilidades de tener problemas psíquicos. En un mundo plagado de frustraciones, como señala Millet, «la baja tolerancia hacia ella tiene consecuencias serias, que pueden derivar en adolescentes conflictivos, con síntomas de ansiedad, que pueden llegar a deprimirse porque la vida les resulta insoportable»[65].

Pero el primer escollo está en la dificultad de las madres para aceptar esta realidad. «A causa de la gestación, una madre es para su hijo la que siempre ha atendido a sus necesidades y quien por ello tiene vocación de seguir haciéndolo y de decir SÍ a todo lo que pida»[66]. A las madres en general, y a las madres solas en especial, les cuesta mucho el ejercicio de la autoridad (la consideran, en expresión de López Ibor, «inhibidora»[67]). Prefieren evitarles ese sufrimiento tan constructivo.

El padre, con su intervención, «enseña y testimonia que la vida no es solamente satisfacción, confirmación y seguridad, sino también pérdida, privación, fatiga (...) el padre transmite la enseñanza del dolor»[68]. Padre es el que tiene la llave que abre el universo de la frustración que necesitan todos los niños, porque «gracias a él se construyen»[69]. El fracaso es «la vía auténtica de formación»[70]. Frustrar es educar, desde que el niño nace, imponiéndole un condicionamiento, límite o privación que tiene sentido, no por el efecto in-

---

[65] E. Millet, *Hiperpaternidad*, ed. Plataforma Actual, 3º ed., 2016, p. 21.

[66] A. Naouri, *Educar a nuestros hijos, una tarea urgente*, ed. Taurus, 2008, p. 163.

[67] J. L López Ibor, *Rasgos neuróticos del mundo contemporáneo*, ed. Cultura Hispánica, Madrid, 1968.

[68] C. Risé, *El padre. El ausente inaceptable*, ed. Tutor, Psicología, 2006, pp. 17.

[69] A. Naouri, *Educar a nuestros hijos, una tarea urgente*, ed. Taurus, 2008, p. 133.

[70] M. Recalcati, *¿Qué queda del padre? La paternidad en la época hipermoderna*, ed. Xoroni Edicions, 2015, p. 75.

mediato, sino por el que producirá a largo plazo: resiliencia y capacidad de adaptación a los cambios, tan repentinos y constantes en la sociedad líquida en la que nos ha tocado vivir[71]. Así, el niño experimentará la carencia, que es el motor del deseo y lo que nos permite percibirnos como seres vivos autónomos e independientes (tomando conciencia de sí mismo, aprenderá a tomar en consideración y respetar al otro). Y además desarrollará dos virtudes básicas para vivir en sociedad: empatía y autocontrol.

Pero además, frustrar es amar con mayúsculas; porque hay que amar mucho a un hijo para aguantar su llanto cuando se le niega algo de pequeño o soportar incluso ser odiados durante la adolescencia cuando no cedemos a sus demandas. Esta capacidad de amor «heroico» es más consustancial a los padres que a las madres. Por ello, suele ser el padre el que ejerza de instancia de frustración, consciente de su necesidad; asumiendo incluso el riesgo de convertirse en el objeto de resentimiento de su hijo[72]. La figura del padre es, especialmente para el hijo varón, una figura idealizada, amada y venerada y, al mismo tiempo, un obstáculo para la realización de sus propios deseos. La relación con el padre es paradójica porque siempre tiene un lado negativo, ya que él es, por lo general, el rival, quien prohíbe, quien limita y frustra, y por ello nos resentimos con él, sin poder sin embargo renunciar a su amor[73].

---

[71] Sobre el concepto de «modernidad líquida» *vid.* Z. Bauman, *Modernidad líquida*, ed. Fondo de Cultura Económica De España, 2002. En la vida líquida, según Bauman, la sociedad se basa en el individualismo y se ha convertido en algo temporal e inestable que carece de aspectos sólidos. Todo lo que tenemos es cambiante y con fecha de caducidad, en comparación con las estructuras fijas del pasado.

[72] Conviene señalar en este punto que los castigos físicos no están nunca justificados y que deben ser condenados sin matices. Como señala el pediatra Naouri: «Los castigos corporales no solo comprometen el éxito de la educación de los hijos, sino también una parte de su futuro. El hijo nunca conseguirá entenderlos». A. Naouri, *Educar a nuestros hijos, una tarea urgente*, ed. Taurus, 2008, pp. 216-217.

[73] J.P. Winter, *El futuro del padre ¿Reinventar su lugar?*, ed. Didaskalos, 2020, p. 154.

El padre «civiliza» a los varones

Corresponde sobre todo a los padres «disciplinar» a los hijos, especialmente a los varones[74]. Diversos estudios demuestran cómo estos responden mejor a la disciplina cuando viene impuesta por otro hombre[75]. El psicólogo forense Shaw Johnson, tras multitud de investigaciones, llegó a la conclusión de que no hay nadie más capacitado para frenar la agresión antisocial de un muchacho que su padre biológico[76]. El padre debe enfrentar y limitar la agresión violenta y pulsional del joven y, si tiene éxito, aquella se transmutará en fortaleza positiva, energía y creatividad.

Algunos estudios sugieren que la función paterna tiene una influencia crítica en la instauración y desarrollo de la capacidad de controlar los impulsos en general y el impulso agresivo en particular, es decir, la capacidad de autocontrol. La capacidad de controlar los impulsos es necesaria para que una persona pueda funcionar dentro de la ley. Es imprescindible tener incorporada la capacidad de postergar en el tiempo la gratificación, de resistir el impulso a actuar en un momento determinado. Es un componente crítico de la conducta responsable del individuo en sociedad, pero no el único. Es también necesaria la capacidad de registrar y tener en cuenta los sentimientos de otras personas, es decir, tener capacidad de empatía.

Un trabajo de investigación basado en un seguimiento de niños y jóvenes durante veintiséis años, reveló que el mejor

---

[74] Tanto los hombres como las mujeres experimentan sensaciones de ira, pero la manera de exteriorizarla y expresarla suele ser absolutamente distinta. Los hombres tienen procesadores mayores en el núcleo del área más primitiva del cerebro, la amígdala, que registra el miedo y dispara la agresión. Esto hace que, como promedio, sean veinte veces más agresivos que las mujeres. *Vid.* al respecto, L. Brizendine, *El cerebro femenino*, ed. RBA, 2007, p. 51.

[75] *The Importance of Fathers in the Healthy Development of Children*, Jeffrey Rosenberg and W. Bradford Wilcox, 2006, U.S. Department of Health and Human Services, Administration for Children and Families, Administration on Children, Youth and Families Children's Bureau, Office on Child Abuse and Neglect.

[76] Citado por M. Meeker, *100 % chicos*, ed. Ciudadela, 2011, p. 161

indicador de empatía en el adulto es haber tenido un padre involucrado. Más que cualquier variable asociada a la conducta de la madre, la empatía, que da la posibilidad de tener un buen registro del sufrimiento del otro, y así inhibir la agresión, es nuevamente un tema principalmente de función paterna[77].

El varón adolescente sin padre (y en ausencia de una figura alternativa) no logra obtener el control sobre sí mismo, no encuentra freno en la madre a la impulsividad propia de su sexo. Si no tiene un padre que ejerza su autoridad para limitar sus impulsos y despertar su sentido de culpabilidad y su deseo de reparación, será incapaz de frenar sus pulsiones y la satisfacción inmediata de su deseo. No sabe qué hacer con su propia energía ni hacia dónde encaminarla. Corre el peligro entonces de dirigirla «no en el sentido del cambio sino en uno destructivo contra sí mismo o contra los demás»[78]. Este asunto tiene una enorme relevancia social y personal, ya que muchos expertos coinciden en que la impulsividad es un factor que aumenta la probabilidad de comportamientos delictivos, antisociales o criminales y tiene un papel importante en las adicciones[79].

Los niños necesitan aprender a controlar conductas impulsivas y a inhibir reacciones emocionales ante determinados sucesos. En esta tarea, el papel del padre es absolutamente relevante, ayudando al hijo a la adquisición de virtudes como la fortaleza y la templanza, una palabra que en griego

---

[77] Koestner, Franz y Weinberger, 1990. Otros estudios confirman esta conexión entre función paterna y empatía: Sagi, 1982; Biller, 1993; Biller y Trotter, 1994.

[78] C. Risé, *El padre. El ausente inaceptable*, ed. Tutor, Psicología, 2006, p. 62. Para este psicoterapeuta, «el hombre matriziado, iniciado por su madre, es como un perro sin olfato: no tiene una dirección por instinto ni sabe en qué territorios, de qué formas, su identidad masculina le llevaría a realizarse y alegrarse».

[79] De hecho, diversos estudios demuestran que los jóvenes sin padre tienen mayor riesgo de abusar de drogas como alcohol o marihuana. *Vid.*, al respecto, D. Scott Bernam, Risk Factors Leading to Adolescent Substance Abuse, *Adolescence 30*, 1995. El 50 % de los toxicómanos en Francia y en Italia provienen de familias sin padre.

significa literalmente «protección de la inteligencia». Estas implican, entre otras cosas, la capacidad de restringir las propias apetencias en aras de las de los demás, y aplazar o templar la satisfacción de algunos placeres inmediatos en vistas al cumplimiento de objetivos recomendables a largo plazo. Y todas ellas requieren para su adquisición ser ejercitadas habitualmente, es decir, mediante la repetición de las mismas. Los hábitos son la única forma razonable de convertir a un niño en un hombre virtuoso y con dominio de sí mismo. Las habilidades adquiridas con el esfuerzo reiterado día tras día, acaban por quedar integradas en su conducta y son realizadas ya de forma espontánea, sin apenas sufrimiento o esfuerzo.

Para ello, el niño, desde la cuna, necesitará un padre que le imponga normas de conducta, obligaciones y prohibiciones claras que le indiquen por dónde ir. La capacidad para controlar y dominar los sentimientos y las pasiones es un signo de madurez. Es importante que los niños y jóvenes aprendan a conocer sus movimientos internos emocionales para dirigirlos de forma adecuada y saberlos encauzar hacia lo mejor. El muchacho sin padre, falto de esas referencias sobre el tiempo social que el hombre transmite a sus descendientes, y en ausencia de límites claros, tendrá mayor tendencia que los demás a pasar al acto impulsivamente y sin remordimientos[80].

Si el padre ayuda a reconducir o atemperar los impulsos propios de los varones desde su más tierna infancia, toda la energía del niño puede ser constructiva. Pero si no hay un padre (o en su lugar una figura masculina representativa y significativa) que haga de contrafuerte y ponga límites, «utilizando una cuña de la misma madera», el peligro de estas conductas disruptivas aumentará inevitablemente[81]. Si los padres no ayudan a los hijos con su autoridad

---

[80] E. Sullerot, *El nuevo padre. Un nuevo padre para un nuevo mundo*, ed. Palabra, 1993, p. 235.

[81] J. Schlatter, *De tal palo. Una mirada desde el corazón del hijo*, ed. Rialp, 2019, p. 62.

amorosa a crecer y prepararse para la vida adulta, serán las instituciones públicas las que se vean obligadas a imponerles el principio de realidad, no con afecto sino por la fuerza. Y de este modo, no se logran ciudadanos adultos libres y responsables[82]. El ejercicio de la autoridad por el padre en una relación de jerarquía con el hijo es absolutamente esencial. Porque precisamente lo que fundamenta para el niño la autoridad de su padre es la determinación que percibe en él de llevar la confrontación hasta el límite y resultar vencedor[83]. El conflicto, como señala Recalcati, «custodia la diferencia simbólica entre las generaciones y es, por lo tanto, un escalón indispensable para la formación de la vida»[84].

Sin embargo, la característica típica de la familia hipermoderna es la evitación del conflicto a toda costa, sustrayéndose así a un factor imprescindible de la formación de los hijos. Muchas madres tratan de evitar los conflictos paterno-filiales, sin percibir que son procesos necesarios en la configuración de la personalidad de los hijos; especialmente de los varones. La relación padre/hijo está sometida a competencia constante, tensión y confrontación. Cada uno intenta marcar su territorio y límites. Sin embargo, estos choques esporádicos acaban generando una unión paterno-filial fuerte y sólida cuando el chico pasa la adolescencia. Como afirma Recalcati, al hablar de las relaciones paterno-filiales:

> No hay formación posible que no pase por el problema del conflicto (no como mera reacción agresiva, sino como canalización cultural de la violencia, su expresión simbólica, como introducción del NO) (…) cuando el conflicto es reconocido y asumido críticamente puede devenir un motor de transformación y crecimiento (…) los hijos necesitan pa-

---

[82] F. Savater, *El valor de educar*, ed. Ariel, Barcelona, 2004, p. 65.

[83] A. Naouri, *Educar a nuestros hijos, una tarea urgente*, ed. Taurus, 2008, p. 161.

[84] M. Recalcati, *El secreto del hijo. De Edipo al hijo recobrado*, ed. Anagrama, 2020, p. 85.

dres capaces de soportar el conflicto, y por lo tanto, capaces de representar todavía la diferencia generacional»[85].

Además la confrontación paterno-filial de ideas tiene extraordinarios efectos en el desarrollo de habilidades dialécticas y cognitivas y en el refuerzo de la autoestima, especialmente durante la pubertad[86]. Si la madre no comprende esto y los mantiene separados para evitar cualquier tipo de enfrentamiento, estará rompiendo sin darse cuenta una fina línea de comunicación que quizá nunca vuelva a restablecerse.

Por supuesto, toda esta tarea «limitativa» del padre ha de ser realizada con enormes dosis de afecto y amor, pues hay que amar mucho a un hijo para asumir la responsabilidad de limitarle, frustrarle y orientarle, aun a costa de confrontaciones, rabietas, enfados, malas caras y quejas. Para eso, se necesita una enorme dedicación y un profundo compromiso. Y aunque no resignen su pataleo, su protesta y mal humor, ese hijo sabrá en el fondo que fue objeto de atención, de seguimiento. Que fue respetado como ser humano pleno en una relación de amor[87].

EL PADRE «COMADRONA»: MAESTRO DE LA
VERDAD Y PROMOTOR DE LA EMANCIPACIÓN

Entre los excesos cometidos por la sensibilidad materna destaca el de la sobreprotección de los hijos. Madres que prolongan indefinidamente la placentera vida uterina, que rodean a los hijos de comodidades, que les hacen crecer ajenos al dolor, a los problemas o al esfuerzo; atrapándolos en

---

[85] M. Recalcati, ¿*Qué queda del padre? La paternidad en la época hipermoderna*, ed. Xoroi Edicions, 2011, pp. 64-66.

[86] J. Alcalde, *Te necesito, papá*, ed. Libros libres, 2010, p. 52.

[87] S. Sinay, *La sociedad de los hijos huérfanos*, ediciones B, 2008, p. 152.

un «útero virtual extensible hasta el infinito»[88]. En estos casos, la realidad se adapta a los deseos del niño, una realidad ficticia plena de encanto, en la que el dolor, hambre, frío o dificultades de la vida no existen. Así, el hijo vive en un mundo ideal pero falso, a modo de invernadero que mantiene al hijo lejos de la «cruda realidad», encerrado en una cárcel invisible de inmadurez psicológica[89]. En el caso de los chicos, si el varón sigue encerrado en su dimensión infantil, no superará nunca su «dimensión narcisista» y su madre será siempre para él un objeto que enciende su deseo y que tiene el deber de satisfacerlo[90].

Algunas madres luchan por evitar a sus hijos todo tipo de sufrimiento y tienden a darles cuanto necesiten; haciéndolos adictos al placer y provocándoles a largo plazo la más inmensa de las infelicidades, pues los convierten en seres carentes de la dimensión adulta, niños eternos, en palabras de Savater, «envejecidos niños díscolos»[91]. Situación que es del todo antinatural, al hacer perdurar indebidamente la vida pueril, impidiendo la realización del deseo inherente a todo niño de incorporarse al universo del adulto. Las mujeres, por mucho esfuerzo que nos suponga, no podemos vivir la relación con los hijos «a corazón suelto»[92]; es preciso poner límites, control, prohibiciones.

La ausencia de sufrimiento deja al hijo en el limbo de lo irreal: se percibe a sí mismo por encima de las leyes de la vida, como si nada grave pudiera nunca sucederle. Cuando

---

[88] A. Naouri, *Educar a nuestros hijos, una tarea urgente,* ed. Taurus, 2008, p. 279.

[89] Como señala Cardona, «la persona inmadura se caracteriza por la imposibilidad de compromiso, por la inestabilidad emocional y por una facilidad de autoengaño que la sitúa muchas veces en un mundo irreal, fabricado por ella misma, para justificar su comportamiento. La persona inmadura sufre la esclavitud más cruel. La incapacitación de la voluntad, que es la pérdida de libertad más íntima posible», citado por N. Chinchilla y M. Moragas, *Dueños de nuestro destino,* ed. Ariel, 2013, p. 67.

[90] M. Ceriotti Migliarese, *Masculino. Fuerza, eros, ternura,* ed. Rialp, 2019, p. 105.

[91] F. Savater, *El valor de educar,* ed. Ariel, 2004.

[92] En expresión de O. Poli, en su obra *Corazón de padre,* ed. Palabra, 2012, pp. 43 y 115.

el hijo sea adulto seguirá pensando que los demás deben solucionar sus problemas, atender a sus necesidades y eliminarle las dificultades de la vida, como siempre lo hizo su madre. Culpará siempre a otros de sus desgracias y no será capaz de superar las frustraciones o los obstáculos de la vida diaria y actuará como un tirano, siempre descontento con el mundo. Como señala al respecto el psiquiatra brasileño Augusto Cury, «hemos creado un invernadero para nuestros hijos, que se han convertido en la generación más insatisfecha, ansiosa y desmotivada que ha pisado el planeta Tierra»[93].

Algunas madres tienen la idea de que el sentimiento de culpa es malo para los hijos, que les puede traumatizar y entristecer. Pero esto es un error. La culpa es un sentimiento antropológico, «un auténtico recurso para que el ser humano sea completo»[94]. La culpabilidad es un tipo de emoción social positiva ya que aumenta la probabilidad de cooperación y reciprocidad futura entre las personas[95].

Los hijos no desvinculados psíquicamente de su madre permanecen como «lactantes psíquicos»[96]. Es como si el hijo nunca hubiera salido del seno materno donde no hace frío, no se pasa hambre y no existe el dolor. Pero disfrutar del placentero universo uterino es esencial y bueno solo durante nueve meses; luego permanecer allí significa la muerte: «La madre que se excede en la protección de la vida de su hijo se convierte fatalmente en la causa de su muerte»[97]. En palabras de Naouri, «el padre, percibido por el hijo como mortífero, resulta en cambio vivificante a largo plazo; mientras

---

[93] A. Cury, *Nunca renuncies a tus sueños*, ed. Zenith/Planeta, 2012.

[94] V. Garrido, *Los hijos tiranos. El síndrome del emperador*, ed. Ariel, Barcelona, 2006.

[95] I. Morgado, *Emociones e inteligencia social*, ed. Ariel, 2007, p. 34.

[96] L. Zoga, *El gesto de Héctor. Prehistoria, historia y actualidad de la figura del padre*, ed. Taurus, Madrid, 2018. p. 294.

[97] M. Recalcati, *Las manos de la madre. Deseo, fantasmas y herencia de lo materno*, ed. Anagrama, 2018, p. 90.

que la madre, percibida como vivificante por el hijo, resulta mortífera a largo plazo»[98].

Por ello, los psiquiatras comparan la labor del padre con la de una «comadrona» que extrae al niño al mundo exterior. Todo hijo ha de ser parido dos veces: una de manera carnal por la madre; otra de forma simbólica o espiritual por el padre que le fuerza a pasar a una zona de incomodidad e incertidumbre donde, sin embargo, podrá desarrollar todas sus potencialidades. En esta iniciación se sufre, pero se adquiere identidad[99]. La huella del padre es por lo tanto sufrimiento e iniciación. Y, como todas las iniciaciones de la historia del hombre (como la confirmación en el rito cristiano) hace más fuerte a quien la sufre, más plenamente humano, más en condiciones de vivir positivamente la vida: «Para que se forme el "yo" de la persona joven, es necesario que esta salga, psicológicamente, de la envuelta protectora materna, y entre, simbólicamente, en el mundo del padre»[100].

Es esencial la función paterna por la que se rompe la dependencia del niño con la madre, fuente de satisfacción de todos sus deseos desde el útero. Gracias a esa ruptura se permite al niño percibirse plenamente como ser vivo. La intervención del padre coloca al niño en el tiempo real: «Este respeto forzado del tiempo que se deslizará entre madre e hijo pondrá al niño en el tiempo del que tiene una necesidad vital y del que sus congéneres se han visto privados seriamente en estos últimos decenios. Este niño aceptará mejor el límite, la disciplina, no será más el tirano que vemos todos los días y será, por fin, un adolescente más sereno»[101].

El nacimiento, en este caso, mediante la intervención paterna, es un acto cultural, es ser inscrito en un universo simbólico: «Si la madre pare un cuerpo biológico el padre gene-

---

[98] A. Naouri, *Del incesto*, Buenos Aires, ed. Nueva visión, 1995.

[99] L. Zoga, *El gesto de Héctor. Prehistoria, historia y actualidad de la figura del padre*, ed. Taurus, Madrid, 2018, p. 293.

[100] C. Risé, *El padre. El ausente inaceptable*, ed. Tutor. Psicología, 2006, p. 28

[101] A. Naouri, *Padres permisivos, hijos tiranos*, ediciones B, 2005.

ra un segundo nacimiento de ese cuerpo a la cultura»[102]. La alimentación arquetípica paterna no es material, sino cultural y espiritual. Consiste en iniciar al hijo en el mundo[103]. El padre enseña al hijo a abrirse al mundo de lo emocionante, lo sorprendente, lo desestabilizador, a afrontar riesgos y valerse por sí mismo.

Es por medio de la intervención paterna como el niño choca contra el mundo del adulto y sufre los dolores de tropiezo con una realidad —siquiera sea fragmentaria— que ya no es su propia realidad, la realidad por él creada, sino la «verdadera» realidad. Lo que en los varones sin duda favorece la conducción de la infancia a la hombría. A través de este empuje, el padre ayuda al hijo a vivir la «vida real», a pesar del dolor que inevitablemente experimentará. Realidad y verdad son elementos esenciales para el crecimiento humano. Por ello, es prioritario el papel del padre que aleja al hijo del mundo idealizado creado por la madre, para acercarle, con tacto y afectividad, al mundo real. Como señala Poli:

> No hay ningún crecimiento psicológico, ninguna maduración, sin verdad (…) deformar sistemáticamente la realidad, cediendo al miedo de hacerles sentirse mal, significa crear presupuestos para posteriores desilusiones y problemas y hacer más dramático el momento en que se den cuenta de sus propias contradicciones (…) podría decirse que quien quiere a su hijo más que a la verdad no es buen educador[104].

El padre enseña y testimonia que la vida no es solamente satisfacción, confirmación, seguridad, sino también pérdida, privación, fatiga. Las experiencias más hondas —empezando por el amor— tienen su origen y toman forma precisamente a partir de esta pérdida. En la vida del hombre, el

---

[102] L. M. Estalayo Martín, en su artículo ¿Qué significa ser un buen padre?, *Rev. Asoc. Esp. Neuropsiq.*, 2010, 30 (107), 419-436.

[103] L. Zoja, *El gesto de Héctor. Prehistoria, historia y actualidad de la figura del padre*, ed. Taurus, Madrid, 2018, p. 289.

[104] O. Poli, *Corazón de padre*, ed. Palabra, 2012, pp. 55, 82 y 84.

padre transmite la enseñanza del dolor porque su primera función psicológica y simbólica es la de organizar y dar una finalidad a la situación en la que el hijo ha estado inmerso durante la relación primaria con su madre y que, por sí misma, tendería sencillamente a prolongarse. Por esto, el padre inflige el primer dolor, afectivo y psicológico, interrumpiendo la simbiosis con la madre (en la que el bebé sigue hasta que es absolutamente necesaria la intervención paterna) y, proponiendo a partir de aquel momento, una dirección, un télos, una perspectiva para el desarrollo del niño: «La intervención del padre, en una primera etapa, limita la vida del joven: le "hiere" para hacerle más fuerte»[105].

El padre así se convierte en el eslabón de unión del hijo con la sociedad. Aquel deberá enseñar al hijo a vivir en sociedad, como su madre le enseñó a hacerlo en el seno materno. Así como la madre regala la vida biológica, corresponde al padre el regalo de la vida social. Inicia al hijo en el mundo real. Le muestra en su crudeza la «verdad». Sin verdad no hay educación. Lo inserta en la sociedad evitando de este modo el individualismo egocéntrico y narcisista al que le puede llevar el crecimiento en el idealizado mundo femenino-maternal[106]. Parte de la autoridad de los padres se debe precisamente a que estos son para los hijos «poseedores de la verdad (…) la ventana a través de la cual se asoman a la vida»[107]. Pero en esta salida al mundo exterior es preciso que el hijo se sienta recompensado y acompañado por su padre. Este proceso no ocurre solamente en la infancia, sino que es continuo a lo largo de la vida del hijo. A mayor déficit de función paterna, mayor perturbación del proceso de emancipación[108].

---

[105] C. Risé, *El padre. El ausente inaceptable* (prólogo), ed. Enfasis, 2006.

[106] Para Ceriotti, el narcisismo como «hipervaloración disfuncional del Yo» es la principal problemática masculina actual. *Vid.* al respecto: M. Ceriotti Migliarese, *Masculino. Fuerza, eros, ternura*, ed. Rialp, 2019, p. 59 y ss.

[107] J. Schlatter, *De tal palo. Una mirada desde el corazón del hijo*, ed. Rialp, 2019, p. 30.

[108] R. Chouhy, Función paterna y familia monoparental: ¿cuál es el costo de

En palabras de Fromm: «La emancipación, el comienzo del desarrollo, es consecuencia de liberarse, y la liberación comienza por uno mismo y por los padres. No hay duda: si uno no se emancipa de los padres, si no siente cada vez con más firmeza el derecho a decidir por sí mismo, siempre tendrá cerradas las puertas del camino de la independencia».

El padre debe ser el puente humano que une al hijo con la vida pública de compromiso y responsabilidad[109]. El padre es «la brújula que guía la vida del hijo más allá del horizonte cerrado de la familia»[110]. El padre es el intermediario entre el hogar y el mundo, «hace comprender los mecanismos de la ciudad, el juego de la civilización»[111]. El padre debe ser el instrumento de la transmisión cultural y de la orientación general que introduce al hijo en la complejidad del mundo social, en la vida fuera de la esfera familiar, así el padre opera como propulsor de la emancipación de los hijos. El estilo materno promueve el ajuste dentro de la familia, mientras el del padre promueve el ajuste al mundo exterior. Los puntos de vista del padre son novedosos en la medida en que ayudan al adolescente a ampliar sus horizontes vitales. El padre le muestra horizontes más vastos y estimulantes, le hace partícipe de conversaciones de mayores. El padre suscita en los hijos la capacidad de pensar filosóficamente, refiriéndose a principios universales. El padre ayuda al hijo a estructurar el razonamiento de manera adulta[112].

Hay mujeres que favorecen este papel paterno, renunciando a un control total, que apoyan la exploración del hijo en el desarrollo de su curiosidad hacia el mundo del padre y que incluso estimulan y favorecen la salida del niño de su área de confort cerca de su madre hacia los terrenos inex-

---

prescindir del padre?, *Rev. Perspectivas Sistémicas. La Nueva comunicación*, 2013.

[109] P.J. Cordes, *El eclipse del padre*, ed. Palabra, 2004, p. 68.

[110] M. Recalcati, *Las manos de la madre. Deseo, fantasmas y herencia de lo materno*, ed. Anagrama, 2018, p. 178.

[111] R. Pons, *Le métier du pére*, Feu Nouveau, 1955.

[112] O. Poli, *Corazón de padre*, ed. Palabra, 2012, pp. 91 y 98.

plorados del padre. Esta loable iniciativa materna debería estar presente en toda relación padre-madre-hijo de cara a lograr un desarrollo equilibrado y una madurez autónoma de los descendientes.

El padre y la identidad sexual de los hijos

En la configuración de la identidad sexual de los hijos y las hijas, la presencia de un padre en el pleno disfrute de su masculinidad, sin los complejos y miedos que a tantos hombres inspira hoy la sociedad, resulta absolutamente fundamental. Como afirma Schlatter, «el padre le confirma al hijo en su masculinidad, y a la niña le revela por contraste su feminidad»[113].

Hoy, más que en ninguna época precedente, la presencia firme de la masculinidad del padre es esencial para la correcta configuración de la identidad sexual de los hijos, ya que nos encontramos sumergidos en un momento histórico en el que existe gran confusión al respecto. Se ha extendido, de forma infundada y carente de base científica, que no existe un sexo natural desde el nacimiento, sino que somos como hojas en blanco en las que la educación y luego nuestra propia libertad marcarán la identidad y la orientación sexual. Se ha implantado la falacia de que no existe un hombre o una mujer naturales; nada se debe a la biología o a la naturaleza, sino que la sexualidad queda en manos de uno mismo, se autoconstruye.

En este ambiente de ambigüedad y negacionismo científico, es normal que los hijos que crecen en ausencia de una figura paterna —o de otra figura alternativa y sustitutiva masculina— experimenten, muy especialmente a partir de la adolescencia, dudas acerca de su sexualidad.

Ambos, tanto el hijo como la hija, experimentan una identificación primaria con la sexualidad de la madre. Es

---

[113] J. Schlatter, *De tal palo. Una mirada desde el corazón del hijo*, ed. Rialp, 2019, p. 23.

normal, pues la carne y el espíritu de la feminidad les ha rodeado primero en el seno materno y luego en sus primeros meses de vida, «como las cuatro paredes de una casa»[114].

Las niñas, al descubrir su feminidad y, por lo tanto, la diferencia con lo masculino, necesitan percibir la aprobación de su padre, implícita (especialmente a través del trato amoroso y respetuoso que el padre prodigue hacia la madre) pero también explícita (unida a palabras y actitudes de aprobación y aprecio hacia su feminidad) porque él es el «representante adulto de la masculinidad», de la que ella es diferente[115].

En cuanto a los varones, la identidad de los chicos comienza con la identidad femenina, pero la fuerza biológica los impulsa hacia una identidad masculina diferente. El chico comprometido en esta identificación primitiva conoce un itinerario más difícil que la chica para liberarse de su madre y afirmar su virilidad. Pronto el varón deberá aceptar que su sexualidad es diferente a la de la madre; el niño vivirá un proceso mucho más complejo para desvincularse de la matriz materna[116]. Y en este recorrido vital, en el que el niño construye su propia identidad, el acompañamiento que el padre realiza es insustituible.

Ser varón implica recorrer un camino sinuoso y complicado que siempre comienza en los brazos de la feminidad, de la madre. A este propósito señalan los expertos que todo hace pensar que la condición básica del fenotipo sexual es femenina y a ella tiende de forma espontánea el nuevo ser; ha de haber un esfuerzo añadido para que se quiebre

---

[114] Como afirmaba Chesterton, en su obra *What's Wrong with the World*: a cualquier niño «la carne y el espíritu de la femineidad le rodean desde el principio de sus orígenes como las cuatro paredes de una casa».

[115] M. Cerotti Migliarese, *Erótica y materna. Un viaje al universo femenino*, ed. Rialp, 2019, p. 104.

[116] La psicóloga A. Horner explica: «Una vez establecido el curso de la identidad femenina de la chica es relativamente interrumpido. La identidad femenina esencial se origina en las primeras relaciones con la matriz. Mientras que la identidad sexual del chico depende de su capacidad de diferenciarse de la matriz». Citado por M. Gurian, *¿En qué estará pensando?*, ed. Urano, 2004, p. 196.

esa tendencia a la feminidad y aparezca el ser masculino[117]. Como afirmó Alfred Host: «Llegar a ser macho es una aventura larga, difícil y arriesgada. Es una especie de lucha contra la inherente tendencia a la feminidad».

Se trata de un camino delicado y progresivo a lo largo del cual el varón deberá sufrir un desgarro, una renuncia a la madre y una progresiva atracción hacia el «campo magnético» de su padre. De no hacerlo así, correrá el peligro de «estancarse en el vínculo simbiótico» con su madre. Por ello, el padre deberá secundar y promover el impulso evolutivo espontáneo hacia la separación: «Ser varón supone, en primer lugar, aceptar ser diferente de la madre y situarse en "otra" categoría, la del padre. Por eso, introducirse en el mundo masculino para hacerse hombre supone la necesidad de fijar progresivamente unos límites psicofísicos en relación con la madre, porque la diferencia siempre incluye distancia y separación»[118].

La diferencia de sexos encarnada por el padre juega un papel de revelación y confirmación de la identidad sexuada. La masculinidad no se puede aprender en los libros, es algo que los padres pasan a los hijos sin percibirlo apenas: «La mujer es; el hombre debe ser hecho», afirma con rotundidad Guy Corneau[119].

Es el padre, en la medida en que es reconocido por la madre, el que va a permitir al hijo situarse sexualmente. La sola existencia del padre al lado de la madre proporciona alimento psíquico al niño para distinguirse y acceder a la autonomía. Es a través de la intermediación del padre que se realiza de la mejor manera el proceso de sexualización y la interiorización de la identidad sexual del niño. Como escribió el poeta estadounidense Robert Bly: «Solamente una

---

[117] H. Liaño, Cerebro de hombre, cerebro de mujer: a un mismo tiempo, iguales y distintos, en el libro colectivo: *Cerebro y educación*, ed. Almuzara, 2008, p. 22.

[118] M. Ceriotti Migliarese, *Masculino. Fuerza, eros, ternura*, ed. Rialp, Madrid, 2019, pp. 32-33.

[119] G. Corneau, *Pére manquant, fils manqué: que sont les hommes devenus?*, Edicions de l´homme, Quebec, 1989.

mujer puede convertir un embrión en niño, pero solamente un hombre puede convertir a un niño en hombre».

El padre: primer modelo de masculinidad. La iniciación.

Por ausencia o por presencia, en positivo o negativo, el padre es el primer modelo de varón con el que contará cada niño o niña al llegar al mundo. Los niños varones necesitan modelos masculinos para convertirse en hombres. El poeta Aaron Kipnis señala acertadamente al respecto:

«Ellas nos nutrían, nos consolaban, educaban y cantaban; nos cuidaban cuando estábamos enfermos, nos enseñaban buenos modales y nos protegían (…). Pero no podían enseñarnos a convertirnos en hombres»[120].

Los hijos, más que las hijas, necesitan al padre para formar su yo, para consolidar su identidad, para desarrollar sus ideales, sus aspiraciones y para modular la intensidad de sus instintos y de sus impulsos agresivos. De hecho, muchos de los males psicosociales que en estos tiempos afligen a tantos jóvenes —la desmoralización, la desidia, la desesperanza hacia el futuro o la violencia nihilista— tienen un denominador común: la ausencia paterna, la evaporación física y simbólica del padre.

El primer desafío que se plantea un padre es elegir su identidad dentro del ámbito de la familia. Todos imponen una tradición de mandamientos, de ritos y de prioridades que ayudan a los jóvenes a conectar con las profundidades de su alma masculina. Para los niños pequeños, las primeras señales de aprobación, de reconocimiento y de afecto que les transmite el padre —meramente con su presencia— son vitales porque constituyen su fuente más importante de seguridad, de autoestima y de identificación masculina. Quien no ha ob-

---

[120] A. R. Kipnis, *Los príncipes que no son azules… o los caballeros sin armadura*, ed. Vergara, 2014, p. 251.

tenido ese reconocimiento simbólico se debate en medio de dificultades a las que no encuentra fundamento[121]. Luego, al amanecer de la edad adulta, el hijo buscará la «bendición paterna» (en latín, benedicere, que literalmente significa «decir cosas buenas»)[122], un gesto de potestad simbólico que confirme su madurez, que apruebe su independencia y que celebre su investidura de las prerrogativas y derechos que implica la llegada al final del camino tortuoso de la adolescencia[123].

Entre los 3 y 5 años, los varones buscarán su propia individualidad, autonomía y su masculinidad alejándose y diferenciándose de la madre. En este estadio, el niño comenzará a buscar más la identidad con su padre, aunque volverá a su madre siempre que necesite cariño y comprensión. Este alejamiento puede ser interpretado por algunas madres como rechazo pero no lo es. El niño debe percibir que su madre confía en sus habilidades para superar por sí solo los obstáculos. Desde la perspectiva de una mujer estas actitudes masculinas no son siempre fáciles de comprender sencillamente porque son ajenas al universo femenino caracterizado por la permanente afectividad y comunicación constante.

Sin embargo, estas escapadas emocionales y físicas del niño no significan que la madre deba dejar de darle muestras de cariño. Los abrazos y besos no deben desaparecer porque el niño crezca y se haga independiente. Siempre habrá momentos oportunos para pegarle un achuchón o darle un beso con ternura, tenga la edad que tenga, le resultará gratificante el mensaje de que la conexión amorosa con su madre permanece a pesar de su «declaración de indepen-

---

[121] J.P. Winter, *El futuro del padre. ¿Reinventar su lugar?*, ed. Didaskalos, 2020, p. 49.

[122] En el Nuevo Testamento existen dos momentos (en el Monte Tabor y en el río Jordán) profundamente emotivos en la relación paterno-filial entre Dios-Padre y su hijo Jesucristo, en los que el Padre «bendice» al hijo con palabras llenas de confianza, profundo amor y ternura: «Tú eres mi hijo amado, en quien me complazco», recordando el hecho de que ser amado es independiente de cualquier mérito, éxito o virtud.

[123] L. Rojas Marcos, *El País*, 26 de abril de 1993.

dencia»[124]. Además estas muestras de cariño son un lenguaje que el niño debe aprender para ser capaz posteriormente de expresar sus sentimientos y afectividad hacia otros[125].

A partir de los 7 años los niños varones prefieren la compañía de hombres y es el momento adecuado para que resintonicen con su padre y adquieran cierta distancia del mundo materno. En palabras de García Morente: «El niño quiere ser hombre, quiere organizar el mundo en unidad real, coherente, única, centrípeta, sólida (…). Aquí es donde activamente interviene la labor del padre (también la del maestro), cuya misión consiste esencialmente en sostener firme en el niño esa voluntad de ser hombre, ese afán por incorporarse al universo del adulto»[126].

Es el momento adecuado para que su padre le inicie en la sociedad. Sin embargo, la realidad es que pasan la mayor parte del tiempo de su vida rodeados de mujeres, tanto en el hogar, como en la escuela[127]. Según el sociólogo Peter Karl, los niños que pasan la mayoría de su tiempo diario con mujeres, en la madurez no saben cómo actuar como hom-

---

[124] En este sentido, señala Poli qué «una madre puede dejar ir más fácilmente a un hijo si está sustentada por la convicción de que está en buenas manos. La fe religiosa favorece los mecanismos psicológicos para una sana separación emotiva del hijo (…) los hijos no pueden representar el fin último de la vida, el sentido total de la existencia. La distancia progresiva inducida por su crecimiento reabre la búsqueda espiritual relativa al propio destino personal. El tener un fin trascendente de la vida ayuda a dar a los hijos la justa importancia, sin hacer de ellos el propio absoluto», O. Poli, *Corazón de padre*, ed. Palabra, 2012, pp. 104 y 124-125.

[125] Sobre la relación madre-hijo, *vid.* D. Kindlon, M. Thompson, *Raising Cain, Protecting the Emotional Life of Boys*, 2000.

[126] M. García Morente, *Escritos pedagógicos*, ed. Espasa-Calpe, 1975, pp. 160-161.

[127] La inmensa mayoría del profesorado actualmente está configurado por mujeres. En las escuelas, la docencia está cada vez más feminizada. En España, se observa un alto porcentaje de profesoras en Educación Infantil (90,6%), aunque no llega a la media de la OCDE (96,9%) ni la de la UE (96,7%). Las diferencias en cuanto a porcentaje de mujeres entre los docentes son similares en las etapas de educación primaria y primera etapa de educación secundaria. Cuando los chicos jóvenes llegan hoy al colegio, entran en un mundo dominado por maestras y administradoras, dado que el porcentaje de profesores masculinos en los colegios públicos es el más bajo de los últimos cuarenta años.

bres. Estos jóvenes crecen como padres deformados porque a ellos mismos se les privó de un comportamiento paterno ejemplar. Y es absolutamente erróneo pensar que la función materna puede llenar ese vacío. La madre no sabe transmitir el espíritu de la masculinidad. Los aspectos instintivos, materiales y espirituales de la cultura masculina se transmiten únicamente mediante vivencias compartidas. El padre es la «no-madre» que ha de mostrar al hijo cómo funciona el mundo y cómo ha de encontrar su lugar en él.

Cuando se priva a un joven de un modelo adecuado de masculinidad, aquel en sus actitudes tenderá a exagerar los estereotipos masculinos porque nunca ha recibido la imagen justa y equilibrada de lo que significa ser hombre. De este modo, es normal encontrar jóvenes que actúan con machismo, virilismo o violencia contra las mujeres porque nadie les enseñó lo que significa ser un caballero; además tendrán dificultad para ejercer debidamente la paternidad por falta de ejemplos masculinos.

Pasada la decisiva etapa de vida primaria donde la relación es muy estrecha con la madre, el niño debe desplazar su mirada al padre o, en su ausencia, hacia otro adulto masculino significativo y competente. Así, si la relación con el hijo es la adecuada, el padre será su primer héroe y, por lo tanto, su modelo, su líder. El aprendizaje mediante modelos es una de las formas más poderosas de influencia. Los niños necesitan personas que les ofrezcan modelos saludables y virtuosos de conducta. El papel del padre en esta tarea es sencillamente esencial. Si el padre está ausente o es inaccesible y distante, los niños difícilmente adquirirán una noción correcta de la masculinidad y buscarán otros líderes fuera de los márgenes del hogar, a veces en lugares inadecuados: en protagonistas de videojuegos o en compañeros de colegio equivocados o líderes de bandas o pandillas callejeras que normalmente inician a los muchachos en un tipo de masculinidad falsa y desviada, caprichosamente violenta y hostil. Como señala Schlatter, «cuando el niño no recibe de su padre todo el elixir de afecto, atención y aceptación que necesita para crecer, beberá de fuentes no tan cristalinas»[128].

Un muchacho se convierte en hombre a través de un ritual y de un esfuerzo. Atravesando ciertos caminos iniciáticos específicos y significativos bajo la amorosa y firme dirección de un padre. Pero cuando este no cumple su cometido y abandona al hijo a su suerte en este camino hacia la hombría surge el peligro de que el hijo busque formas de iniciación a la masculinidad inadecuadas, desviadas, falsas: consumo de drogas o alcohol, práctica de deportes extremos, dependencia discipular de líderes carismáticos de bandas o sectas, acumulación de conquistas sexuales. Por ello, en ausencia de padre, es muy importante que el niño asuma como modelo a otra persona (tío, abuelo, maestro...) evitando de este modo que resulte «adoptado» por modelos indeseables.

El varón necesita que su padre le ofrezca y proporcione ritos iniciáticos típicamente masculinos que le ayuden a pasar de la infancia a la adultez, que confirmen el tránsito y el crecimiento. La iniciación supone el acceso ritual, con un enorme peso simbólico, a un nuevo estadio de vida, superior y más complejo que el anterior. Acceso a la vida adulta. Una nueva dimensión: «El papel del iniciador masculino adulto es herir el sentido típico de habilidad y poder ilimitados que posee el joven sin inducir humillación en el proceso». La iniciación es comunicar al joven: «Tú perteneces. Eres bienvenido. Hay un lugar para ti en el mundo»[129].

Crear u ofrecer ceremonias de pasaje, oficiar de guías durante las mismas, es una misión indelegable en primer lugar de los padres y, en su ausencia, de otros adultos masculinos responsables y significativos para el niño. Estos ritos pueden tomar la forma de experiencias compartidas a cielo abierto, viajes, emprendimientos culturales o espirituales, construcciones compartidas, espacios de reflexión conjunta, com-

---

[128] J. Schlatter, *De tal palo. Una mirada desde el corazón del hijo*, ed. Rialp, 2019, p. 84.

[129] A.R. Kipnis, *Los príncipes que no son azules... o los caballeros sin armadura*, ed. Anagrama, 2014, p. 259.

peticiones deportivas y en general cualquier actividad compartida en la que haya presencia, contacto, comunicación, escucha, afecto, valoración.

Si su padre no se lo proporciona, si no reciben la «bendición del padre», otro se encargará de hacerlo. Como afirma Zoga: «La incapacidad de los padres para celebrar de forma ritual el paso simbólico del hijo es uno de los empobrecimientos más trágicos propios de este siglo»[130]. Y para Risé, «desde el punto de vista social, uno de los perjuicios más visibles de la supresión de las prácticas de iniciación masculinas es la pérdida progresiva en los jóvenes varones de la capacidad de dominar y utilizar con provecho su agresividad»[131].

En cuanto al respeto hacia el sexo femenino, el ejemplo del padre es también determinante. Los buenos padres deben ser también maravillosos maridos o parejas. Lo mejor que puede enseñar un padre a su hijo es a tratar con delicadeza, cariño y consideración a las mujeres por medio del trato que él mismo dé a su compañera. Asimismo, la resolución de los conflictos conyugales y de pareja de forma calmada y pacífica, por medio de un diálogo respetuoso y constructivo, constituye un ejemplo de incalculable valor para los niños, que aprenderán a descartar el uso de la violencia física o psíquica en situaciones de crisis. Si, cuando surja un conflicto entre los padres —cosa muy común y normal— el padre respeta la dignidad de la madre, enseñará a su hijo a mantener un discurso coherente, consistente, estructurador y no destructivo. Enseñará también a su hija, cuando a su vez sea madre, a aceptar una palabra diferente de la suya sin que por ello se sienta cuestionada[132].

Las virtudes que un padre demuestra en la relación con la madre constituyen un ejemplo fundamental para los niños

---

[130] L. Zoga, *El gesto de Héctor. Prehistoria, historia y actualidad de la figura del padre*, ed. Taurus, Madrid, 2018. p. 304.

[131] C. Risé, *El padre. El ausente inaceptable*, ed. Tutor, Psicología, 2006, p. 61.

[132] A. Naouri, *Educar a nuestros hijos, una tarea urgente*, ed. Taurus, 2008, pp. 291-292.

en su trato con el sexo opuesto, especialmente durante su adolescencia. El mayor regalo y lección de vida que un padre puede dar es el amor hacia su compañera y madre de sus hijos. Estos padres estarán enseñando a sus hijos un modelo saludable y digno de masculinidad.

Las investigaciones muestran que el 94 % de los jóvenes con antecedentes delictivos no han tenido un modelo masculino positivo de conducta en sus vidas[133]. Asimismo, después de los años noventa, se ha comprobado que un motivo clave en el fracaso escolar, violencia o conductas antisociales de los chicos, es la ausencia de modelos masculinos con los que identificarse en aquellos hogares sin padre o en los que los progenitores están constantemente fuera del hogar y desvinculados de la educación de sus hijos[134].

---

[133] J. Scott Larson, Fathering Fatherless America, junio de 1996, *The Standard* (pp. 20-23), publicado por the Baptist General Conference, 2002.

[134] Algunos estudios científicos establecen una relación directa entre el claro predominio actual de mujeres docentes y el mayor fracaso escolar e indisciplina que se da entre los varones. En la escuela actual, donde el profesorado es mayoritariamente femenino, los estilos de aprendizaje, las formas de comportamiento, de afectividad y de socialización han experimentado una evidente adaptación a los gustos, habilidades y preferencias de las mujeres. La incomprensión hacia las peculiaridades masculinas acaba reflejándose en el rendimiento académico y el equilibrio personal en forma de frustración, desánimo, fracaso escolar. La educación de los niños y jóvenes varones puede resultar especialmente fatigosa para un profesorado femenino dado que, por lo general, son más movidos e inquietos y provocan más confrontaciones que sus compañeras. Esta labor resultará más sencilla para profesores masculinos que para mujeres, que normalmente interpretan esta necesidad de movimiento y confrontación como mal comportamiento. El rol masculino es vital en las escuelas. Actualmente la presión del grupo es la influencia más fuerte que reciben los chicos y una razón por la cual muchos dejan la escuela. En la adolescencia los chicos quieren afirmar su autoridad y retan tanto a sus padres como a sus profesores. La ausencia de modelos positivos masculinos —en casa y particularmente en el ambiente escolar— transforma a sus iguales en el modelo a seguir. La batalla de los profesores es entonces contra el grupo de iguales y la cultura de la calle que supone no respetar a la autoridad, cualquiera que sea. Los profesores necesitan ser formados para hacer frente a esta nueva problemática que siempre será mejor atendida por varones dado el «riesgo» que puede implicar (algunos grupos o las denominadas *tribus urbanas* pueden llegar a ser muy agresivos y violentos). *Vid.* M. Calvo Charro, *La masculinidad robada*, ed. Almuzara, 2011.

Según el Dr. Muñoz Farias, los niños que crecen sin una figura paterna, generalmente evidencian trastornos en la adolescencia porque no encuentran una identidad: «Los jóvenes sufren de inseguridad, soledad y depresión, que pueden plasmarse en el fracaso escolar, consumo de drogas y vagancia. En definitiva, no tienen la capacidad para controlar sus impulsos y no pueden autorregularse».

En relación con las hijas, el estar «empadradas», es decir, saber que tienen especial importancia y valor para sus padres, les proporciona un orgullo sano y positivo en comparación con aquellas que no han gozado de tal apoyo paterno. Para las niñas, el orgullo de pertenecer a la feminidad depende mucho de la mirada y de las palabras también explícitas de aprobación y reconocimiento afectuoso por parte de su padre. Si la relación es la correcta, si el padre desprende fortaleza y cariño, representará su primer amor y una base indispensable para su autoestima. Y luego, será el filtro a través del cual la joven verá a todos los hombres que se acerquen a ella. Todo hombre que entre en su vida será comparado con su padre, toda relación que tenga con otro hombre será filtrada a través de la relación que tenga con su progenitor[135]. Si el padre es caballeroso, atento, respetuoso y amable con ella y con su madre, esas serán las características que la hija buscará en otros hombres y desechará o se alejará de aquellos que no cumplan dichas expectativas. Por ello, todo padre debería esforzarse por ser como quiere que sea el futuro novio de su hija; pues ese es el modelo que ella buscará inconscientemente. La relación positiva de una niña con un padre presente y comprometido construye las bases para que en el futuro sus relaciones con los hombres sean maduras y equilibradas[136].

---

[135] Sobre la relación específica entre hijas y padres, ver M. Meeker, *Padres fuertes, hijas felices*, ed. Ciudadela, 2008.

[136] En su obra, *Retorno al pudor*, la escritora Wendy Shalit comenta en primera persona: «Soy una persona mucho más fuerte por haber tenido un padre paternalista, que siempre me ha ayudado a decidir lo que debería hacer. Sé que lo hace porque me quiere. Además, cuando un chico deja de salir con-

En relación con las niñas, Schlatter afirma:

> La hija necesita ver en su padre a un héroe (…). De manera que ante su indecisión, encuentre capacidad resolutiva y pragmatismo; ante sus temores, confianza y serenidad; ante su percepción de fragilidad, fortaleza y constancia; ante sus explosiones e implosiones emocionales, alguien que amortigüe y le dé una salida relativizando la situación, a la vez que sintoniza con ella; ante los pequeños fracasos de su vida de relación o estima, que la afirme en su valía y capacidades[137].

Por el contrario, la joven que experimenta un déficit paterno sufre profundamente en su autoestima. Como señala Ceriotti, «todas las mujeres con poca autoestima relatan historias de las que se deduce una relación filial difícil o insatisfactoria con su padre: hablan de un papá ausente, incapaz de gestos afectuosos, a veces abiertamente despectivo. En todo caso es un padre privado de aquella mirada que hace que la niña se sienta apreciada y reconocida en la especificidad de su condición femenina»[138].

La consecuencia más habitual de la ausencia paterna o de su falta de implicación con las hijas suele ser un fuerte descenso en el autoestima femenina; un aumento de la inseguridad en las relaciones sociales que puede manifestarse en forma de comportamientos de renuncia o masoquismo (la anorexia es la más difundida) o, como ocurre frecuentemente hoy, con una competitividad exasperada mediante la cual la mujer trata de disimular su inseguridad, sustituyendo así la aprobación personal del padre por la impersonal de la sociedad, la empresa, el grupo[139].

---

migo porque yo no accedo a acostarme con él, es fácil dudar de mí misma, y en ese momento no hay nada como una voz sonora de varón al otro lado del teléfono, la voz de mi padre» (*Retorno al pudor*, ed. Rialp, 2012, p. 20).

[137] J. Schlatter, *De tal palo. Una mirada desde el corazón del hijo*, ed. Rialp, 2019, p. 64.

[138] M. Ceriotti Migliarese, *Erótica y materna. Un viaje al universo femenino*, ed. Rialp, 2019, p. 41.

[139] C. Risé, *El padre. El ausente inaceptable*, ed. Tutor, Psicología, 2006, p. 64.

Por todo lo dicho, es muy importante que las madres protejan y fomenten una imagen positiva del padre ante los ojos tanto de los hijos como de las hijas. Estos no quieren padres perfectos, sino honestos, o en palabras de Luri, «sensatamente imperfectos». De hecho, como afirma este autor, «hay imperfecciones paternas que con el tiempo se vuelven entrañables»[140]. Esto les convierte en el modelo ideal e irremplazable. El padre se gana la autoridad a través de la coherencia y responsabilidad.

La vida familiar supone la primera escuela para el aprendizaje emocional: en tan íntimo caldero aprendemos qué sentimientos abrigar hacia nosotros mismos y cómo reaccionarán otros ante tales sentimientos; cómo pensar acerca de esos sentimientos y qué elecciones tenemos a la hora de reaccionar; cómo interpretar y expresar esperanzas y temores. Esta escuela emocional funciona no solo a través de lo que los padres dicen o hacen directamente a los niños, sino principalmente en los modelos que ofrecen a la hora de manejar sus propios sentimientos y aquellos que tienen lugar entre marido y mujer[141]. Y es precisamente en el seno de la familia, necesariamente imperfecta, donde se aprende que podemos ser amados a pesar de nuestras imperfecciones[142].

Para ser padres tranquilos y serenos debemos comenzar por aceptar una «percepción serena de la normalidad de la imperfección»[143], de la nuestra y de la de nuestros hijos. Esto nos ayudará sin duda a recomenzar cada vez que cometamos un error, sin caer en la sospecha infundada y neurótica de que tenemos un problema patológico o que somos malos padres.

---

[140] G. Luri, *Elogio de las familias sensatamente imperfectas*, ed. Ariel, 2017, p. 51.

[141] D. Goleman, *Educar con inteligencia emocional*, ed. Plaza y Janés, 2000.

[142] G. Luri, *Elogio de las familias sensatamente imperfectas*, ed. Ariel, 2017, p. 39.

[143] M. Ceriotti Migliarese, *La familia imperfecta. Cómo convertir los problemas en retos*, ed. Rialp. 2019, p. 29.

Para ser un modelo adecuado de conducta, el padre debe ser consecuente con los principios que proclama. Su conducta es su principal referente. Algunos padres exigen a sus hijos un comportamiento ejemplar mientras ellos incumplen las mismas normas que les han marcado. Esta incoherencia hará que el hijo se sienta mal, engañado y generará un abismo emocional difícil de salvar. El niño, en su cabeza y en su corazón, necesita razones para querer ser como su padre[144].

El padre, para servir de modelo efectivo para el hijo, ha de adaptarse a la misma ley que él impone. Difícilmente puede transmitir un código normativo al que él mismo no está sometido en su existencia cotidiana. Esto lo coloca en el lugar del «representante» de la ley, en la medida que invita a ver los valores que esta representa por la persuasión con la que dirige su propia conducta en su vida diaria. El padre, transmisor de valores, solo será convincente si es creíble, es decir, si es consecuente con el mensaje que transmite. No se trata de imponer normas de conducta, sino de saber dirigir mediante el ejemplo. Solo puede exigir al hijo sacrificio si él se sacrifica. Solo puede pedir al hijo que respete aquellos principios que él mismo ha interiorizado previamente. Solo puede exigir al hijo que renuncie a algo a lo que él mismo ha renunciado antes. De este modo, el hijo, sobre todo el adolescente, obedecerá más fácilmente, sabiendo que lo que su padre le exige no proviene sin más de un deseo paterno de ser obedecido o de someter al hijo a su voluntad, sino del amor del padre que quiere para su hijo lo mejor y lo verdadero:

> En la medida en que un padre vive con coherencia, obedecerle no resulta humillante porque no supone someterse a su voluntad, sino compartir con él unos valores que él mismo cumple y respeta (…). El padre es una figura no tanto afectiva como ética que ayuda a los hijos a no tener miedo a la verdad (…). Si el padre es coherente con los principios

---

[144] J. Schlatter, *De tal palo. Una mirada desde el corazón del hijo*, ed. Rialp, 2019, p. 125.

que predica su hijo confiará plenamente en él, aunque sus exigencias sean muy elevadas. El hijo está siempre observando el comportamiento de sus padres...[145].

Los padres educan «por impregnación»[146], apenas sin darse cuenta los hijos se van permeando con su ejemplo. El ejemplo personal vale para los hijos más que mil discursos o conversaciones. Probablemente nuestros hijos no recordarán todas las «charlas» que les hemos impartido sobre las virtudes y valores, pero siempre quedarán impactados por el ejemplo de vida dado por sus padres: los ritos, costumbres, gestos, formas de hacer y decir, maneras de estar y responder a los problemas, respeto hacia los demás, compasión...

Los hijos esperan del padre que sea fuerte de cara al exterior, para darles seguridad y defenderles cuando sea preciso, y al mismo tiempo, en la intimidad de la relación paterno-filial, desean que sea afectuoso y tierno, como lo era Héctor, héroe de la Ilíada: vestido con armadura para luchar contra los enemigos de Troya, pero despojado de su yelmo a la hora de tomar en brazos a su pequeño hijo para no asustarle y darle la ternura que precisaba el momento.

El padre: icono de Dios

El padre es la primera imagen de Dios que los hijos tienen en el mundo. Un hijo sin padre difícilmente comprenderá la filiación divina. Si el padre es autoritario, el hijo imaginará a su Padre del Cielo como el Dios del Antiguo Testamento, duro y vengativo. Si el padre está ausente, Dios será un ser lejano e inalcanzable.

En el plano espiritual, la ausencia de un modelo adecuado de paternidad también tiene efectos adversos, pues el niño que no ha recibido el cariño y afecto de un padre, difí-

---

[145] O. Poli, *Corazón de padre*, ed. Palabra, 2012, p. 193.

[146] G. Luri, *Elogio de las familias sensatamente imperfectas*, ed. Ariel, 2017, p. 91.

cilmente podrá comprender la figura de un Dios-Padre que ama a sus criaturas. Los hombres que tienen una relación penosa con su progenitor, terminan por proyectarse una idea negativa de Dios. En este sentido, Martin Luther King afirmaba que le resultaba difícil rezar el Padre Nuestro por la mala relación que había tenido con su padre.

Para los hijos, cuando son pequeños, la personalidad del padre se solapa de forma invisible con la del Padre Eterno. Cuando un hijo tiene una buena relación con su padre, es muy fácil que establezca una vinculación natural con Dios, ya que existe una estrecha correlación entre la imagen que los niños tienen de Dios y la de su propio padre[147]. En este sentido, afirmaba Freud que creer en Dios era la consecuencia psicológica de haber tenido un padre implicado y afectuoso en el hogar.

Sin una profunda vivencia filial, en el orden natural, frente al padre real o a un padre substituto, es en términos normales extraordinariamente difícil lograr una vivencia y una imagen consecuente del padre sobrenatural[148]. El concepto que un niño tenga en cuanto a Dios se centrará siempre de forma primaria en las características que se manifiesten en los padres terrenales de ese niño[149].

> Muchas personas se sienten divididas entre las imágenes positivas y negativas de su experiencia paterna. Ese conflicto, con deseos tan contradictorios, se puede trasladar a Dios Padre a través de una interpretación proyectiva. Adolescentes y adultos rechazan a Dios, a quien habían aprendido a descubrir durante la infancia, porque no logran tratar el

---

[147] J.R. Dickie, Parent-Child Relationships and Children's Images of God, *Journal for the Scientific Study of Religion*, 36, 1997, pp. 25-43.

[148] J. Kentenich, *En las manos del padre*, Santiago de Chile, 1999, pp. 101-102.

[149] *Vid.* Parent-Child Relationships and Children's Images of God, *Journal for the Scientific Study of Religion*, 1997, pp. 25-43. Ver también D. Demarco, Reversing the Deculturation of Fatherhood, 2009. Para el psiquiatra, D. Gutmann, autor de *Reclaimed Powers: Men and Women in Later Life* (1994), el excesivo egocentrismo y narcisismo y la negación de Dios-Padre están íntimamente unidos.

conflicto de la imagen paterna. Algunos están angustiados inconscientemente por la idea misma de que Dios pueda ser Padre, hasta el punto de huirle, incluso negando a Dios. La crisis de paternidad mina la imagen que los hombres tienen de Dios[150].

Por ello la orfandad muy temprana de grandes ateos del siglo XX, como Nietzsche, Bertrand Russell o Albert Camus, puede explicar su lejanía de Dios[151].

En la sociedad actual hipermoderna y secularizada, el símbolo de los símbolos, la referencia universal ha desaparecido. En los cielos ya no hay ningún Padre[152]. Considerar al padre prescindible provoca que los hombres prescindan correlativamente de la figura del Padre divino.

---

[150] T. Anatrella, Las consecuencias psicológicas de la disfunción del sentido de la paternidad en la sociedad actual, *Familia et Vita* (edición española), año IV, núm. 2-3, 1999.

[151] Señalar al respecto que cuando Nietzsche anunció «Dios ha muerto», estaba en cierto modo anunciando también la muerte de la figura del padre (Vid. al respecto. J.P. Winter, *El futuro del padre. ¿Reinventar su lugar?* ed. Didaskalos, 2020, p.21.

[152] L. Zoja, *El gesto de Héctor. Prehistoria, historia y actualidad de la figura del padre*, ed. Taurus, 2018, p. 17.

EL PAPEL DE LA MUJER EN EL EJERCICIO DE LA PATERNIDAD

En el matrimonio, una sólida incompatibilidad de caracteres es garantía de felicidad y estabilidad.

G.K. Chesterton

SER PADRE «CON PERMISO» DE LA MUJER

A pesar de la extendida ausencia física del padre y de la devaluación de la función paterna debida a la crisis de identidad que actualmente sufren los varones, las estadísticas muestran cómo, por regla general, van en aumento las cifras de hombres que desean implicarse junto a su mujer y que además de trabajar fuera de casa han asumido con responsabilidad y compromiso la tarea de criar a sus hijos y colaborar en el hogar[1].

---

[1] En casi la mitad de los hogares, los hombres participan corresponsablemente en estas actividades, ya sea porque lo hacen de una manera equitativa con su pareja o bien porque toman ellos la iniciativa. Por ejemplo, un 43 % de los padres se distribuyen equitativamente con la madre la tarea de leer cuentos a sus hijos y un 16 % de los padres lo hacen con carácter preferente. En los hogares donde el progenitor tiene estudios primarios el grado de corresponsabilidad es menor. Un 29 % de padres participa equitativamente en esta tarea y solo un 8,9 % la asume como principalmente propia. El reparto más igualitario de tales actividades probablemente contribuya a incrementar la dedicación

Pero nada de lo dicho anteriormente sobre la función paterna tiene ninguna posibilidad de eficacia práctica si la madre no lo permite. La paternidad no se puede entender y no adquiere toda su eficacia si no es en articulación y como complemento de la maternidad. Por mucho que un padre se esfuerce en ser un «buen padre», el niño lo negará y lo verá como un extraño del que hay que desconfiar si la madre no le concede el valor debido. El niño, cuando es pequeño, ve el mundo a través del prisma de la madre y realiza asimismo la interpretación de lo válido e incorrecto a través de los ojos y perspectiva de aquella. La comunicación paterno-filial en los primeros años de vida del hijo solo se puede construir sobre un modelo fiable y perceptible a través de la intermediación de la madre que deberá actuar «como una traductora amable y fiel, capaz de dar al niño, en el idioma que tienen en común desde la gestación, los subtítulos que le permiten comprender el idioma del padre»[2]. Por ello, esta debe presentar al padre como interlocutor válido ante el niño. La madre es la responsable de introducir al padre en el mundo del niño como superior jerárquico, pero al mismo tiempo como asidero afectuoso, validando su presencia y sus acciones aunque sean muy diferentes a las que ella mantiene y desarrolla a diario.

Si el padre no es representativo para la madre el niño lo percibirá y tampoco lo será para él. Será precisamente la palabra de la madre la que atribuya, o no, la justa autoridad simbólica a la palabra del padre. Será la forma en que la madre habla a sus hijos del padre la que autorizará, o no,

---

conjunta y por tanto aporte mayores beneficios al niño, al ser el grado de compromiso paternal el que se aproxima a los estándares que mantiene la madre, más que lo contrario. Datos extraídos del informe de la Fundación de la Obra Social de la Caixa, *Infancia y futuro. Nuevas realidades, nuevos retos*, Colección Estudios Sociales, núm. 30, 2010. La mayor implicación de los padres en la crianza de los hijos se viene observando en EE. UU. desde hace años: «Cualquier observador ocasional de la vida familiar estadounidense sabe que ahora los padres están llevando a sus hijos más que nunca a las consultas de los médicos, que les ayudan más con sus deberes y que juegan más tiempo con ellos», escribe Susan Gregory Thomas en un artículo que tuvo gran repercusión social (cfr. Are Dads the New Moms?, *The Wall Street Journal*, 11-05-2012).

[2] A. Naouri, *Educar a nuestros hijos, una tarea urgente*, ed. Taurus, 2008, p. 108.

la palabra del padre, la cual, por lo tanto, vive en estrecha relación con la palabra materna[3]. En este sentido, una «buena madre» será aquella que designe al padre ante el hijo, le reconozca como interlocutor válido y le introduzca en el mundo simbólico al concederle ante los ojos del niño una importancia tan significativa como la que ella misma posee.

Madre y padre deben formar un tándem inescindible, una unión inquebrantable frente al hijo, y este debe percibirlo así desde los primeros instantes de su vida y para siempre, pues la experiencia demuestra que incluso los hijos adolescentes se muestran reticentes a aceptar un mensaje del padre si no lleva implícito o explícito «el sello favorable» de la madre[4].

Ser padre es cosa de hombres

Sin embargo, muchos hombres, aunque manifiestan una clara preocupación por el bienestar y por la educación de sus hijos, no saben cómo ejercer correctamente su papel de padres, en ocasiones porque las mujeres les exigen un comportamiento según las pautas femeninas, lo que les genera confusión y desánimo. Las mujeres muchas veces se quejan de que los hombres no hacen bien las labores domésticas o no saben tratar adecuadamente a los hijos, cuando lo que realmente están queriendo decir es que no actúan exactamente como ellas lo hacen, es decir, de forma femenina y maternal. Esto es injusto para los varones y perjudicial para las mujeres, pues los hombres, frustrados e incomprendidos ante estas críticas femeninas, se mostrarán menos proclives a colaborar en el hogar.

La realidad es que, como señala el psicoanalista Fornari, existe un «código materno y otro paterno»[5]. Y ambos son in-

---

[3] M. Recalcati, *¿Qué queda del padre? La paternidad en la época hipermoderna*, ed. Xoroi Edicions, 2011, p. 48-49.

[4] A. Naouri, *Educar a nuestros hijos, una tarea urgente*, ed. Taurus, 2008. p. 111.

[5] Citado por M. Ceriotti Migliarese, *La familia imperfecta. Cómo transformar los*

dispensables para una correcta labor formativa de los hijos. Debemos asumir que la sencilla, irrefutable, empírica y maravillosa realidad es que somos diferentes; nuestra forma de ver y estar en el mundo es distinta y complementaria. La educación y la cultura no son, por lo tanto, las únicas responsables de las aptitudes e inclinaciones de cada sexo. Los hombres y las mujeres piensan de distinta manera, abordan los problemas de diferente modo, enfatizan la importancia de las cosas de distinta forma y experimentan el mundo que les rodea a través de unos filtros totalmente diferentes[6]. Tanto es así que la unión de un hombre con una mujer con una pretensión de continuidad indefinida deviene uno de los hechos más extraordinarios jamás vistos. En palabras del doctor Aldo Naouri: «La profunda asimetría que caracteriza las posiciones respectivas del hombre y de la mujer es tan grande que hace de su eventual alianza una forma de milagro. Puede uno preguntarse por qué el lenguaje común francés evoca como matrimonio imposible al de la carpa con el conejo, cuando teniendo en cuenta todo lo que los diferencia, el de la mujer y el hombre se revela como mucho más problemático, si no más imposible»[7].

Sin embargo, son precisamente las diferencias las que nos hacen seguir unidos, ya que nos complementan y enriquecen dotándonos del equilibrio preciso para nuestro pleno desarrollo personal. Dos piezas de un puzle no encajan si son iguales, es su diferente forma lo que las permite unirse, simulando ser una sola, para mostrarnos el dibujo al completo, en toda su perfección y dimensión. Como afirma Sinay, «nos une el abismo de nuestras diferencias y nos separa el delgado hilo de nuestras similitudes»[8].

A fin de mejorar las relaciones entre los sexos es preciso llegar a una comprensión de nuestras diferencias que au-

---

problemas en retos, ed. Rialp, 2019, p. 65.

[6] M. Legato, *Por qué los hombres nunca recuerdan y las mujeres nunca olvidan*, ed. Urano, Barcelona, 2005, p. 17.

[7] A. Naouri, *Padres permisivos, hijos tiranos*, Ediciones B, 2005, p. 193.

[8] S. Sinay, *El arte de vivir en pareja*, ed. RBA, 2004, p. 29.

mente la autoestima y la dignidad personal. Hombres y mujeres habitan en dos realidades emocionalmente diferentes; hablamos lenguajes distintos y nuestros códigos simbólicos son muchas veces diametralmente opuestos. Por ello, intentar comprender mejor las diferencias que existen entre nosotros y aprender sinceramente las estrategias más eficaces de nuestra pareja, nos ayudará a acortar el espacio que nos separa y supondrá un enriquecimiento en el plano de las ideas y los sentimientos, así como un innegable mutuo enriquecimiento.

Así como para concebir una vida, hombre y mujer proveen elementos propios, intransferibles e irreemplazables desde la perspectiva biológica, en el acompañamiento de esa vida hacia la consagración de sus potencialidades también ambos son necesarios por igual y ambos hacen aportes diferentes, únicos, intransferibles e irreemplazables. Un padre presente alivia la tarea materna sin reemplazarla, sino complementándola. Y equilibra los espacios de poder en la pareja y en la familia. Agrega otras visiones del mundo, socializa, aviva la curiosidad de los hijos, estimula la imaginación, conecta con la diversidad, permite descubrir diferentes modos de estudiar, de jugar, de conversar, de interactuar y, además, los autoriza. El verdadero respeto entre los sexos solo es posible entre personas que se reconocen de igual valor, y esa es la base de la amistad. El amor entre un hombre y una mujer necesita que se cultive esa amistad que considera al otro igual a uno mismo, respeta su diversidad y precisamente en esta diversidad sabe interpretar la mayor oportunidad recíproca[9].

Para que el padre cumpla su función paterna, la madre debe permitírselo con entera y plena libertad. Para ello debe ser consciente de que el padre de sus hijos es un hombre, igual a ella en derechos y deberes, dignidad y humanidad, pero con una perspectiva de la realidad diferente a la femenina, una forma de ejercer el cuidado y educación de la prole distinta de la suya. La mujer debe asumir que el hombre jun-

---

[9] M. Ceriotti Migliarese, *Masculino. Fuerza, eros, ternura*, ed. Rialp, 2019, p. 106.

to a ella representa la alteridad sexual que la complementa y equilibra y que nutre y enriquece la educación y crianza femenino-maternal. Comprender que el padre de sus hijos es un varón, con tendencias e inclinaciones innatas diferentes de las suyas, favorecerá la convivencia armoniosa de la pareja y evitará disgustos, frustraciones, desencantos y conflictos en la vida diaria y muy especialmente en el trato a los hijos.

Los padres pueden estimular a los hijos en ámbitos a los que las madres les cuesta más llegar y viceversa. El padre debe comportarse como un padre, no como una madre. Esto es algo que las mujeres deberían saber y tener claro antes de exigirles imposibles o recriminarles sus conductas en la crianza y educación de los hijos por ser poco femeninas o maternales. Ambos, padre y madre, han de actuar sin menospreciar la labor educativa del otro, dejando abierta la posibilidad de dejarse perfeccionar por la sensibilidad y aptitudes del otro.

Para que esto sea una realidad la mujer debe comprender y respetar las características de la masculinidad. Es importante que la mujer permita que los hombres colaboren sintiéndose respetados en sus pautas masculinas de actuación. Esto sin duda favorecerá su integración en la vida diaria de la familia, liberará a la mujer de muchas cargas y permitirá la presencia y el protagonismo del padre en la crianza de los niños y labores del hogar, dando un importante ejemplo a los hijos y favoreciendo el equilibrio de la familia en la que ambos, hombre y mujer, padre y madre, cada uno a su manera, masculina y femenina, enriquecen la personalidad de los hijos. La mujer que respeta al hombre y le permite cumplir el cometido que le corresponde en complicidad y complementariedad con ella, será una buena madre en la medida que le permite a él ser padre[10]. Esto trasciende a las coyunturas, como puede ser un divorcio. Nada de lo dicho aquí pierde su significado si una pareja se separa. Porque si bien es cierto

---

[10] *Vid.* al respecto, M. Cerotti Migliarese, *Erótica y materna. Un viaje al universo femenino*, ed. Rialp, 2019, p.53.

que un hombre y una mujer pueden separarse, nada los autoriza a divorciarse (ni a divorciar al otro) de sus hijos.

Para que un hombre se implique a fondo en las obligaciones familiares existen ciertos requisitos imprescindibles que la mujer, por su parte, debe asumir:

1. Ceder espacio de actuación al padre en el hogar. Han sido muchos siglos de dominación femenina del ámbito doméstico y en la crianza de los hijos y a muchas mujeres les cuesta todavía asumir la necesidad de permitir al hombre «entrar» en ese espacio hasta ahora dominado prácticamente en exclusiva por las mujeres. La palabra mágica es confianza. Debemos recobrar la confianza en el hombre y por lo tanto en los padres. El reconocimiento de la mujer hacia el hombre, padre de sus hijos, debe pasar por la confianza en él, por la credibilidad en lo que hace. Lo que expresa el amor es la confianza. Si los hombres dejan a los hijos a nuestro cargo y se desentienden y olvidan de ellos felizmente y relajados porque su confianza en nuestras habilidades maternales es plena, ¿por qué no podemos nosotras hacer lo mismo?
2. Comprender que el padre biológicamente es un hombre, no una mujer. Un padre no es una «madre-defectuosa», sino un varón en plenitud de su masculinidad y, en consecuencia, la forma de cuidar a los hijos y colaborar en el hogar será siempre diferente a la nuestra; un estilo masculino de actuación que habrá de ser respetado en todo momento. Hombres y mujeres, padres y madres, afrontamos la realidad y los problemas cotidianos desde diferentes puntos de vista y con distintas prioridades. Llegar a una mutuo entendimiento y comprensión de la diferencia implica llegar a reconocer que el otro es profundamente distinto y que su diferencia merece mi respeto y comprensión.
3. Desde el punto de vista afectivo, la mujer debe acostumbrarse a no exigir imposibles al hombre. De acuer-

do con su naturaleza masculina el hombre no tiene la misma neuroquímica cerebral que la mujer y, por lo tanto, su forma de mostrar afecto o cariño es diferente (ni peor, ni de inferior calidad) y sus lazos de unión con los niños son asimismo distintos. No se les puede exigir que sientan como lo hacen las mujeres tras la maternidad pues su neuroquímica cerebral no ha sufrido de forma tan radical los cambios que ha experimentado la mujer tras el embarazo y que la predisponen de una forma más natural al ejercicio de lo que Burggraf denominaba la «ética del cuidado». Las mujeres nacen con una explicación natural de su propia valía. La niña nace con un sentido innato de su significado personal. Esto permite adquirir muy pronto madurez, sentido de la gravedad de la vida y de las responsabilidades que esta implica. Además, las mujeres no deben perder de vista que la defensa eficaz de la maternidad pasa necesariamente por la existencia de varones que descubran y disfruten de la paternidad. Y, sin duda, la persona que más puede influir positivamente en un hombre para que ejerza correctamente su papel de padre es su compañera y madre de sus hijos, con su apoyo y valoración.

4. Asimismo, es imprescindible y de justicia que la mujer muestre respeto, valoración y reconocimiento hacia la labor que realiza el hombre en el hogar, evitando las críticas y censuras injustificadas. Habrá ocasiones en las que incluso lo mejor será «quitarse de en medio» con el fin de dar al padre el espacio y la libertad que precisa y evitar caer en la tentación de la corrección constante o la muestra explícita de desacuerdo con sus pautas y directrices educativas en presencia de los hijos, pues para estos resultará muy confuso encontrarse inmersos en un modelo educativo contradictorio y a menudo incoherente, cuando sus padres no se ponen de acuerdo o se critican mutuamente.

DIFERENCIAS DE LA EDUCACIÓN MATERNA Y PATERNA.
EN BUSCA DEL EQUILIBRIO

Mi primer viaje fue en los brazos de mi padre, que yo, claro, no sabía que era mi padre; y me llevaba desde el suelo hasta arriba, hasta la rama del limonero —él era muy alto—; y ese subir y bajar, ese ir hacia arriba y volver a descender fue mi primer, y yo diría esencial, viaje entre todos.

María Zambrano, *El hombre y lo divino*

Existen diferencias evidentes entre hombres y mujeres a la hora de interactuar con los hijos y colaborar en el hogar. Son distintas maneras de ver la vida que se traducen en diferentes formas de actuación, aunque con un mismo fin: el cuidado y educación de la prole. Tales diferencias son percibidas por los propios hijos desde los primeros días de vida. Se ha demostrado que, entre el primer y el tercer mes, los bebés son capaces de diferenciar perfectamente a su padre de su madre por el olor, el sonido de su voz y la forma de cogerles; y al final del primer año, muestran un fuerte vínculo con los padres, diferente e independiente del que sienten por sus madres[1].

---

[1] *Men in Families and Family Policy in a Changing World*, Department of Economic and Social Affairs Division for Social Policy and Development, United Nations, Nueva York, 2011, p. 64.

Las diferencias que señalamos seguidamente se extraen de estadísticas e investigaciones, son datos porcentuales, muestran propensiones psicológicas, tendencias y prevalencias en cuanto a modos de ser típicos de la masculinidad y la feminidad, pero no exclusividad. Estas diferencias entre el estilo paterno y el materno nos permiten ver cómo la naturaleza ha dotado a hombres y mujeres de habilidades sustancialmente diferentes, pero mágica y acertadamente complementarias, con el fin de lograr el equilibrio personal de los hijos. Si estos se alimentan solamente del código materno —comprensivo, amoroso, afectuoso, tolerante— crecerán creyendo que tienen derecho a recibir, sin más, amor y reconocimiento a cambio de nada, se sentirán siempre acreedores de cariño y percibirán que el mundo les debe todo. Pero si crecen solo con el código paterno —exigente, retador, limitador, fortalecedor— se convertirán en personas poco empáticas y con dificultades para mostrar afecto. Por ello, la diferencia de códigos complementarios y equilibradores constituye una riqueza de inigualable valor para los hijos. Ninguno de estos estilos es bueno por sí solo, pero en conjunto, al combinar el estilo paterno y materno, crean un equilibrio saludable y adecuado para la prole. Por esto, es importante insistir una y otra vez en «que cada cachorro humano necesita tanto de un padre como de una madre. Para el buen crecimiento son necesarios adultos dispuestos a madurar en la conciencia del deber específico de su propio código, aquel del que son portadores potenciales en base a su sexo»[2].

Madres, afectividad. Padres, efectividad

Las madres se preocupan en primer lugar y sobre todo por los sentimientos de los hijos. Son el puente hacia el mundo interior de las emociones. Que los hijos se sientan felices, tranquilos y contentos es algo que nos llega a obsesionar.

---

[2] M. Ceriotti Migliarese, *Masculino. Fuerza, eros, ternura*, ed. Rialp, 2019, p. 111.

Sin embargo, los hombres, una vez que han sido padres, consideran un objetivo prioritario capacitar a sus hijos con las herramientas precisas para hacer frente a los desafíos que el mundo les va a presentar. A las madres les preocupa que sus hijos se sientan felices; a los padres que sus hijos se sientan capaces, fuertes, con la mochila plagada de recursos para salir a delante en esta complicada sociedad que les ha tocado vivir.

Las madres suelen preocuparse por lo que el niño siente y los padres se preocupan por la capacidad del niño para «hacer lo que debe hacer». La madre es el puente humano que une al hijo con el mundo privado e íntimo de las emociones y los sentimientos; mientras que el padre une al hijo con el mundo público de la responsabilidad y compromiso. Como señala el psiquiatra Schlatter: «El padre encarna la ley, lo externo, y se impone, en oposición a la afectividad más subjetiva de la madre, que busca sobre todo la protección»[3].

Los padres suelen ser mucho más pragmáticos y realistas que las madres, aportando soluciones a los problemas de forma rápida y expeditiva. Mientras que las mujeres analizan con detenimiento los problemas en un intento de comprenderlos (entrando en juego toda suerte de sentimientos personales), ellos normalmente quieren resolverlos lo antes posible.

Entre mujeres las cosas «se hablan»; entre hombres las cosas «se hacen»[4]. Por ello, ante un problema con los hijos, para la madre es más fácil empatizar con ellos, mientras que para el padre es más fácil guiarles y darles una solución. Cuando un hombre percibe una necesidad, en lugar de hablar sobre ella, toma las medidas que estima oportunas para remediar la situación. La educación paterna es en este sentido más pragmática; no se deja ahogar por las emociones y busca de forma racional la salida más adecuada al problema.

---

[3] J. Schlatter, *De tal palo. Una mirada desde el corazón del hijo,* ed. Rialp, 2019, p. 28.

[4] S. Sinay, *Esta noche no, querida,* ed. RBA, 2006, p. 71.

El padre suele relativizar los problemas emocionales, especialmente de las hijas, lo que, como señala Schlatter «añade un punto de racionalidad y distancia que enfría el apasionamiento del momento (...) y concede una percepción de control dentro del descontrol de las emociones»[5].

La afectividad es una característica femenina, la efectividad es un rasgo típicamente masculino. Él sostiene, ella acaricia. Él asegura, ella consuela.

Madres, protección. Padres, fortaleza

El instinto natural de toda madre es proteger a los hijos. Los padres, sin embargo, consideran que la mejor medida de protección es fortalecerles para que sean capaces de afrontar las dificultades de la vida. Las madres quieren que el hijo se sienta bien, los padres desean que el hijo se sienta capaz. El código materno mueve a proteger, el paterno a dar coraje y ánimos para enfrentarse al mundo real. Mientras la madre protege los aspectos más vulnerables del hijo, el padre potencia las capacidades y fuerzas que el hijo encierra. Por ello es importante encontrar entre ambos progenitores el adecuado equilibrio entre asistir y estimular, entre proteger e impulsar.

Las madres tendemos a la acogida y el cuidado, pero debemos evitar caer en la sobreprotección, pues en estos casos en realidad estamos desprotegiendo a nuestros hijos que crecen incapaces de resolver los problemas por sí solos. Una educación basada primordialmente en la seguridad evita el cultivo de la creatividad, la libertad, la iniciativa y la capacidad de asumir riesgos. En esta tendencia a la protección de los hijos es típico del código materno suplantarles en el desarrollo de algunas de las tareas vitales más básicas. Las madres suelen hacer más cosas por sus hijos, allanarles el camino y evitarles dificultades. Frente a los obstáculos o dificultades de la vida diaria, muchas madres rápidamente intentan eli-

---

[5] J. Schlatter, *De tal palo. Una mirada desde el corazón del hijo*, ed. Rialp, 2019, p. 128.

minarlos sin darle al hijo el tiempo adecuado para superar la situación por sus propios medios. Tenemos cierta tendencia a prolongar los mecanismos biológicos intrauterinos. Cuando el hijo estaba en el seno materno le proporcionábamos todo lo necesario para la vida —calor, comida, abrigo, sueño, compañía— y pretendemos que así siga siendo una vez que el niño ha nacido y durante todo su crecimiento.

Hay estadísticas que demuestran que si al niño se le cae un cubierto de la mesa, el 90 % de las veces la madre se agacha a recogerlo, mientras que el padre lo ignora o bien exige al hijo que lo haga por sí mismo; o ante una caída del niño, la madre normalmente tiende a levantarlo, mientras que el padre le animará a levantarse por sus propios medios. Y así sucede con cientos de situaciones cotidianas de la vida. En un ejercicio de lo que podríamos denominar «hipermaternidad», hacemos labores que nuestros hijos son perfectamente capaces de realizar. En una actitud sacrificial que sin embargo incapacita al hijo para la adquisición de su responsabilidad y autonomía: le atamos los cordones de los zapatos; le supervisamos e incluso le hacemos los deberes; le ponemos el abrigo; le llevamos la mochila; incluso hay madres que sostienen el bocadillo al niño mientras le persiguen para que de vez en cuando la criatura se digne a darle algún mordisquito. Hacemos tanto por ellos que les impedimos adquirir las habilidades propias e imprescindibles para ser autónomos e independientes y nos cargamos a nosotras mismas con considerables dosis de estrés adicional. Como afirma plásticamente el pediatra Naouri desde su amplia experiencia: «Recoger diez o quince veces la cucharita que el adorable nene de 11 o 13 meses ha tirado una y otra vez al suelo no es demostrar amor, ternura o servilismo, es demostrar una inconsecuencia de la que no tardaremos en pagar el precio —en realidad, mucho antes de lo que imaginamos—»[6].

La madre ama y comprende tanto al hijo que desea sustituirle en su fatiga, esfuerzo y dolor. Esta enorme empatía

---

[6] A. Naouri, *Educar a nuestros hijos, una tarea urgente*, ed. Taurus, 2008, p. 185.

hacia los sentimientos y necesidades de los hijos es uno de los grandes misterios de la naturaleza femenina, una de las sensibilidades de las que normalmente carecen los hombres, es su gran ventaja respecto de la sensibilidad paterna, pero al mismo tiempo es su limitación más grave pues, llevada al extremo, no permite al hijo crecer en autonomía y, por lo tanto, madurar. Estos comportamientos sustitutivos que las madres realizan casi instintivamente pueden provocar un grave daño educativo al impedir que los niños desarrollen sus propias capacidades y así involucionan hacia adolescencias eternas[7]. Como señala Millet, «el narcisismo y la autocomplaciencia excesiva son otras de las consecuencias de esta atención desmedida a la prole»[8]; por no hablar del agotamiento físico y mental que esto provoca en la madre. Por ello, las mujeres debemos aprender a controlar nuestro instinto de generosidad para que no acabe transformándose en sacrificial.

Por el contrario, el padre, como regla general, suele buscar su propia valía a través de la demostración de la valía de sus vástagos y les incita a realizar solos las tareas, a arreglárselas por sí mismos, lo que les obligará a desarrollar sus propias capacidades. Más que ahorrarles el esfuerzo y sufrimiento tiende a enseñarles cómo afrontarlos[9].

Muchas veces la manera de hacer más por un hijo consiste en hacer menos: no hacer lo que ellos puedan hacer por sí mismos, porque si lo hacemos fomentamos la construcción

---

[7] S. Sinay, *La sociedad de los hijos huérfanos*, Ediciones B, 2008, p. 13.

[8] E. Millet, *Hiperpaternidad*, ed. Plataforma Actual, 3ª ed., 2016, p. 17.

[9] El deseo paterno de fortalecer al hijo permitiéndole cometer sus propios errores queda tiernamente reflejado en parte de la obra del escritor Jorge Luis Borges y en las alusiones que realiza a su padre, también escritor: «Cuando tuve los manuscritos de Fervor en Buenos Aires, se los entregué y él me dijo: "Sin duda yo podría corregirlos, porque sin duda están llenos de errores, pero yo no creo que nadie pueda (…). Creo que vos tenés que salvarte personalmente". No quiso corregir el libro. Yo lo publiqué, y después de su muerte descubrimos que él tenía un ejemplar del libro —que yo le di y que él no comentó— en el cual había composiciones enteras tachadas, había adjetivos tachados. Y luego yo usé esa edición corregida para la reedición que hizo la editorial Edecé».

de personalidades débiles, cómodas y dependientes[10]. Como afirmaba María Montessori, «toda ayuda que se da a un niño y que él no necesita, detiene su desarrollo. Dar demasiado puede ser tan malo como no dar».

Madres, inmediatez. Padres, dilación

La mayoría de las madres tienen respuestas inmediatas a las demandas de los hijos. Si llora, le consuela. Si tiene hambre, le alimenta. Si la llama, responde al instante; aunque suponga interrumpir lo que está haciendo. Es como si una voz interior nos dijera que somos «malas madres» si no actuamos así. En ocasiones incluso nos adelantamos a sus necesidades y reclamos: les ponemos el abrigo antes de que haga frío, les damos agua antes de que tengan sed o les damos un ibuprofeno por si acaso cogen un resfriado…

Los padres, sin embargo, en su mayoría, no responden con tanta premura. Salvo que la situación sea realmente urgente y estén en juego de forma grave cuestiones como la seguridad o la salud (supuestos en los que normalmente reaccionan más rápida y eficazmente que las madres). Ellos, por lo general, primero acaban su tarea y luego atienden las demandas del hijo. No les molesta oír al niño llorar de fondo durante unos minutos o escuchar el timbre sonar varias veces antes de abrir la puerta a ese niño que espera impaciente tras ella. Como señala el pediatra Naouri, «si el niño se despierta por la noche, puede haber diferencia de opiniones entre la madre, que tiene una propensión a precipitarse a ayudarle, y el padre, que propone esperar a ver si se vuelve a dormir solo»[11].

La inmediatez en la respuesta puede provocar personalidades compulsivas, dependientes y egoístas. Los padres, con la dilación, enseñan al hijo que no se puede tener todo cuando uno quiere y le ayudan a desarrollar la paciencia, la capa-

---

[10] J. Soler y M. Mercé Conangla, *Ámame para que me pueda ir*, ed. Amat, 2006, p. 34.

[11] A. Naouri, *Educar a nuestros hijos, una tarea urgente*, ed. Taurus, 2008, p. 68.

cidad de espera, la tolerancia a la frustración. Esta dilación en el tiempo entre el deseo y la acción, este aplazamiento de gratificaciones es importantísimo para el desarrollo del autocontrol en los hijos, especialmente en los varones. Asimismo, es importante para el desarrollo de la empatía, pues el niño aprende lo que siente alguien cuando tiene hambre, frío, miedo u otras necesidades.

En generaciones pasadas no se hacía tanto caso a los niños. Digamos que se les ignoraba más, especialmente cuando se ponían impertinentes con sus demandas, la solución propugnada solía ser «ignorar» al niño hasta que se le pasase la «pataleta». El escritor inglés, D.H. Lawrence, también creía que no hacer mucho caso a los críos era lo más conveniente para su bienestar. Sus tres reglas para empezar a educarles eran: «Dejarlos en paz; dejarlos en paz y dejarlos en paz». En la misma línea, la psicóloga Maribel Martínez recomienda aplicar lo que denomina la «sana desatención», consistente en no anticipar posibles contratiempos[12]. Este en la actualidad suele ser un modelo educativo más típico de los padres que de las madres. Aquellos suelen esperar a que el hijo reivindique o exponga varias veces su necesidad para entrar en acción. Esto favorece el desarrollo de la paciencia del niño, su resiliencia y le pone en su lugar, haciéndole consciente de que no es el rey de la casa y de que no tiene derecho a todo lo que quiere, cuándo y cómo lo quiere. Además favorece en el hijo el desarrollo de sus propias capacidades para «buscarse la vida» en determinadas situaciones y el niño percibe que sus padres depositan en él su confianza, lo que a su vez le ayudará a ser autónomo y a madurar.

Madres, idealistas. Padres, realistas

A la mayoría de las madres les gusta endulzar la realidad, tratando así de evitar la frustración del hijo frente a lo feo, lo malo de la vida o frente a sus propios errores. Sin embargo, el

---

[12] Citados por E. Millet, *Hiperpaternidad*, ed. Plataforma Actual, 2016, p. 11.

padre es más directo, realista y sobrio. Las madres suelen cegarse ante los aspectos negativos del hijo y buscan justificaciones que eludan sutilmente su culpa o responsabilidad. El padre, por el contrario, suele ver la realidad con mayor crudeza y objetividad y enfrenta al hijo con la verdad de sí mismo: madre: «Los profesores no entienden a mi hijo (...) el pobre está tan cansado...»; padre: «Mi hijo es un vago (...) tendría que esforzarse más». El padre ayuda a los hijos a asumir la culpa, a enfrentarse a la verdad, a reconocer la realidad.

Es importante no esconder a los hijos las dificultades de la vida (problemas, enfermedades, fracasos, muerte...) pues les estaríamos engañando y debilitando para enfrentarse con la realidad diaria cuando abandonen el nido confortable que les hemos creado. Las personas que han sido compadecidas y sobreprotegidas de niños, se convierten en adultos vulnerables y sin fuerzas para enfrentarse a las tempestades de la vida. Como decía Víctor Frankl, no siempre podemos elegir lo que nos toca vivir, pero siempre podremos escoger nuestra actitud ante lo que sucede.

Madres, cesión. Padres, exigencia

Las madres por lo general suelen adaptarse a los gustos y apetencias del hijo. Por el contrario, el padre suele exigir al hijo que se adapte a sus deseos, que se implique en lo que a él le gusta. Por ejemplo, si al padre le gusta el fútbol intentará que a su hijo también le guste. Si el niño quiere ver un determinado programa en televisión, mientras a la madre no le importará normalmente ceder y ver lo que el hijo prefiere, el padre sin embargo pondrá su programa favorito sin atender a las demandas del hijo. Esta inflexibilidad del padre nos puede llevar a pensar que son en cierto modo «tercos e intolerantes», pero esto no significa ser autoritario o represivo sino sencillamente refleja el convencimiento del padre de que su posición implica necesariamente una responsabilidad educativa.

Conviene tener en cuenta que adaptarse continuamente al mundo de los niños impide a estos aprender a adaptarse al mundo de los adultos, lo que retrasa su maduración personal. Muchas madres cedemos a las exigencias de los hijos para evitar conflictos o confrontaciones. Los padres no tienen miedo a una ruptura pasajera de la armonía familiar y están menos dispuestos a ceder a sabiendas de los efectos positivos que esto tendrá a largo plazo.

Madres, verbales y sencillas. Padres, físicos y espontáneos

Cuando los hijos son pequeños, las madres les estimulan de forma diferente a los padres. Los juegos suelen ser más verbales, con canciones o cuentos que normalmente pasan de generación en generación y que ellas narran sin olvidar ningún detalle. Los padres, por el contrario, apenas realizan juegos verbales pero, cuando cantan canciones o cuentan cuentos, son más creativos y espontáneos, se inventan las letras de las canciones, cambian o mezclan los personajes de los cuentos o se inventan finales alternativos, lo que resulta altamente estimulante para el cerebro de cualquier niño.

El padre se comunica de manera distinta, su estilo es más desafiante y exigente. Cuando las madres y los padres les hablan a sus hijos, ambos lo hacen de distinta manera. La madre por lo general simplifica sus palabras y habla al nivel del niño. El padre, sin embargo, no muestra tanta inclinación por modificar su lenguaje con el niño. El estilo del padre desafía al niño a ampliar su vocabulario y sus habilidades lingüísticas; un elemento fundamental para el éxito académico. La conversación del padre tiende a ser más breve, de mando. También usa más frecuentemente expresiones faciales y «lenguaje corporal sutil». Este tipo de comunicación, como señala Vidal, hace que el niño esté más y mejor preparado para comunicarse fuera del núcleo familiar, donde los interlocutores son más variados, imprevisibles y desafiantes[13]. La madre tiende a ser más descriptiva y personal en su expresión oral. Los pequeños que no aprenden a entender y usar ambos estilos de conversación, se encontrarán en desventaja, puesto que estarán obligados a experimentar ambos estilos a medida que entren al mundo de los adultos.

El hombre y la mujer no usan el lenguaje del mismo modo: la mujer habla sobre todo para relacionarse; el hombre lo hace especialmente para explicar y explicarse. El lenguaje de «papá» suele estar más apegado a la realidad objetiva; el de «mamá» a la emotiva. La madre habla de sentimientos; el padre de objetos o realidades. Como señala Tannen, gran experta en diferencias sexuales en el uso del lenguaje, la tendencia masculina es a la conversación «informativa»; mientras que la femenina es a la conversación «relacional»[14].

Debido a que el hombre posee menos centros verbales y más centros espaciales-cinéticos, el padre tiende a relacionarse con su hijo más a través de juegos físicos en lugar de verbales. Juegos a veces bruscos o rudos (lanzamiento del niño por el aire, volteretas, luchas ficticias, cosquillas…). El padre utiliza juegos «con un componente mayor de tensión y de vigor, y cierto punto de excitación e impredecibilidad»[15]. De este modo, el padre inicia al hijo en las experiencias vitales del movimiento, el espacio y la velocidad. Los bebés, con tan solo tres semanas de vida, son capaces de percibir la diferencia entre su padre y su madre en los juegos. Cuando el padre se aproxima, el bebé suele encorvar los hombros y alzar las cejas en una expresión que anticipa la excitación del juego que se les avecina normalmente más sorprendente y desafiante[16].

Diversas investigaciones y estudios han demostrado que los niños cuyos padres han jugado con ellos de esta forma cuando eran pequeños, más tarde, en la adolescencia, son

---

[13] F. Vidal, *La revolución del padre. El padre que nace y crece con los hijos*, ed. Mensajero, 2018, p. 237.

[14] D. Tannen, *Género y discurso*, ed. Paidós, 1996.

[15] J. Schlatter, *De tal palo. Una mirada desde el corazón del hijo*, ed. Rialp, 2019, p. 53.

[16] Citado por K. Canfield, *The Heart of a Father*, ed. Northfield, 1996, p. 89.

jóvenes con elevada autoestima, están más seguros de sí mismos y tienen mayor predisposición a correr riesgos intelectuales[17]. Asimismo, el hecho de que el padre «haga más el payaso» podría incidir en la autoestima posterior del hijo y en su capacidad para gozar de un sano sentido del humor.

Madres, controladoras. Padres, independientes

Algunas madres a veces ven el mundo como una amenaza constante para sus hijos, por lo que procuran que las actividades de estos se desarrollen en un espacio físico, psicológico y social reducido, para evitar que experimenten el fracaso o se sientan solos y para controlarles al máximo posible por miedo a que les suceda algo negativo. Y transmiten ese miedo a la prole, que crece así llena de temores, sin ser conscientes de que precisamente el mayor peligro para el desarrollo y educación de los niños es el exceso de seguridad[18]. Por el contrario, el padre, por lo general, tiende a ampliar las actividades de los hijos a espacios físicos, psicológicos y sociales más extensos para ampliar sus horizontes y favorecer su independencia.

El control exhaustivo o exagerado por parte de aquellas madres temerosas siempre de que les pase «algo» a sus niños, cercena la libertad de los hijos, les provoca a estos miedo ante situaciones absurdas y les priva de la asunción de riesgos tan necesaria para su crecimiento personal. Según los expertos, el riesgo es parte integral del valor lúdico; cuanto mayor es el niño, más riesgo necesita asumir. Tenemos que aprender a ejercer una paternidad más relajada, confiar más en ellos y en sus habilidades y permitirles gozar de la experiencia de la aventura con lo que implica de autonomía, azar, sorpresa y libertad.

El padre inicia al hijo en un mundo de objetos, actividades y personas fuera de la burbuja materna, donde el

---

[17] F. Labrell, *El juego paternal con los bebés*, 1996.

[18] Vid. al respecto E. Millet, *Hiperpaternidad*, 3ª ed., Plataforma Actual, 2016, epígrafe: El riesgo es necesario, pp. 131-134.

niño puede estimular su cerebro con nuevas experiencias y aprender a «arreglárselas por sí mismo». Suelen ser ellos los que permiten por vez primera que el hijo se suba a un árbol; use unas tijeras; cruce solo la calle; nade sin flotador; monte en bici sin ruedines o duerma fuera de casa, asumiendo siempre una cuota de razonable preocupación inevitable mientras la experiencia se consolida.

La naturaleza ha diseñado con inteligencia la vida familiar de manera que los hijos obtengan a la vez el imperativo de la intimidad de la educación materna y el imperativo de la independencia de la educación paterna. La relación de una madre con los hijos para ser exitosa debe moverse en un delicado equilibrio entre la intimidad y la independencia. El niño es un «explorador» pero de vez en cuando deseará volver al reparador campamento-base de mamá. Cercanía y distancia es la dialéctica que mantiene viva y sana la relación madre-hijo.

Esta sincronía puede verse sin embargo afectada por aquellas madres que se niegan a romper los lazos de dependencia con los hijos y se empeñan por mantener el cordón umbilical sine die. Muchas madres no comprenden que llegada cierta edad (muy variable según el niño) sus hijos deseen alejarse de ellas en busca de mayor independencia, de su propia identidad y autonomía. Pero si la madre trata de mantener a toda costa el control y los lazos afectivos que inicialmente caracterizaron la relación con su bebé, el niño puede volverse contra ella y rechazarla de plano, incluso de forma cruel, dañando la relación materno-filial.

Madres, permisivas. Padres, represivos

Las madres no esperan tanto de los hijos como los padres puesto que no compiten con ellos. Por ello, la educación materna es más permisiva que la paterna, normalmente más represiva. Los padres tienden a marcar una mayor disciplina y ser más severos. Esto es imprescindible para los hijos, especialmente los varones, mucho más impulsivos que las chicas, ya que les ayuda a ejercer el autocontrol. La estabilización y represión que los cerebros de los adolescentes reciben de sus padres es esencial para su adecuada maduración.

El padre tiende a observar y hacer cumplir las reglas de manera sistemática y con firmeza, lo cual les enseña a los niños su objetividad y las consecuencias de lo que está bien y lo que está mal. El padre, como regla general, suele resultar más agresivo y rígido que la madre con los hijos y con el mundo en general, por ello, como señala Ceriotti, «a la mujer madre no siempre le resulta fácil distinguir, en las formas de su marido con los hijos, la firmeza de la prepotencia, lo necesario (aunque pueda ser duro) de lo arbitrario e injusto». En este sentido, ante un padre bienintencionado y competente, es esencial que la madre se relaje y confíe en cómo hace las intervenciones más normativas sin temor a que estas puedan herir a los hijos[19].

La madre, en cambio, tiende a expresar más comprensión y compasión respecto de la desobediencia. Entre otros motivos, porque las mujeres prefieren evitar los conflictos. El baño de estrógeno que recibimos desde niñas refuerza el impulso por establecer y mantener intactos los lazos sociales basados en la comunicación y el compromiso, es decir, por la creación de «redes sociales protectoras»[20].

Madres, detallistas. Padres, despreocupados

Respecto de detalles que las mujeres consideran importantes, como los relativos a la higiene, aspecto físico, ropa o pequeños gestos afectivos, el padre suele adoptar una actitud más despreocupada que las madres. Pero la realidad es que un niño está perfectamente cuidado por su padre, aunque la parte de arriba del pijama no encaje con la de abajo o aunque haya cenado pizza en lugar del puré de verduras de mamá. Lo importante es que él esté ahí colaborando «a su manera» en la crianza de los hijos y funcionamiento del hogar.

---

[19] M. Ceriotti Migliarese, *Masculino. Fuerza, eros, ternura*, ed. Rialp, 2019, p. 104-105.

[20] L. Brizendine, *El cerebro femenino*, ed. RBA, 2007, pp. 4357.

DIFERENCIAS HOMBRE Y MUJER EN LA AFECTIVIDAD. LA MANIFESTACIÓN MASCULINA DEL AMOR

Sufrimos un ataque de silencio y de esa especie de torpeza de la que surgen momentos demasiado emotivos.

O. Pamuk, *La maleta de mi padre*

La neuroquímica del amor

Las mujeres poseen vías neuronales y hormonales que les unen afectivamente a sus hijos de una manera radicalmente distinta a la de los padres. La producción en el parto de oxitocina y después en cada contacto, caricia, beso o abrazo al bebé, genera una dependencia y unión madre e hijo intensa y profunda. Esta poderosa pócima del amor provoca en el cerebro de la mujer una fascinante reacción química que induce al deseo de estar con el niño y a una preocupación constante por él. Las mujeres tras la maternidad quedan vinculadas neuroquímicamente a sus hijos. Desde el momento en el que son madres, nada importa ya, solo el hijo, que a su vez da pleno sentido a toda su vida[1].

La naturaleza ha dotado a las mujeres de un vínculo profundamente sinérgico y simbiótico con los vástagos. La ma-

---

[1] K. Ellison, *El cerebro maternal*, ed. Destino, 2006.

dre experimenta una unión e identificación psicológica fortísima con su hijo; lo vive como parte de ella misma. Sigue llevándolo psicológicamente en su seno. La vida del hijo vale más que la suya propia. De manera que la reincorporación al trabajo y la separación del hijo tras el parto puede ser, incluso para las mujeres más independientes y profesionales, una experiencia realmente traumática.

La capacidad de las mujeres en el ámbito laboral está en relación directa con la satisfacción de sus necesidades en el ámbito familiar. Muchas mujeres aman sus carreras profesionales, pero cuando su bioquímica se modifica para adaptarse a la gestación y al parto su sentido de la importancia relativa de su trabajo cambia también.

La química cerebral de un padre le lleva a establecer unos vínculos afectivos con su hijo diferentes a los de la madre, pero estamos asimismo ante una relación única y propia, con sentimientos y emociones que solo un hombre puede registrar. Son manifestaciones de amor masculino. En la educación típicamente paterna, existe un estilo masculino de educar y criar a los hijos en el que no está presente tanto la empatía y la afectividad como el deseo de fortalecer al hijo para la superación de obstáculos y hacerle más resistente ante el sufrimiento. Los padres aman a sus hijos con un amor difícil de comprender a veces, tanto para las madres como para los propios hijos, porque no está separado del dolor y de la exigencia, el sentido de la prueba, de la aceptación de la culpa y del reconocimiento de la propia responsabilidad.

Las madres suelen buscar la intimidad psicológica con los hijos, compartiendo el mundo emocional con sus sentimientos, vivencias y confidencias personales. Los padres, sin embargo, disfrutan más compartiendo valores y disfrutan cuando logran inculcar en sus hijos su forma de ver el mundo.

Los hijos presuponen el aprecio de la madre, es como un derecho adquirido con el que se nace. No sucede sin embargo lo mismo con el amor del padre, que los niños sienten que tienen que ganarse de forma constante. Debido a que la estima paterna es más difícil de obtener, se convierte en un bien mucho más valorado por los hijos[2].

Ellos no aman menos. El rígido lenguaje masculino del amor

El rígido lenguaje masculino del amor se traduce en «hacer cosas» o compartir actividades, tiempo e intereses sin necesidad de un intercambio verbal. El hecho de compartir tiempo, actividades, conversaciones y a sí mismo significa un apoyo constante que los niños perciben de forma duradera en sus vidas. Los materiales básicos en la relación padre e hijo varón son los silencios, las acciones que reemplazan a las palabras, los actos, las cosas que no se dicen en la vida y que son objeto de eterno homenaje después[3].

La inmensa mayoría de las mujeres relaciona amor con conversación y comunicación verbal. El lenguaje es el pegamento que conecta a las mujeres entre sí y con los seres queridos. Sin embargo, la inmensa mayoría de los hombres no son tan verbales. A veces con un simple encogimiento de hombros o arqueamiento de cejas expresan la entera complejidad del día que han pasado; incluso les puede resultar agotador o frustrante verse forzados a expresar todo verbalmente.

Por ello, a las mujeres nos cuesta comprender por qué un padre y un hijo varón pueden estar juntos durante horas sin dirigirse la palabra y podemos caer en el error de interpretar esta situación como desamor. Deborah Yurgelun-Todd y sus colaboradores en la Universidad de Harvard, utilizando sofisticadas resonancias magnéticas que ilustran cómo se procesan las emociones en el cerebro de los varones, encontraron que la parte del cerebro que actúa sobre el habla tiene pocas conexiones con la parte del cerebro donde se sitúan

---

[2] Vid. O. Poli, *Corazón de padre*, ed. Palabra, 2012, p. 93.

[3] S. Sinay, *Esta noche no, querida*, ed. RBA, 2006, p. 84.

las emociones, en la amígdala[4]. Los hombres se comunican más por la acción que por la conversación.

Entre un padre y un hijo varón, el silencio adquiere en ocasiones una profunda capacidad comunicativa. Cuando un padre y un hijo comparten juntos espacio y tiempo —viendo un partido de fútbol, practicando un deporte o disfrutando de una película— existe comunicación aun cuando no haya conversación. Es mucho más probable que nuestros hijos, especialmente en la adolescencia, compartan con su padre sus preocupaciones de forma inesperada un día cualquiera, mientras suben una montaña, montan en bicicleta o ven un partido de fútbol juntos, que en un «careo» a puerta cerrada en su habitación. Muchas veces ni ellos mismos saben lo que les pasa, de manera que forzarles a explicar algo que no controlan puede incluso ser contraproducente y generarles ansiedad. El psiquiatra Rojas Marcos recomienda que respetemos ante todo su libertad, que no les presionemos para que se abran prematuramente[5]. Lo que sí es importante es que el muchacho sepa que su padre está ahí disponible en todo momento, apoyándole y comprendiéndole.

Sin embargo, las hijas, en la medida en que son mujeres, interpretarán el silencio de su padre como desaprobación o falta de cariño. Especialmente en la pubertad, cuando el estrógeno inunda el cerebro femenino, nuestras hijas empiezan a concentrarse intensamente en sus emociones y en la comunicación. Las hormonas las empujan hacia la conexión humana. Necesitan compartir experiencias personales, comienzan las largas conversaciones telefónicas durante horas y su atención hacia los problemas ajenos se acentúa. Las relaciones humanas se convierten en el centro de gravedad de su universo femenino y el padre debe adaptarse a estos cambios.

Ellas necesitan hablarlo todo y que simultáneamente exista un contacto visual. Durante los primeros meses de vida

---

[4] *Vid.* al respecto L. Sax, ¿*Por qué el género importa?*, en la obra colectiva: *Iguales, diferentes, ¿juntos?* ed. Ariel, 2006, pp. 184-185.

[5] L. Rojas Marcos, *Nuestra incierta vida normal*, ed. Aguilar, 2004, p. 132.

las facultades de una niña en contacto visual y observación facial mutua irán creciendo en un 400 %, mientras que en un niño la aptitud para examinar rostros no se desarrolla prácticamente durante ese tiempo. Son las muchachas, no los chicos, las que tienen circuitos dispuestos para la observación mutua. Las niñas nacen interesadas en la expresión emocional. Sus cerebros no han sufrido los efectos de la testosterona en el útero, de manera que sus centros de comunicación y emoción han quedado intactos, lo que favorece que lleguen al mundo con mejores aptitudes para leer las caras e interpretar los tonos de voz humana[6]. Esto hace que niñas de tan solo un año de edad sean capaces de percibir si estamos tristes o disgustados; mientras que es muy posible que nuestros hijos varones no se percaten en absoluto de nuestro padecimiento y sigan alborotando a nuestro alrededor ignorando totalmente nuestra decadencia interna. Como afirma la doctora Brizendine, el cerebro de una niña es «un aparato delicadamente sintonizado para leer rostros, percibir tonos emocionales en las voces y responder a indicios tácitos de los demás»[7].

La intuición femenina o el denominado sexto sentido de las mujeres consiste precisamente en la capacidad para atender a los detalles e interpretar los gestos. Los escáneres cerebrales revelan que cuando la mujer se comunica cara a cara activa de promedio entre catorce y dieciséis puntos distintos en ambos hemisferios cerebrales. Dichos puntos se utilizan para descodificar palabras, cambios de tono de voz y señales emitidas por el cuerpo. El hombre, sin embargo, presenta tan solo entre cuatro y siete de estos puntos[8]. De este modo, podemos decir sin temor a equivocarnos que la mujer posee una capacidad innata para «leer» los rostros, gestos y ademanes de las personas que les rodean, especialmente de las

---

[6] L. Brizendine, *El cerebro femenino*, ed. RBA, 2007, pp. 36-39.

[7] Ídem. p. 43.

[8] *Vid.* al respecto Allan y Barbara Pease, *Por qué los hombres mienten y las mujeres lloran*, ed. Amat, Barcelona, 2003, p. 256.

más próximas. Esto explica por qué una madre, en el mismo instante en el que abre la puerta y recibe a su hijo es capaz de saber, sin mediar palabra, si el niño ha tenido un día estupendo o una pesadilla de jornada escolar. También explica por qué las mujeres somos más susceptibles ante los gestos ajenos, en especial los de otras mujeres, gestos de incomodidad, desaprobación o desagrado que, en la mayoría de las ocasiones, pasan desapercibidos a los hombres.

Las mujeres reciben más mensajes de las posturas, gestos, expresión emocional y voz. Su cerebro está singularmente construido y bien conectado para asimilar todos estos pequeños detalles dispares más rápidamente, adquiriendo lo que se puede denominar una perspectiva clarividente; llegando incluso a ser capaces de verse influidas por la prosodia: el mensaje emocional que puede llevar implícito el tono de voz de una persona. Lo que nos hace más sensibles a insinuaciones sutiles, llegando a molestarnos o afectarnos situaciones que los hombres ni siquiera perciben[9].

Sin embargo, los hombres carecen de ese talento y muchas veces nos resulta exasperante su incapacidad para «leer» nuestro enfado o tristeza. «Pero ¿no se dará cuenta de que estoy disgustada?», nos preguntamos con frecuencia, esperando que sean capaces de traducir el lenguaje de nuestros gestos. Los expertos creen que la facilidad de las mujeres para comprender las señales es una adaptación evolutiva concebida para ayudarles en la tarea de ocuparse de los hijos. Un bebé no puede decir si tiene hambre o está enfermo. Para asegurarse de lo que necesitan los pequeños las mujeres han de ser muy hábiles en la interpretación de señales no verbales, como la expresión facial o un determinado llanto.

Por ello, los padres, aunque les pueda resultar agotador y provocar fatiga mental, deberán hacer un esfuerzo con las hijas y aplicar una escucha «empática». La empatía podemos definirla como la capacidad de sintonizar de una forma espontánea y natural con los pensamientos y sentimientos de

---

[9] I. Morgado, *Emociones e inteligencia social*, ed. Ariel, 2007, p. 77.

otra persona, sean los que sean; es el poder de leer la atmósfera emocional que rodea a la gente y preocuparse por sus emociones[10]. Es la habilidad para «meternos en la piel del otro». La empatía nos ayuda a situarnos con afecto genuino en las circunstancias de otras personas y forma una onda expansiva que abre de par en par las puertas de nuestro pequeño entorno, interesándonos por los demás aunque no formen parte de nuestra red social inmediata[11]. Como regla general, las mujeres somos más afectivas, solidarias y empáticas que los hombres[12]; entre otras cosas porque «si eres una mujer has sido programada para garantizar el mantenimiento de la armonía social»[13].

Para Edith Stein esta habilidad de las mujeres pertenece de lleno a su «especificidad anímica»:

> Al hombre (...) le resulta más difícil ponerse en lugar de otros seres humanos y en las cosas de otras gentes. Esto, por el contrario, le es natural a la mujer, y es capaz de penetrar empática y reflexivamente en ámbitos que de suyo a ella le quedan lejos y de los cuales jamás se hubiera preocupado si no hubiese puesto en juego al respecto un interés personal. Este don está estrechamente vinculado con la actitud maternal[14].

Las niñas y jóvenes, en la medida en que son mujeres, encuentran alivio biológico comunicándose. Las niñas, al contrario que los chicos, necesitan expresar sus sentimientos. Sabemos que los niveles de estrógeno de las muchachas aumentan en la pubertad y disparan los interruptores de sus cerebros para hablar más, interactuar y ser más emotivas. Y

---

[10] S. Baron-Cohen, *La gran diferencia*, ed. Amat, Barcelona, 2005, p. 35.

[11] L. Rojas Marcos, *Nuestra incierta vida normal*, ed. Aguilar, 2004, p. 158.

[12] Como señalan los expertos, el origen biológico de la empatía se encuentra en gran medida relacionado con una hormona típicamente femenina: la oxitocina, ligada a su vez de forma íntima e inescindible al comportamiento maternal y que impulsa a la mujer a relacionarse con los demás.

[13] L. Brizendine, *El cerebro femenino*, ed. RBA, 2007, p. 43.

[14] E. Stein, *La mujer*, Ediciones palabra, 1996, pp. 26-27.

lo hacen con palabras, gestos, lágrimas, gritos o conversaciones telefónicas eternas con la amiga a la que acaban de ver hace cinco minutos en el colegio y a la que volverán a ver mañana. Pero no pueden esperar para contarlo todo; absolutamente todo.

La existencia de una inmensa pluralidad de conexiones entre los hemisferios cerebrales y de estos con la amígdala, junto con la madurez de la parte del cerebro femenino destinado a las destrezas verbales, hace de las niñas y de la mujer en definitiva, una fuente de información y expresividad sentimental. Por otra parte, debemos recordar asimismo que las mujeres en situaciones de estrés generan oxitocina, una hormona que las impulsa a buscar ayuda, a exteriorizar y compartir sus sentimientos.

Que su padre la escuche es la mejor terapia de relajación que existe para una hija. Además la unión y la comunicación con su padre estimulará el sentimiento de universalidad o «esto no me pasa solo a mí» y supondrá un considerable desahogo emocional ya que, al describir los sentimientos que le abruman reducirá su intensidad emocional y minimizará la posibilidad de que se hundan en el subconsciente[15].

Salvo contadas excepciones, los padres tienen mayores dificultades que las madres para expresar sus sentimientos. La mayoría de los hombres no sienten ni comparten ese deseo intenso de comunicación verbal e interiorizan sus sentimientos. Es lo que Fisher denomina «contención emocional masculina»[16]. Esta diferente actitud ante los problemas es la causante de muchas frustraciones y decepciones femeninas. A veces incluso no saben cómo o qué es lo que sienten exactamente. Carecen de la expresividad emocional necesaria para explicarse y esto suele generar un distanciamiento entre padres e hijas, especialmente en la adolescencia, cuando precisamente lo que necesitan las jóvenes es proximidad y com-

---

[15] L. Rojas Marcos, *Nuestra incierta vida normal*, ed. Aguilar, 2004. p. 135.

[16] H. Fisher, *El primer sexo*, ed. Punto de lectura, 2001, p. 219.

prensión[17]. Los sentimientos y las emociones en el universo masculino siguen siendo para muchos hombres algo muy reservado, casi incomprensible incluso para ellos mismos[18].

A las madres les encanta tocar, besar y abrazar a los hijos a cualquier edad, incluso aunque no haya mucha reciprocidad, como sucede en la adolescencia. Cuando besamos o abrazamos a nuestros hijos, las mujeres generamos oxitocina en grandes cantidades, hormona que influye en el cerebro aumentando los lazos familiares, el cariño, la dependencia afectiva de nuestros hijos, la necesidad de acariciarles y tenerles cerca, en definitiva, nuestro cerebro «maternal». En la comunicación afectiva también el contacto visual es mayor que con el padre. Pero los hombres no aman menos a sus hijos que las mujeres por el hecho de no hacer tantas carantoñas o por bañar a los bebés en dos minutos en lugar de invertir la media hora de rigor que suelen utilizar las madres con masajes y aceites que hacen las delicias del pequeño. Sencillamente tienen otra forma de amar, con expresiones de cariño que a las mujeres a veces nos cuesta mucho entender.

La explicación es en parte natural y en parte cultural. Natural, porque los hombres a pesar de sentir pena, aflicción, angustia o tristeza con la misma intensidad que cualquier mujer, al contrario que estas, su naturaleza no les ha dotado de los medios precisos para su exteriorización por medio del llanto o la conversación. Pero también los factores culturales inciden en estas reacciones masculinas. Durante generaciones se ha educado la inteligencia de los chicos, pero no sus emociones ni su afectividad. Hemos creado analfabetos sentimentales. En palabras del Dr. Rojas, la educación ha dado lugar a un hombre segmentado, incompleto, mal diseñado, solo está preparado para el trabajo, pero bastan-

---

[17] L. Brizendine, *El cerebro masculino*, ed. RBA, 2010. M. Legato, *Por qué los hombres nunca recuerdan y las mujeres nunca olvidan*, ed. Urano, Barcelona, 2005.

[18] B. Peace, *Por qué los hombres mienten y las mujeres lloran*, ed. Amat, Barcelona, 2003. M. Meeker, *100 % chicos*, ed. Ciudadela, 2011. D. Kindlon y M. Thompson, *Raising Cain, Protecting the Emotional Life of Boys*, 2000.

te incapacitado para los sentimientos[19]. Personas con serios problemas para expresar sus emociones y afectos. Ocultar los sentimientos acaba distanciando física y emocionalmente a los padres de quienes les rodean precisamente cuando más apoyo, cariño y aliento necesitan.

Muchos padres han tenido a su vez padres muy distantes emocionalmente a los que nunca han visto llorar, decir te quiero o pedir perdón. El hecho de que jamás hayan visto a su progenitor expresar pena o compasión puede provocar en los hijos, cuando ejercen la paternidad, el intento de seguir los roles masculinos impuestos por aquellas pautas culturales incorrectas, pues un hombre no es débil o menos hombre por llorar ante una situación desesperada, la pérdida de un ser querido o un daño físico. En estos casos, el ejemplo paterno es fundamental.

Los estereotipos del pasado han marcado a toda una generación de hombres que han carecido de una dimensión afectiva deseable y luego han sido padres que no han sabido dar el cariño y afecto que sus hijos necesitan. La relación de intimidad padre-hijo no se improvisa, ha de cultivarse desde la infancia día tras día. Todo hijo necesita sentirse querido. Es importante decírselo de vez en cuando. Esto le dará seguridad y confianza en sí mismo al sentirse aceptado tal y como es. Por suerte, los sentimientos son educables y se deben cultivar. Ayudar a los hombres a entender su vida emocional y a adquirir la capacidad de expresar sus sentimientos es una de las tareas más complicadas, pero más importantes, en relación con los varones. Es fácil y usual que estos confundan enfadado con furioso, irritado con triste, orgulloso con satisfecho. Una vez que son capaces de reconocer sus diferentes emociones, su posibilidad de controlarlas es mucho mayor[20]. Actualmente, muchos padres, no solo están pasando más tiempo con sus hijos, también han cambiado su relación con ellos; son más afectuosos, les

---

[19] E. Rojas, *El amor inteligente*, ed. Temas de Hoy, 2008, p. 63.

[20] D. Goleman, *Educar con inteligencia emocional*, ed. Plaza y Janés, 2000, p. 30.

abrazan, les dicen que les quieren, son expresivos, pacientes y emotivos.

Niños y niñas necesitan la cercanía emocional absoluta de su padre, su apoyo incondicional y su protección. Un padre que muestre sus sentimientos de pena, de tristeza, de preocupación, que desprenda cariño, afecto y amor hacia los que le rodean, es el mejor ejemplo y enseñanza de expresividad emocional para cualquier niño, sobre todo para los varones. Esto le ayudará a crear un lenguaje de la vida y a comprender que las emociones y sentimientos forman parte del universo masculino, sin que esto le haga menos hombre. El llanto en situaciones de zozobra, miedo o desencanto es simplemente humano, ni femenino ni masculino. Ver a un padre llorar por la muerte de un amigo, la enfermedad de un familiar o simplemente por la emoción que siente al oír una sinfonía, es una de las lecciones sobre emotividad, amor y humanidad más grande que se puede dar a un hijo. Si el padre se muestra al hijo tal y como es, con honestidad y humildad, este lo respetará más.

Por otra parte, al niño le gusta también conocer los problemas de su padre, sus emociones y debilidades. Es muy bueno que el niño vea que su padre es humano, con temores, preocupaciones, problemas y miedos. Compartir estos sentimientos con los hijos es un gran ejemplo para ellos y configura unos lazos paterno-filiales fortísimos.

Padres de pocas palabras pueden tener determinados gestos que los niños apreciarán profundamente, como abrazos, un beso, guiños, sonrisas, palmadas en la espalda, empujones cariñosos o miradas de complicidad. Este contacto físico es esencial para un equilibrado y saludable desarrollo de la personalidad. Una investigación realizada por la Universidad de California, mostró que son precisos entre 8 y 10 pequeños «roces físicos» diarios para tener una vida emocional sana. Este contacto emocional dota a los hijos de seguridad y bienestar. Este mismo estudio científico demostró que cuando este contacto físico falta, los hijos suelen tener mayores problemas de timidez, autoestima e introversión[21]. Para muchos padres este contacto físico resultará más natural y espontáneo cuando estén jugando con sus hijos, tirándoles por el aire, empujándose en un partido de baloncesto o abrazándose tras haber marcado un gol.

También las frases cortas de largo alcance como «te quiero», «bien hecho», «buen trabajo» y «estoy orgulloso de ti» son pequeñas expresiones que pueden tener un gran impacto en la vida emocional de nuestros hijos y que les ayudan a ganar confianza en sí mismos, un elemento clave para que abran a los demás su complejo mundo interior.

Si para los chicos las muestras de afecto de su padre son importantes, para las niñas se convierten en algo imprescindible en su correcto y equilibrado desarrollo y madurez psíquica, y esto, aunque hayan superado incluso la adolescencia y sean ya unas mujercitas. Cuando una hija oye decir «te quiero» a su padre, se siente completa. Las chicas necesitan también los abrazos de los padres. Son parte esencial de su alimento psicológico que les da seguridad en sí mismas y les hace sentirse importantes[22]. Durante los inicios de la pubertad nuestras hijas siguen necesitando de los abrazos y besos paternos. Robarles este derecho puede provocar en ellas la sensación de falta de cariño y es muy posible que lo busquen en lugares, chicos o formas inadecuadas o incluso perjudiciales. La emotividad paterna con las hijas nunca está de más. Ellas necesitan sentirse muy queridas, la afectividad lo impregna todo en sus vidas y precisan sus más claras manifestaciones externas para elevar su autoestima, sentirse felices y seguras.

En especial a partir de la pubertad las niñas precisan del abrazo de la masculinidad. Están saturadas del amor materno y precisan experimentar la fortaleza y la seguridad que se desprende del acogimiento masculino. Necesita aprender el significado simbólico y cultural de la masculinidad y, por

---

[21] Citado por K. Canfield, *The Heart of a Father*, ed. Northfield, 1996, p. 133.

[22] *Vid.* al respecto, M. Meeker, *Padres fuertes, hijas felices*, ed. Ciudadela, 2008.

contraste, de la feminidad y la relación entre ambas. La mirada de su padre va a ser determinante para las hijas desde su infancia porque las bases de su autoestima están en ella, en un padre que sabe apreciarla, no solo en cuanto hija, sino como mujer: «El orgullo que lee en los ojos de su padre constituye para una chica un anclaje seguro que le confirma su valor como mujer»[23]. Es fundamental que su padre realice esta función antes de que otro (a veces nada deseable y no con buenas intenciones) se preste a hacerlo. En este sentido, recomienda el psiquiatra Schlatter a los padres: «Abrácela con el mismo cariño, ternura y respeto con que le gustaría que un chico lo hiciera en el futuro»[24].

Respeto, valoración y reconocimiento de la labor de los padres en el hogar

Los padres competentes y equilibrados que se esfuerzan por el bienestar físico y emocional de su familia merecen respeto, aceptación, aprobación, valoración y admiración. Si no encuentran estas sensaciones en su hogar será posible que huyan del mismo o se aíslen en su profesión en busca del reconocimiento que no reciben en su familia. Algunos hombres buscan el sentido de su existencia en el trabajo, al que dedican prácticamente las veinticuatro horas del día, huyendo muchas veces de un hogar en el que no son valorados y respetados como hombre-padre-marido y donde, en consecuencia, se sienten frustrados. Otras veces, en algunas situaciones extremas, algunos hombres con un alto grado de frustración manifiestan su insatisfacción personal hiriendo o agrediendo a otras personas, con el fin de demostrarse a sí mismos su valía. Pero estas no deben considerarse, como sucede actualmente en el imaginario social, como expresiones de masculinidad, sino por el contrario, son manifesta-

---

[23] M. Ceriotti Migliarese, *Masculino. Fuerza, eros, ternura*, ed. Rialp, 2019, p. 105.

[24] J. Schlatter, *De tal palo. Una mirada desde el corazón del hijo*, ed. Rialp, 2019, p. 66.

ciones de desviaciones inapropiadas e inmaduras de varones concretos que sufren algún tipo de patología que precisa de ayuda por parte de expertos.

Los padres, si se sienten valorados, se implicarán en el hogar y corresponsabilizarán en la crianza de los niños, además de tener más posibilidades de alcanzar el éxito profesional. El reconocimiento personal les motiva, alienta y da energía. Los hombres tienen una tendencia biológica a buscar su propia valía a través del rendimiento personal y su capacidad de independencia respecto de los que les rodean. Este perfil se cumple en todas las civilizaciones y culturas a través de la historia de la humanidad y su origen es claramente biológico[25].

Las mujeres, sin embargo, dominadas por la oxitocina, ubican su autoestima en las relaciones personales y sociales, en un alto nivel de intimidad con otras personas que les ayudan en el día a día haciéndoles la vida más fácil. Estas nacen con una explicación natural de su propia valía. Las niñas nacen con un sentido innato de su significado personal. Su capacidad de tener hijos les aporta un sentido biológico a sus vidas de tal magnitud que sería suficiente para justificar su existencia. Todas nacen con una «huella psicológica materna ineludible»[26]. Esto les permite adquirir muy pronto madurez, sentido de la gravedad de la vida y de las responsabilidades que esta implica.

Por el contrario, los hombres, por lo general, tienen que ganarse su significado, su razón de ser día a día por medio de su esfuerzo personal. Los hombres necesitan otros hombres con quienes medirse, precisan el periplo externo, la realización de logros fuera, que luego serán mostrados en el hogar como «trofeos de caza», lo que elevará su autoestima y valía personal. La testosterona impulsa a los hombres a correr riesgos, a poner a prueba sus límites, incluso a veces con

---

[25] E. Maccoby y C. Nagy Jacklin, *The Psychology of Sex Differences*, vol. 1, Palo Alto, California, Standford University Press, 1974. H. Fisher, *El primer sexo*, ed. Punto de lectura, 2001.

[26] M. Ceriotti, *Erótica y materna. Un viaje al universo femenino*, ed. Rialp, 2019.

dolor físico; cosa que a la mayoría de las mujeres les resulta incomprensible[27].

La mayoría de los hombres admira muy sinceramente la generosidad de las mujeres que son capaces de renunciar a su promoción profesional para criar a los hijos, simplemente por amor[28]. Hay cuantiosas pruebas y estadísticas que demuestran que muchas más mujeres que hombres rechazan ascensos pensando en la familia, incluso cuando nos referimos a mujeres en los puestos más altos y de mayor responsabilidad[29].

Sin embargo, para muchos hombres esto supone un sacrificio inmenso, sencillamente porque necesitan lograr éxitos fuera de casa precisamente para que su esposa e hijos se sientan orgullosos de ellos. Los hombres necesitan sentir que están aportando algo a los demás, necesitan sentirse útiles. Esto eleva su autoestima. Por eso las críticas, correcciones o censuras de las mujeres sobre cómo hacer las cosas en el hogar pueden acabar socavando su autoestima y hacer que decida que es preferible mantenerse al margen de las actividades cotidianas donde no es valorado o no resulta útil.

La colaboración de los hombres en el hogar y la crianza de los hijos es un asunto de justicia y de igualdad que precisa de soluciones prácticas, pero que se inicia principalmente con un cambio de mentalidad, femenina y masculina, más que con normas jurídicas o planes administrativos sobre la igualdad.

La mujer tiene una propensión natural hacia el cultivo, cuidado y conservación de la vida por medio del olvido de sí

---

[27] H. Fisher, *El primer sexo*, ed. Punto de lectura, 2001.

[28] Podemos definir el amor, como hace Rafael de Santiago, como ese prejuicio psicológico de pensar en los demás como hábito; procurar activamente el bien del otro. R. de Santiago, *La libertad del amor*, ed. Yumelia, 2009, pp. 21 y 145.

[29] De hecho, una de cada tres mujeres con un MBA decide no trabajar a jornada completa, en comparación con uno de cada veinte hombres con la misma titulación. Y la frecuencia con que abandonan los bufetes de abogados es un 60 % superior a la de los hombres. *Vid.* al respecto los datos aportados por S. Pinker, en su obra *La paradoja sexual. De mujeres, hombres y la verdadera frontera del género*, ed. Paidós, 2009.

misma y de la generosa entrega a los demás. El hombre colaborará con mayor esfuerzo psíquico que la mujer, por ello debemos reconocer debidamente su labor y valorar adecuadamente su ayuda. Los hombres no han sido dotados por la naturaleza de una tendencia innata hacia el cuidado, atención de los hijos y colaboración en el ámbito doméstico, como sí sucede con las mujeres desde que son muy pequeñas. Sin embargo, la naturaleza puede modificarse con la voluntad y el esfuerzo personal, con el quehacer diario, con un cambio de mentalidad. De hecho, el cerebro del hombre que ha sido padre se transforma en la medida en que está cerca de los hijos y de la madre en el día a día, con su implicación constante. Como resultado, según señalan neurólogos y psiquiatras, se vuelven más inteligentes emocionalmente, se agudizan todos sus sentidos, se dispara su capacidad de estar alerta, crece la resistencia y la paciencia, la motivación y la empatía[30].

En cientos de pruebas de empatía, sensibilidad emocional, inclinación a cuidar y afecto, niñas y mujeres —desde las más pequeñas hasta octogenarias— obtienen mayor puntuación que niños y hombres. La empatía se manifiesta como un deseo natural de ayudar a los demás. Un talento inherente a la esencia femenina, valorado por hombres de diferentes tiempos e ideologías. Darwin, en 1871, escribió que la mujer difiere principalmente del hombre por su mayor ternura y menor egoísmo. Freud consideraba que las mujeres eran tan propensas al autosacrificio que las calificaba de «masoquistas morales». Para Chesterton, «una mujer es una compensadora, lo cual es un modo de ser generoso, peligroso y romántico»[31]. Y Juan Pablo II se refería a este don femenino como «el genio de la mujer»[32].

La pedagoga y teóloga Jutta Burggraf lo define como esa delicada sensibilidad frente a las necesidades y requerimien-

---

[30] Vid. al respecto L. Brizendine, *El cerebro masculino. Las claves científicas de cómo piensan y actúan los hombres y los niños*, ed. RBA, 2010.

[31] G.K. Chesterton, *Lo que está mal en el mundo*, ed. Ciudadela, 2007, p. 98.

[32] Juan Pablo II, Carta apostólica, *Mulieris Dignitatem*, 15 de agosto de 1988.

tos de los demás, esa capacidad de darse cuenta de sus posibles conflictos interiores y de comprenderlos. Se la puede identificar, cuidadosamente, con una especial capacidad de mostrar el amor de un modo concreto y desarrollar la «ética del cuidado»[33].

El origen biológico de la empatía se encuentra en gran medida relacionado con las hormonas típicamente femeninas —la oxitocina y los estrógenos— ligadas a su vez de forma íntima al comportamiento maternal y que impulsan a la mujer a relacionarse con los demás y priorizar las relaciones personales[34].

En definitiva, la mujer tiene una especial tendencia a acoger, comunicar, colaborar, nutrir, comprender; en definitiva, a todo aquello que tenga que ver con la socialización y relaciones humanas[35]. Además la mujer que ha sido madre tiene otros talentos añadidos. El «cerebro maternal» es diferente del cerebro simplemente femenino, ya que las hormonas generadas durante la gestación, parto y lactancia lo hacen más flexible, adaptable e incluso valiente, pues, como afirma la doctora Brizendine, «tales son las habilidades y talentos que necesitarán para custodiar y proteger a sus bebés»[36]. Y esto le proporciona satisfacción, por grandes que sea los sacrificios personales y profesionales que implique tal entrega.

Los varones, por el contrario, no han sido dotados por la naturaleza de esta tendencia innata de servicio a los demás. Mejor preparados para la acción, movimiento, competencia y búsqueda de dominio, están más preocupados de mante-

---

[33] J. Burggraf, Juan Pablo II y la vocación de la mujer, en *Scripta Theologica*, 31, 1999, pp. 139-155.

[34] Aunque ambos sexos producen esta hormona, las mujeres lo hacen en cantidades mucho mayores, particularmente al dar a luz. Y sus efectos se anulan en parte en los hombres por la influencia de la testosterona.

[35] Como muestran diversos análisis de datos, hay profesiones cualificadas «feminizadas»: las mujeres dominan principalmente la administración, las ciencias de la salud y la enseñanza primaria y secundaria, entre otras.

[36] L. Brizendine, *El cerebro femenino*, ed. RBA, 2007, p. 125.

ner su jerarquía que en ayudar a los que les rodean, llegando muchos a pensar erróneamente que su reputación sufre si se dedican a este tipo de actividades.

Al hombre le preocupa más lo que sucede en el mundo que en su pequeña parcela y siente la necesidad de hacer algo grande, de arreglarlo, de mejorarlo. Le preocupa más lo general que lo particular. El hombre se vuelca en lo externo, en un afán de superación y de dominio de la técnica que lo circunda, y es en esa transformación del mundo exterior donde se siente más cómodo. El trabajo profesional suele ser el lugar donde proyecta su realización personal, donde se refugia si no es debidamente valorado en su hogar y donde busca el reconocimiento y los halagos que muchas veces no encuentra en su casa, donde su mujer le recuerda constantemente lo torpe que resulta en las labores domésticas o le llama a la atención por su actitud «poco maternal» con los hijos[37].

Por ello, es importante realizar una considerable labor educativa en este ámbito. No podemos caer en un predeterminismo biológico y asumir que los chicos «no sirven para esto». Es asimismo urgente acabar con los estereotipos y prejuicios sociales que impiden a los varones ejercer sus verdaderos derechos a la paternidad y su desarrollo personal pleno en el ámbito familiar. La educación debe y puede influir de forma creativa y enriquecedora en la naturaleza. Por medio del ejercicio de la voluntad, podemos favorecer la creación de hábitos de conducta en los varones, niños y adultos, que favorezcan un cambio gradual de mentalidad y de actitud hacia una colaboración más activa en el hogar y una adecuada valoración de la dedicación a la familia.

---

[37] Un análisis científico de las características típicamente masculinas podemos encontrarlo en: S. Baron-Cohen, *La gran diferencia*, ed. Amat, 2005. L. Brizendine, *El cerebro masculino*, ed. RBA, 2010. H. Fisher, *El primer sexo*, ed. Punto de lectura, 2001. M. Gurian, *A Fine Young Man. What Parents, Mentors, and Educators Can do to Shape Adolescent Boys into Exceptional Men*, Tarcher/Putnam: Nueva York, 1998. M. Kimmel, *Guyland. The Perilous World where Boys Become Men*, ed. HarperCollins, 2008. M. Legato, *Por qué los hombres nunca recuerdan y las mujeres nunca olvidan*, ed. Urano, Barcelona, 2005.

La mujer que simultanea la labor del hogar y su vida profesional es generalmente admirada y recibe reconocimiento social. Con el hombre no sucede lo mismo. Y esto es profundamente injusto para él y contraproducente para las mujeres que precisan de su colaboración en la familia y para los hijos que necesitan de su presencia activa en el hogar. La colaboración del hombre en las labores domésticas y en la educación de los hijos debe ser reconocida socialmente, pero también y muy especialmente por su mujer y compañera, mostrándole su apoyo, sin críticas, censuras o correcciones constantes. Así, se sentirán valorados y colaborarán más fácilmente, sabiéndose necesarios y queridos. Su intervención voluntaria y constante no será más un acto realizado por justicia hacia la mujer, sino fruto del convencimiento personal de que tal labor le ayuda a mejorar como persona y le une más a su mujer y a sus hijos, le enriquece y le proporciona virtudes muy valiosas también luego en el ejercicio profesional.

Todo hombre precisa sentirse necesitado, especialmente por su mujer e hijos. Sin embargo, hoy más que nunca se sienten perfectamente prescindibles. No entienden el sentido de su existencia. Si nadie les necesita, entonces, ¿para qué están en este mundo? Esto les conduce a la frustración y melancolía. Muchas mujeres inhiben a sus maridos en su papel de padres con críticas sobre cómo realizan este papel, lo que les ocasiona desánimo y frustración. Estas mujeres lejos de animar y favorecer el ejercicio de la paternidad la obstruyen y entorpecen. Las mujeres no deben perder de vista que, como señala Blanca de Castilla, «la única defensa eficaz de la maternidad es que haya varones que descubran la paternidad»[38]. Y, sin duda, la persona que más puede influir positivamente en un hombre para que ejerza correctamente su papel de padre es su pareja, con su apoyo y valoración.

---

[38] B. de Castilla, en A. Aparisi, J. Ballesteros, *Por un feminismo de la complementariedad. Nuevas perspectivas para la familia y el trabajo*, ed. Eunsa, Pamplona, 2002, p. 32.

BENEFICIOS DE LA IMPLICACIÓN DEL PADRE EN EL HOGAR

Beneficios para los hijos

Durante décadas, los estudios de psicología asumieron que la relación esencial era la de madre e hijo, pudiendo incluso prescindir del padre en las primeras etapas vitales de los hijos. Fue Michael E. Lamb, psicólogo pionero en el estudio de los padres, en 1976, quien corrigió aquel error, demostrando científicamente el enorme valor y necesidad que los niños tienen de la influencia paterna desde su nacimiento. Como señala el Dr. David Popenoe, uno de los más destacados sociólogos de Estados Unidos, «los padres son mucho más que simplemente los segundos adultos del hogar. Los padres implicados traen múltiples beneficios a los niños que ninguna otra persona es capaz de aportar»[1].

Nadie duda de que las madres son insustituibles en la vida afectiva y emocional de los hijos, así como en su desarrollo físico y equilibrio personal (especialmente durante el primer septenio de vida), pero el listado de beneficios que proporciona un padre implicado en la educación y configu-

---

[1] D. Popenoe, *Life without Father: Compelling New Evidence that Fatherhood and Marriage are Indispensable for the Good of Children and Society*, Nueva York: The Free Press; Stanton, G.T. (2003), p. 163. *How Fathers, as Male Parents, Matter for Healthy Child Development.* http://www.family.org/cforum/fosi/marriage/fatherhood/a0026230.cfm

ración de la personalidad de los hijos es asimismo considerable y bien diferente. La poderosa influencia de un padre sobre sus hijos es única e irremplazable. El estímulo paterno cambia la vida de los hijos.

La psicología del vínculo maternofilial ha sido ampliamente estudiada desde hace siglos, pero posteriores investigaciones (Lamb, Greenberg, Morris, Lynn) han demostrado cómo los hijos establecen relaciones de apego con el padre tan fuertes como con la madre, y estos vínculos paternofiliales aportan también enormes beneficios.

Los estudios demuestran una serie de diferencias cualitativas entre los niños que han crecido con la presencia activa de un padre competente e implicado o en ausencia del mismo (física o emocional). Los niños que se han beneficiado de la presencia de un padre interesado en su vida académica, emocional y personal tienen mayores cocientes intelectuales y mejor capacidad lingüística y cognitiva; son más sociables; tienen mayor autocontrol; sufren menos dificultades de comportamiento en la adolescencia; sacan mejores notas; son más líderes; tienen el autoestima más elevada; no suelen tener problemas con drogas o alcohol; desarrollan más empatía y sentimientos de compasión hacia los demás; son más sociables y cuando se casan tienen matrimonios más estables[2].

Algunos estudios sugieren que la presencia activa del padre es especialmente importante desde los primeros instantes de vida de los niños. En esta línea, un trabajo de Bronte-Tinkew (2008), centrado en el análisis de expresiones de balbuceo y capacidades de exploración, pone de manifiesto que los niños cuyos padres están más involucrados en su cuidado y supervisión presentan una probabilidad más baja de sufrir retrasos cognitivos.

Una investigación, llevada a cabo en Israel, demostró que los niños prematuros cuyos padres los visitan con mayor fre-

---

[2] Datos extraídos del National Center for Fathering; www.fathers.com *Vid.* también P. Gracia, DemoSoc Working Paper, Paper Number 2012-46, *Paternal Involvement and Children's Developmental Stages in Spain*, Universitat Pompeu Fabra, mayo, 2012, Departamento de Ciencias Políticas y Sociales, Barcelona.

cuencia ganan peso más rápido y tienen muchas más posibilidades de abandonar el hospital en un plazo más corto que los que no reciben visitas paternas[3].

Junto a estos trabajos centrados en el desarrollo infantil, es cada vez más importante la evidencia que relaciona las actividades educativas de los padres con sus hijos en los primeros años de vida con los rendimientos escolares en etapas más avanzadas. Los estudios muestran, por ejemplo, que los bebés de seis meses cuyos padres se ocuparon activamente de ellos tienen un mayor nivel de desarrollo mental[4].

Es fundamental que los padres se involucren en las actividades diarias de los hijos. Los niños son más propensos a confiar en su padre y buscar en él apoyo emocional cuando el progenitor está implicado e interesado en su vida. Y muestran un mayor nivel académico y menores problemas de disciplina si sus padres, con afectividad, les imponen normas claras, prohibiciones razonadas y límites a su comportamiento[5].

La implicación activa del padre está íntimamente relacionada con un gran número de características positivas de los niños como el grado de empatía, autoestima e inteligencia social. Asimismo, incrementan el nivel de felicidad de los hijos y su compromiso en los asuntos de su comunidad. Se detectan también menos problemas de comportamiento, incluyendo hiperactividad, ansiedad, depresión, comportamientos delictivos, especialmente entre hijos varones. Muchos de estos beneficios se constataron también en padres que, aunque no vivían con los hijos, tenían sin embargo un elevado nivel de implicación y compromiso con ellos, con contacto constante y regular[6].

---

[3] R. Levy-Shiff, M. A. Hoffman, S. Mogilner, S. Levinger y M.B. Mogilner, Fathers' Hospital Visits to their Preterm Infants as a Predictor of Father-Infant Relationship and Infant Development, *Pediatrics*, Vol. 86, 1990, pp. 291-292. Bar-Ilan University and Kaplan Hospital, Israel.

[4] F.A. Pedersen, *Parent-Infant and Husband-Wife Interactions Observed at Five Months, in the Father-Infant Relationships*, Nueva York, 1980, pp. 65-91.

[5] Datos extraídos de W.F. Horn y T. Sylvester, en su obra: *Father Facts*, National Fatherhood Initiative, MD, 2002.

[6] *Men in Families and Family Policy in a Changing World*, Department of Eco-

En relación con la autoestima e independencia de las hijas, nuevamente la influencia paterna es determinante. En este sentido, merece la pena citar la investigación desarrollada por Lora Tessman, acerca de las primeras mujeres que lograron doctorarse en Estados Unidos en el prestigioso MIT (Massachusetts Institute of Technology). La mayoría de estas mujeres triunfadoras en un mundo tecnológico y dominado por hombres había tenido, desde su nacimiento, una relación paterno-filial intensa, sana y afectuosa[7].

Beneficios para las mujeres

Actualmente cerca de un 40 % de madres se las arreglan sin un hombre en casa, con graves consecuencias para la estabilidad emocional y el equilibrio personal del niño y de ellas mismas, que acaban sobrecargadas y estresadas, responsabilizándose solas del trabajo, la educación de los niños y las tareas del hogar.

La colaboración responsable del padre en el hogar resulta imprescindible para que la mujer alcance una verdadera conciliación de la vida familiar y laboral. Supondrá una mayor tranquilidad para aquella saber que cuenta con un hombre que la comprende y que está dispuesto a asumir las obligaciones que sean necesarias. Esto permite a la mujer sentirse acompañada y la libera del sentimiento de soledad típico de muchas madres trabajadoras cuyos maridos apenas conocen la realidad diaria de sus hogares. La comunicación hombre-mujer mejora y se amplía cuando ambos comparten preocupaciones comunes en relación con la educación y crianza de los hijos y los problemas cotidianos del hogar. Lo que conduce necesariamente a una mayor unión y fortalecimiento de la pareja.

---

nomic and Social Affairs Division for Social Policy and Development, United Nations, Nueva York, 2011, p. 66.

[7] *Vid.* al respecto, J. Alcalde, *Te necesito, papá*, ed. Libros libres, 2010, p. 85.

Además, diversas investigaciones sugieren que la buena disposición de los hombres para cuidar de sus hijos influye en gran medida en el atractivo que un hombre tiene como pareja estable para una mujer[8]. Otros estudios científicos muestran que las madres tienden a encontrar a sus parejas más atractivas si participan activamente en la educación y cuidado de los hijos y en las labores propias del hogar[9].

Beneficios para los padres

Un padre preocupado por la educación de sus hijos y su correcto desarrollo personal y social, no solo beneficia a estos, sino que se beneficia a sí mismo, profesional y personalmente. El psicólogo John Snarey, en la Emory University, mostró cómo los padres preocupados por el desarrollo mental de los hijos y el equilibrio social de los adolescentes llegan profesionalmente más lejos que aquellos otros padres que no muestran tanto interés o implicación[10].

El cuidado y atención de los hijos hace hombres más plenos y virtuosos. Estos desarrollan unas aptitudes y habilidades de las que la naturaleza no les ha dotado a la generalidad: capacidad de simultanear tareas y pensamientos; capacidad de improvisación; desarrollo de la paciencia; resolución de conflictos de forma pacífica y creativa; mayor empatía; autocontrol e inteligencia emocional; visión holística de las situaciones; distinción de lo importante respecto de lo urgente. Un padre involucrado y responsable suele experimentar un cambio en sus prioridades que le puede llevar a la «adicción» hacia su función paterna. Tal es la gratificación del ejercicio amoroso y paciente de la paternidad.

---

[8] El estudio fue dirigido por Dario Maestripieri (Universidad de Chicago), James Roney y Katherine Hanson (Universidad de California en Santa Barbara, UCSB), Kristina Durante (Universidad de Texas en Austin).

[9] K. Ellison, *El cerebro maternal*, ed. Destino, 2006, p. 313.

[10] Estudio citado por K. Canfield, *The Heart of a Father*, ed. Northfield, 1996, p. 173.

El neuropsiquiatra Shir Atzil de la Universidad Hebrea de Jerusalén demostró que sosteniendo a un bebé tan solo 15 minutos se produce en los varones una elevación considerable de los niveles de la oxitocina, el cortisol y la prolactina, hormonas relacionadas con la tolerancia y la sensibilidad.

La madurez que los padres adquieren, en términos de trabajo y responsabilidad, simplemente por dedicarse a sus hijos, es un atractivo increíblemente valioso para un líder empresarial con cierta perspectiva de futuro. Los hombres que se tomen en serio su paternidad serán en el futuro los mejores candidatos para cargos de liderazgo político y empresarial[11].

Un estudio desarrollado por la Universidad Estatal de Ohio mostró beneficios también sobre la salud de los padres, pues su implicación está directamente asociada con una disminución del riesgo de depresión, drogadicción y comportamientos arriesgados, especialmente en padres de nivel de renta bajo. Otra investigación del Wellesley College demostró que la participación activa de los padres en la educación y crianza de los hijos es un factor preventivo de enfermedades mentales en aquellos hombres que no encuentran satisfacción ni reconocimiento en sus puestos de trabajo[12].

En esta línea, un estudio desarrollado en Suecia, sugiere que los hombres divorciados sin hijos tienen un nivel de mortandad mayor al de los hombres con uno o dos hijos. Asimismo, una investigación desarrollada en Gran Bretaña sobre hombres de edades comprendidas entre los 60 y 69 años mostró que aquellos que tenían dos hijos sufrían un riesgo significativamente inferior de tener problemas de corazón que aquellos que tenían solo uno hijo o ninguno[13].

Estudios recientes demuestran que los hombres que son

---

[11] A. Aparisi Miralles, *Varón y mujer, complementarios*, ed. Palabra, 2007, pp. 64-65.

[12] A. Latham, *Fathering the Nest*, 1992, p. 75

[13] *Men in Families and Family Policy in a Changing World*, Department of Economic and Social Affairs Division for Social Policy and Development, United Nations, Nueva York, 2011 pp. 74 y 75.

padres responsables y activos tienen niveles de felicidad y satisfacción con la vida superiores a los que no lo son[14] y suelen gozar de matrimonios más estables[15].

Además, diversificar e invertir en diferentes escenarios vitales es fundamental para el equilibrio personal de los varones. Las crisis económicas del siglo XXI están afectando muy especialmente a los varones: el 78 % de los trabajos que se han perdido pertenecían a hombres[16] y ha golpeado duro a sectores profesionales prioritariamente masculinos (la construcción, la manufactura y las finanzas, sobre todo). De los 7,5 millones de empleos perdidos desde que comenzó la crisis, 3 de cada 4 pertenecían a hombres y se piensa que seguirán experimentando una fortísima recesión en años venideros[17].

Si un hombre solo se centra en el trabajo, cuando este le provoque insatisfacciones o disgustos, la depresión y el trauma serán considerables pues aquel es su único centro vital. En cambio, los padres implicados en la vida familiar encuentran en el hogar el refugio necesario para que los problemas del trabajo no signifiquen un colapso vital ni el fin del mundo. Los problemas laborales y profesionales resultan relativizados por las satisfacciones y comprensión que encuentran en su hogar.

---

[14] *The Economist, Science and technology,* 19 de mayo de 2012, p. 76.

[15] J. Snarey, *How Fathers Care for the Next Generation,* Cambridge, Harvard Univ. Press, 1993, p. 115.

[16] Según el Centro Nacional de Estadística de EEUU. más del 80 % de los trabajos perdidos en este país durante la reciente recesión correspondían a hombres. Y han desaparecido más de 6 millones de puestos de trabajo en Estados Unidos y Europa en sectores que tradicionalmente eran dominados por varones, como la construcción y la industria pesada.

[17] U.S. Bureau of Labor Statistics, News Release: *The Employment Situation* — December 2009. Healthcare practitioner and technical occupations: 75 % women. Education, training, and library occupations: 74 % women. Court, municipal, and license clerks: 76 % women. http://www.bls.gov/news.release/archives/empsit_01082010.pdf

Beneficios para la sociedad

Como reflejan diferentes estudios, los padres implicados en la crianza y educación de los hijos están más preocupados por los asuntos familiares y participan más en actividades de voluntariado y labores sociales. En la misma línea, los adultos que se beneficiaron de la presencia activa y afectuosa de un padre son más tolerantes, mejores ciudadanos y están más implicados en asuntos sociales[18].

En junio de 2008, la National Fatherhood Initiative realizó un estudio en el que mostraba cómo los problemas ocasionados como consecuencia de la ausencia de padres en los hogares de Estados Unidos costaba al Gobierno federal millones de dólares al año. El sistema judicial norteamericano se encuentra colapsado por la criminalidad de aquellos que crecieron en hogares sin padre[19].

Al fin y al cabo, los padres son la base de nuestra civilización.

---

[18] *Men in Families and Family Policy in a Changing World*, Department of Economic and Social Affairs Division for Social Policy and Development, United Nations, Nueva York, 2011, p. 75.

[19] United States Department of Health and Human Services, 2006, *Promoting Responsible Fatherhood Initiative*, http://www.fatherhood.gov/

CRISIS DE CIVILIZACIÓN. EL RETORNO A LA HORDA

Como señala Zoja, «el signo bajo el cual nace la civilización es la aparición del padre»[1]. La paternidad precede a la civilización y la fundamenta[2]. En palabras de Tubert, «la representación mítica del padre se encuentra en el fundamento de nuestra cultura que le confiere un cierto imperio primitivo sobre las almas de sus hijos, el viejo prestigio, casi mágico, de la paternidad, configurando una verdadero culto paterno»[3].

Para Freud, la civilización comienza con la represión, control y redireccionamiento de los instintos. Sin embargo, el individuo no puede construirla solo, necesita reglas colectivas, rituales simbólicos. Es el padre el que, mediante el correcto ejercicio de su función paterna, es capaz de transformar la horda en tribu, al establecer normas, al transcribir leyes, al imponer límites, tiene un claro efecto «civilizatorio»; evita el caos, el individualismo, la soberbia autorreferencial que impide la armonía social.

No es casual que (como señaló Lacan en su momento o Recalcati en la actualidad) el declive irreversible del padre y

---

[1] L. Zoja, *El gesto de Héctor. Prehistoria, historia y actualidad de la figura del padre*, ed. Taurus, 2018, p. 141.

[2] F. Vidal, *La revolución del padre. El padre que nace y crece con los hijos*, ed. Mensajero, 2018, p. 10.

[3] S. Tubert, *Figuras del padre*, ed. Cátedra, 1997, p. 9.

de su función ideal-normativa, haya coincidido previamente con dos momentos cruciales de nuestra historia: los años cuarenta y la década de los sesenta.

En 1938, Europa se encontraba al borde del abismo de la Segunda Guerra Mundial y el periodo trágico de los grandes totalitarismos estaba en su momento culminante. Ese año, Lacan, en su obra Los complejos familiares, introdujo la imagen del «ocaso de la imago paterna» para señalar cómo la titánica afirmación de los padres locos de las dictaduras totalitarias compensaba patológicamente el debilitamiento del padre en la sociedad occidental. El hombre occidental, caída la autoridad paterna, como punto de referencia ideal, firme, inamovible, buscó figuras autoritarias capaces de ofrecer estabilidad e identidad, seguridad y protección a cambio de la renuncia al uso de la razón. En palabras de Recalcati: «Carencia del padre simbólico y afirmación de los fundamentalismos exaltados son dos caras de una misma moneda (…) es un modo patológico de compensar la crisis social de la imago paterna, un modo patológico de recuperar la fuerza titánica e ideal del padre».

Más tarde, de nuevo, en la década de los sesenta, tras la protesta juvenil de mayo del 68, en una breve nota Lacan hará referencia a la «evaporación del padre» para definir el proceso de pérdida de autoridad simbólica que inviste una figura paterna objeto de la crítica antiedípica que empuja a los jóvenes rebeldes contra el sistema patriarcal. En estas circunstancias «el goce aparece como extraviado, privado de brújula y de anclajes simbólicos; creencia de que el sujeto es libre, sin vínculos, movido únicamente por su voluntad de goce, embriagado por su avidez de consumo…». A falta de un ideal de padre, el consumismo y el objeto aparece como lo único capaz de satisfacer la avidez que produce el goce. La fe en lo material.

Treinta años separan estas dos formulaciones cuyo tono y fondo se muestra, sin embargo, muy similar: la crisis irreversible de la función ideal y normativa del padre edípico[4]. Y un giro radical en el camino histórico de Occidente que hoy, como un fantasma, reaparece de nuevo en forma de crisis de civilización.

En la sociedad hipermoderna actual, como señala Schlatter:

> Ese vacío, tras abdicar los padres de su papel de educadores, ha desembocado en una crisis simbólica de la función de la autoridad paterna. Crisis de autoridad que se proyecta también en una falta de respeto a las instituciones, en un eclipse del discurso educativo, en un derrumbe de la moral pública. Una crisis que a diferencia de otras anteriores, está cargada de desesperanza, al no verse claramente nuevos valores que dibujen la imagen del hombre heredada tradicionalmente de padres a hijos[5].

La cuestión de la paternidad no es un tema secundario, sino que opera en el núcleo del ser humano, allí donde se funda su mundo primario de vinculación y sentido. Por eso, el modo de la paternidad afecta angularmente al tipo de persona que constituye la civilización. El alcance de la paternidad no es solamente el propio hijo sino lo que es el hombre y el mundo que queremos construir. La paternidad, consciente, activa y presente, puede transformar el mundo. La paternidad es una estructura antropológica generativa de la que surge la sociedad[6].

La ausencia de padre como fenómeno generalizado nos saca de la tribu (en la que hay normas y leyes) y nos devuelve a la horda, a la manada salvaje en la que ningún poder

---

[4] *Vid.* al respecto, M. Recalcati, *¿Qué queda del padre? La paternidad en la época hipermoderna*, ed. Xoroi Edicions, 2011, pp. 26 y ss.

[5] J. Schlatter, *De tal palo. Una mirada desde el corazón del hijo*, ed. Rialp, 2019, p. 43,

[6] F. Vidal, *La revolución del padre. El padre que nace y crece con los hijos*, ed. Mensajero, 2018, pp. 13 y 96.

está delimitado[7]. La ausencia del padre nos conduce a una rebarbarización del mundo desarrollado. La «regresión pospatriarcal» que está experimentando Occidente pone en peligro la propia civilización. Como señala Zoja:

> Si el macho ha dejado de ser padre, entonces debe ser otra cosa. La solución más simple a esta crisis radical de identidad es el regreso a la condición precedente a la invención del padre. Se produce así una iniciación a la masculinidad adulta de tipo regresivo (…) regresamos al estado prepaterno de la escala evolutiva (…) la regresión hacia el macho irresponsable (agresivo, impaciente, hipersexualizado) parece haber alcanzado niveles nunca vistos (…) se encuentra en peligro la propia civilización[8].

El padre es, a lo largo de la historia de la humanidad, el lugar afectivo y simbólico en el que el hombre ha aprendido a respetar la norma y a transformar la agresividad. Solo la recuperación de una relación significativa con la figura paterna puede liberar al individuo de la sociedad occidental del laberinto perverso en que ha sido arrojado y devolverle una confiada orientación hacia la vida[9].

---

[7] J.P. Winter, *El futuro del padre ¿Reinventar su lugar?* ed. Didaskalos, 2020, p.25.

[8] L. Zoja, *El gesto de Héctor. Prehistoria, historia y actualidad de la figura del padre*, ed. Taurus, 2018, p.15 y pp.282 y 331.

[9] C. Risé, *El padre. El ausente inaceptable*, ed. Tutor, Psicología, 2006, p. 109.

HAMBRE DE PADRE

Eras para mí la medida de todas las cosas.

F. Kafka, *Carta al padre*

El psicoterapeuta Aaron Kipnis, autor de *Los príncipes que no son azules* —libro emblemático del despertar de una conciencia masculina más profunda a comienzos de los años noventa— definía así un fenómeno que los años quizá modificaron en la forma pero no en el fondo:

> Todos crecimos con hambre de padre. Al mismo tiempo que recibíamos leche del cuerpo de nuestra madre, había cierta leche invisible del padre que emanaba de su ser. Todos sentimos algo inefable cuando estábamos físicamente cerca de nuestro padre y lo extrañábamos cuando se iba. No importaba tanto lo que hiciéramos en nuestro tiempo juntos. La leche de nuestro padre parecía fluir en nuestro interior y alimentarnos con su cercanía[1].

Existe de forma generalizada en nuestra sociedad una «nostalgia de la mirada del padre»[2]. La nuestra es una so-

---

[1] A. Kipnis, *Los príncipes que no son azules... o los caballeros sin armadura*, ed. Vergara, 1993.

[2] C. Risé, *El padre. El ausente inaceptable* (prólogo), ed. Enfasis, 2006.

ciedad de hijos huérfanos, aun cuando tienen padre, aun cuando ese padre vive en el hogar. Padres que no asumen su responsabilidad de ejercer la función paterna (porque están muy ocupados, porque prefieren ser amigos de los hijos, porque no desean madurar y se mimetizan con los adolescentes, porque se feminizan e imitan los modelos educativo-maternales...); padres que se rinden y abandonan la educación de los hijos y su relación con ellos, cansados de luchar contra su exmujer y un sistema judicial, social y político-administrativo que no les valora y no les tiene en cuenta; padres que se apartan de su tarea frustrados por las constantes críticas, censuras y correcciones a la que son sometidos por no hacer las cosas como lo hacen las madres.

Pero, en contra de lo que muchos pudieran pensar y del criterio de aquellas mujeres que consideran que los padres son absolutamente prescindibles, lo que más desea cualquier hijo es pasar tiempo con su padre. La ecuación «amor igual a tiempo» es indiscutible. De lo primero que un padre tiene que proveer a un hijo es de su presencia. Sin embargo, el «hambre de padre» es un fenómeno hoy en día prácticamente universal[3].

Cuenta el psiquiatra Augusto Cury que, en una ocasión, un niño de 9 años preguntó a su padre, un prestigioso médico, cuánto cobraba por una visita. El padre le dijo sus honorarios y un mes más tarde el hijo, que había estado ahorrando, se le acercó, sacó el dinero y le solicitó el tiempo de una consulta para hablar con él[4].

Cuando se les preguntó a dos mil niños de todas las edades y circunstancias qué era lo que más les gustaba con respecto a sus padres, la respuesta universal fue: «Él pasa tiempo conmigo»[5].

---

[3] La expresión *hambre de padre* fue utilizada también por el psiquiatra norteamericano Frank Pittman. Vid. al respecto: *Man Enough: Fathers, Sons and the Search for Masculinity*, F. Pittman, M.D., Perigee Trade, 1994.

[4] A. Cury, *Padres brillantes, maestros fascinantes*, ed. Zenith, 2012, p. 29.

[5] *Vid.* al respecto, Becoming a Better Father, *Ensign*, enero de 1983, p. 27.

A pesar de todo, el tiempo que los padres disfrutan con sus hijos sigue siendo escaso, Por ejemplo, en los Estados Unidos, como muestran los estudios, la media diaria de tiempo que un padre invierte en su hijo es de menos de 30 minutos al día. Y menos del 25 % de los hijos de familias en las que están presentes el padre y la madre, disfrutan de al menos una hora de relación directa y personal con sus padres.

La presencia del padre no tiene por qué ser constante, como tampoco la de la madre, pero hay momentos en los que tiene una especial trascendencia. Eso es lo que sucede por ejemplo con las comidas en familia. Se trata de un «ritual» de gran importancia en la vida de los niños a partir del momento en el que entran en el intercambio social. Las comidas son el momento favorable para realizar un nutricio intercambio de relatos y experiencias, de preguntas y respuestas, de preocupaciones y alegrías experimentadas a lo largo del día. Y es que no hay mejor ocasión para darles una idea de su sitio dentro de la jerarquía, del espacio, de la sociedad y del tiempo. La importancia de la comida en familia no significa que los padres tengan que renunciar a su vida personal e intimidad, por supuesto que no. Sin embargo, es conveniente que adopten este ritual siempre que sea posible, sin importar si la comida ha sido cocinada con amor y todo lujo de detalles o si se trata de un plato congelado o una lata de sardinas[6]. Un estudio realizado por el Dr. Blake Bowden, del Hospital Infantil de Cincinnati, sobre una muestra de 527 adolescentes, mostró que aquellos niños cuyos padres desayunaban, comían o cenaban al menos cinco veces a la semana con ellos tenían muchas menos probabilidades de tener problemas en la escuela, alteraciones de conducta o consumo de drogas. Sin embargo, otro estudio de la Universidad de Hertfordshire, en Reino Unido, avalado por la Organización Mundial de la Salud (OMS) asegura que un porcentaje considerable de los jóvenes nunca come con sus padres.

---

[6] A. Naouri, *Educar a nuestros hijos, una tarea urgente*, ed. Taurus, 2008, pp. 229 y 231.

En una investigación realizada sobre 11.572 adolescentes, se llegó a la conclusión de que la presencia del padre, temprano por las mañanas, después del colegio y a la hora de la cena y de acostarse, es fundamental para la educación de adolescentes tranquilos y con éxito escolar[7]. Esto es importante si tenemos en cuenta que, por ejemplo, en Estados Unidos, solo una de cada tres familias cena junta.

A lo largo de los últimos 45 años, la suma del tiempo que los padres pasan con sus hijos ha bajado en un promedio de 10 a 20 horas semanales[8]. El dicho tranquilizador de conciencias «más vale calidad que cantidad» no es cierto en absoluto cuando se refiere a la educación de nuestros hijos. La calidad siempre requiere tiempo. Ellos necesitan «cantidad de calidad», es decir, debemos buscar todos los momentos que podamos para estar con ellos presentes en los cuatro planos esenciales del ser: espiritual, emocional, psicológico y físico. La calidad, en cualquier plano de la vida, suele ser el resultado de un proceso, de un trabajo, de un compromiso, de una evolución y de un aprendizaje. La calidad no nace, se hace y, como todos los procesos, requiere tiempo[9]. Cantidad es el prerrequisito insoslayable para que exista calidad, porque crear una relación de mutua confianza, que es la base para cualquier relación paterno-filial saludable, solo se consigue invirtiendo tiempo juntos. Es la única forma de que exista un mutuo conocimiento que permita al padre, sin mediar palabras, saber realmente qué gusta o disgusta al hijo, qué le preocupa, sus miedos y temores, sus deseos y sueños; sin la necesidad que tienen algunos padres de someter a un interrogatorio a sus hijos para saber cómo piensan o cómo son. Solo con

---

[7] M.D. Resnick, Protecting Adolescents from Harm Findings from The National Longitudinal Study of Adolescent Health, *Journal of the American Association*, 10 de septiembre de 1999.

[8] Dato aportado por M. Meeker, *Padres Fuertes, hijas felices*, ed. Ciudadela, 2008, p. 72.

[9] S. Sinay, *La sociedad de los hijos huérfanos. Cuando padres y madres abandonan sus funciones y responsabilidades*, ed. B, 2012, p. 65.

tiempo compartido nace un conocimiento mutuo y de este nacen la comprensión, la confianza y el amor.

Para ello debemos ser «traperos del tiempo»[10] y aprovechar cada retal que el día nos brinde con nuestros hijos, aunque se trate de pocos minutos; minutos sueltos que acumulados al cabo de una semana o de meses resulta un tiempo considerable. Los hijos percibirán la entrega y disponibilidad paternas. Esto les proporcionará paz interior, tranquilidad y se sentirán valorados y queridos.

Es cierto que la vida actual es compleja e impide a los padres estar en casa todo el tiempo que desearían. Sin embargo, la función paterna puede ser bien desempeñada por un padre muy ocupado y poco presente, si cuando está fuera permanece «en línea»[11]; y cuando está en el hogar, acepta ser padre a los ojos del hijo y le dedica tiempo y afecto, sin renunciar simultáneamente a realizar las correcciones cuando sean necesarias o imponer las limitaciones y normas oportunas. La clave no es la convivencia constante sino «la entrega (…) un principio ético que nos permite discernir con mayor sofisticación y quizá más justicia la calidad paterna que el hecho de la cercanía»[12]. No es tanto la presencia física del padre como su capacidad de acogida y comprensión lo que resulta más valorado por los hijos.

Durante el tiempo compartido no se necesita hacer nada «especial», sencillamente disfrutar con los hijos de la vida ordinaria. Es más probable que surjan conversaciones íntimas padre e hijo cuando comparten el espacio ordinario del hogar que en la fila para subir a la montaña rusa o entrar al cine. Estudios del National Center for Fathering, realizados sobre cientos de cartas escritas por niños demuestran que

---

[10] Con la expresión «trapero del tiempo» se calificaba a sí mismo Gregorio Marañón cuando le preguntaban de dónde sacaba el tiempo para hacer tantas cosas.

[11] Expresión de J. Schlatter, *De tal palo. Una mirada desde el corazón del hijo*, ed. Rialp, 2019, p. 126.

[12] F. Vidal. *La revolución del padre. El padre que nace y crece con los hijos*, ed. Mensajero, 2018, p. 257.

estos recuerdan con mayor placer y emotividad los acontecimientos diarios, las actividades ordinarias del día a día con sus padres (como ir juntos al colegio, limpiar el coche, compartir la mesa o leer juntos en el sofá...), que las grandes fiestas o fechas señaladas en las que realizaron algo extraordinario. Y valoran mucho más la presencia de sus padres que sus regalos materiales.

Los hijos necesitan saber que los padres están interesados en pasar tiempo con ellos. A veces el trabajo nos supera y resulta imposible dedicar a los hijos todo el tiempo que nos gustaría. En estos casos, es importante hacérselo saber. Realizar una llamada y comentarles: «Hoy no puedo llegar pronto a casa pero nada me gustaría más que estar contigo". A los hijos les gusta saber dónde están sus padres y qué están haciendo. Como señala Canfield, una llamada de teléfono una vez a la semana proporciona más beneficios en los hijos que cuatro viajes a Disney World a lo largo del año[13].

Si el padre tiene que estar ausente por motivos de trabajo es muy positivo que los hijos tengan un número de teléfono donde poder localizarle si le necesitan. Esto muestra que su padre está siempre disponible para ellos y les da seguridad. Si el padre está localizable, el hijo recurrirá a él ante dudas o problemas. Si no lo está, el hijo buscará en otras personas y lugares, a veces no muy adecuados, el consejo requerido.

Tampoco es preciso que durante el tiempo que pasan juntos padre e hijo estén siempre jugando o pasándolo en grande. Se trata sencillamente de compartir espacios mostrando predisposición a atenderles cuando lo reclamen. El padre, por ejemplo, puede estar trabajando mientras el hijo hace los deberes o mientras juega. En ciertos momentos reclamará su atención o no, pero se sentirá a gusto y tranquilo acompañado por su padre.

Sí es, sin embargo, fundamental que nuestros hijos se sientan realmente escuchados cuando nos cuentan sus historias, por estúpidas que nos parezcan. Si no les escuchamos

---

[13] K. Canfield, *The 7 Secrets of Effective Fathers*, ed. Tyndale, 1992, p. 92.

cuando nos hablan de sus pequeños problemas e inquietudes, no vendrán a nosotros cuando tengan que compartir asuntos realmente serios.

Si tenemos varios hijos, los expertos recomiendan dedicar a cada uno, de forma individual, algo de tiempo a la semana para dialogar con ellos, entendiendo por diálogo: escuchar sus preocupaciones, inquietudes, intereses, sueños, decepciones y alegrías; buscando más la empatía que la simpatía. Seguramente no estaremos de acuerdo con muchas de las ideas que nos trasmitan, pero si se sienten comprendidos y respetados, adquirirán mayor predisposición a obedecer.

Los hijos no necesitan actividades extraordinarias, pero sí precisan de la atención paterna de forma regular. Aunque la presencia puede no ser constante, sin embargo, sí es imprescindible que el interés y la implicación del padre sean continuos a lo largo de la vida del niño. La educación de los hijos no es un esprint, es una carrera de fondo. Un padre no puede aparecer y desaparecer de la escena según la mayor o menor dificultad en determinadas etapas de la vida de los hijos. No se puede abandonar en los momentos complicados y retomar la carrera en los tramos más agradables. Un padre debe acompañar a su hijo en el completo viaje de su vida, enseñándole los peligros, disfrutando de los buenos ratos, disciplinándole cuando sea preciso y premiándole cuando lo merezca, animándole cuando decaiga y compartiendo sus alegrías y tristezas. El padre debe implicarse desde el nacimiento del hijo hasta el final de sus días. La adolescencia es complicada y es precisamente cuando algunos padres tiran la toalla, hacen un paréntesis, se apartan y desentienden de la educación de los hijos hasta que pasa el «sarampión» para luego intentar reincorporarse a sus vidas cuando ya superan la veintena. Esto es un gravísimo error, pues para entonces la desconexión emocional será en muchos casos irreversible. El hecho de que un padre se mantenga firme en las normas de comportamiento hace que los hijos se sientan más queridos y valorados (aunque se esfuercen por demostrar lo contrario…). Las normas son una prueba de que el padre se preocupa por ellos. De las reglas y límites marcados, los hijos aprenden a diferenciar lo que está bien de lo que está mal.

La perseverancia y el compromiso son fundamentales. La educación de los hijos es una carrera de fondo con baches, pinchazos, curvas imprevistas y caídas. Es en los momentos complicados cuando se pone a prueba la grandeza del amor de un padre. Además la meta siempre es gratificante y compensa con creces los esfuerzos y desvelos. La paciencia es uno de los secretos esenciales de los mejores padres y una absoluta necesidad si queremos ser capaces de adaptarnos a las cambiantes necesidades de nuestros hijos en cada una de sus etapas vitales. No es cuestión de unas horas, días o años; lo que necesitan los hijos es el padre nuestro de cada día.

La construcción de un vínculo trascendente con los hijos necesita tiempo, afecto y aprobación (como lo exige cualquier vínculo humano que se pretenda sólido y significativo). Nuestros hijos necesitan más tiempo con su padre, aunque durante ese tiempo surjan peleas, discusiones, silencios o conflictos. Todo ello es importante para la configuración personal del hijo y le ayuda a fortalecer su carácter. Nada eleva más la autoestima de un hijo que saber que a su padre le gusta estar con él. Se sienten seguros sabiendo que son importantes para sus padres y merecedores de su atención[14].

En su fervorosa y comprometida Carta a un adolescente (2006), el médico, pediatra y educador italiano Vittorino Andreoli escribe: «Educar y criar significa vivir juntos conociendo perfectamente las necesidades del otro y aprovechando cualquier oportunidad para ayudar compartiendo. En esta relación el espacio y el tiempo son siempre adecuados y no hay lugares ni tiempos inoportunos».

---

[14] M. Meeker, 1*00 % chicos*, ed. Ciudadela, 2011, pp. 37 y 157.

LA LIBERTAD DE LOS HIJOS. LOS HIJOS SON DESCENDENCIA, NO PERTENENCIA

Enseñarás a volar, pero no volarán tu vuelo.
Enseñarás a soñar, pero no soñarán tu sueño.
Enseñarás a vivir, pero no vivirán tu vida.
Sin embargo... en cada vuelo, en cada vida, en cada sueño, perdurará siempre la huella del camino enseñado.

Madre Teresa de Calcuta

Podríamos decir que un «buen padre» es aquel que consigue que su hijo, amándole sin reclamar ningún derecho de propiedad sobre él, sea independiente y autónomo. El mayor logro de la maternidad y la paternidad, la certificación indudable de que «la misión ha sido bien cumplida», consiste en dejar de ser necesitados por nuestros hijos; en que habiendo alcanzado el desarrollo de sus propias condiciones e instrumentos, ellos vengan a nosotros por amor, simplemente para compartir y celebrar el encuentro, y no por necesidad, por incapacidad, por confusión emocional respecto del vínculo que nos une[1]. El mayor regalo que todo padre puede

---

[1] S. Sinay, *La sociedad de los hijos huérfanos. Cuando padres y madres abandonan sus responsabilidades y funciones*, Ediciones B, 2012, p. 169.

ofrecer a sus hijos es la libertad. La familia no puede agotar el horizonte del mundo de los hijos. El respeto por su vida diferente y distinta a la de sus progenitores es la clave para «rehabilitar una descendencia generativa consintiendo que el hijo asuma la responsabilidad de su vida. Dejar que emprenda su viaje teniendo confianza en sus propias fuerzas»[2].

Un hijo no viene a llenar nuestros vacíos existenciales, a compartir nuestros intereses, a cumplir nuestros sueños frustrados, a ser corcho de los agujeros de nuestro subconsciente, a dar seguimiento a una tradición familiar, a servirnos de acompañamiento y consuelo en nuestra soledad o a satisfacer nuestro propio narcisismo. Un hijo viene al mundo a ser independiente y cumplir su propia tarea vital. Los hijos vienen a cumplir un propósito único e intransferible, a desarrollar una vida propia, a convertir en actos las potencialidades que se encierran en su ser[3].

El regalo más grande que un padre y una madre pueden hacer es donar la libertad, ser capaces de dejar que sus hijos se vayan, sacrificar toda propiedad sobre ellos. En el momento en el que la vida crece y quiere ser libre más allá de los estrechos confines de la familia, la tarea de una madre y de un padre es dejar marchar a sus hijos. Dejar que el hijo se extravíe, conozca la derrota, el fracaso, el dolor, para encontrar su propia andadura. Saber perderlos, ser capaces de abandonarlos. La «hospitalidad sin propiedad» es lo que define a la madre; mientras que la «responsabilidad sin propiedad» es lo que define al padre[4].

El hijo no me pertenece porque, como afirma Ceriotti, «es un don que se pertenece a sí mismo y a la vida (…) cuanto más elevadas sean las expectativas, más fácil es decepcionarlas. Naturalmente, cada padre y madre cultivan expecta-

---

[2] M. Recalcati, *El secreto del hijo. De Edipo al hijo recobrado*, ed. Anagrama, 2020, p. 130.

[3] S. Sinay, *La sociedad de los hijos huérfanos. Cuando padres y madres abandonan sus responsabilidades y funciones*, Ediciones B, 2012, p. 164.

[4] M. Recalcati, *Las manos de la madre. Deseo, fantasmas y herencia de lo materno*, ed. Anagrama, 2018, pp. 34 y 86.

tivas justas para sus hijos y espera lo mejor para ellos. Pero saber que el hijo no es una posesión le permite aceptar de manera distinta lo que la vida le reserve»[5].

El padre solo recibe a sus hijos «en consignación», somos depositarios de su vida y debemos protegerla, asegurar su educación y respetar su libertad. Todo buen padre sabe que tiene el deber de preparar al hijo para una vida que no será, en la mayor parte de su recorrido, para él ni con él. Es precisamente el amor lo que permite a un padre dejar que el hijo encuentre su propia vida, incluso a riesgo de perderla. Es responsabilidad de los hijos decidir cómo van a escribir sus propias historias. Se trata de una maravillosa paradoja: «Soy amado, en la medida en que soy libre para dejar el hogar»[6].

El padre debe ser en su relación con el hijo, un jardinero, no un escultor. Este moldea al hijo a su voluntad, mientras que aquel, sin dejar de cuidarle, le concede total libertad en su crecimiento y desarrollo. En el ejercicio de esa libertad, en muchas ocasiones, el hijo tomará caminos equivocados, decisiones erróneas, opciones negativas. Es usual en estas situaciones observar a padres que se autoinculpan por ello; se sienten responsables de los fracasos o errores de sus hijos, frustrados bajo el peso de la sensación de ser en alguna medida culpables de los derroteros de la vida de sus hijos. Pero no es ya más nuestra vida, es su vida y son sus decisiones, adoptadas en la gestión de su libre albedrío. En palabras de Ceriotti, «ningún progenitor, ni siquiera el que sea objetivamente más limitado, puede seguir siendo culpable del fracaso de sus propios hijos, más allá de una edad razonable»[7].

Como señala Millet, antes cuando el hijo era problemático en algún sentido, se decía: «Mira qué hijo le ha salido»[8]; no se culpaba a los padres, sino a las decisiones libres del

---

[5] M. Ceriotti, *Erótica y materna. Viaje al universo femenino*, ed. Rialp, 2019, p. 61.

[6] H.J.M. Nouwen, *El regreso del hijo pródigo. Meditaciones ante un cuadro de Rembrandt*, ed. PPC, 1999, p. 49.

[7] M. Ceriotti, *Masculino. Fuerza, eros, ternura*, ed. Rialp, 2019, p. 83.

[8] E. Millet, *Hiperpaternidad*, ed. Plataforma Actual, 2017, p. 40.

vástago. A partir de cierta edad no se responsabilizaba a los padres, porque los hijos son resultado de unas pautas educativas de sus padres, pero también de su tiempo y, sobre todo, de su libertad y de las decisiones que toman en su ejercicio. Además supone una gran paz interior poder reconocer que nuestros hijos no son perfectos y que esto no significa necesariamente que seamos malos padres o que hayamos fracasado en nuestra tarea[9].

Los padres comprometidos e implicados en la vida de sus hijos, intentan hacerlo lo mejor que pueden. Son coherentes, responsables, pacientes, afectuosos... Sin embargo, esto no garantiza que nuestros hijos hagan lo que a nosotros nos gustaría o que sigan el camino que a nosotros nos parece correcto. Nuestros hijos son seres humanos libres que toman sus propias decisiones, muchas veces en contra de nuestros criterios y enseñanzas. Ser padre supone crear el entorno óptimo donde los hijos puedan crecer en equilibrio y darles seguridad afectiva y vínculos sin ataduras, sin prisiones, sin facturas y sin convertirlos en medios para conseguir nuestros fines[10]. Un hijo es descendencia, no pertenencia[11].

Nosotros, como padres, podremos haber creado el ambiente adecuado para que crezcan sanos y felices. Pero la elección final está en sus manos, no en las nuestras. Ellos tienen que ser los autores de su propia vida. A los hijos hay que amarles por su esencia, no porque cubran o cumplan nuestras expectativas. Es imprescindible, como manifestación de amor verdadero, dejar espacio a la realidad singular de cada hijo. Muchas veces nos decepcionarán y otras nos sorprenderán con sus decisiones y actitudes. Se alejarán de nosotros

---

[9] M. Ceriotti, *La familia imperfecta. Cómo transformar los problemas en retos*, ed. Rialp, 2020, p. 112.

[10] J. Soler y M. Mercé Conangla, *Ámame para que me pueda ir*, ed. Amat, 2006, p. 27.

[11] El padre del regalo de la libertad, el padre que sacrifica todo derecho de propiedad por su parte, toma forma en la tradición cristiana en el sacrificio de Abraham y en la parábola del hijo pródigo. *Vid.* al respecto, M. Recalcati, *El secreto del hijo. De Edipo al hijo recobrado*, ed. Anagrama, 2020 y H.J.M. Nouwen, *El regreso del hijo pródigo. Meditaciones ante un cuadro de Rembrandt*, ed. PPC, 1999.

y de los valores y principios que les inculcamos. Pero un padre debe estar ahí, siempre, esperando a que el hijo vuelva buscando su apoyo, ayuda, consejo o perdón[12]: «Siempre en la puerta esperándole, sin pedirle nunca que regrese»[13].

Muchas veces los hijos necesitan pararse y situarse, para reorientarse y recordar quienes son, de dónde vienen y a dónde van. Precisan de un lugar para descansar y recuperar la energía. Ese lugar, el campamento base, el asidero, la roca, el puerto, el refugio, es el padre. No debemos olvidar nunca un principio esencial: la tabla de salvación para los problemas emocionales de los jóvenes es sobre todo un padre que mantenga la conexión sean cuales sean las circunstancias. Aunque en apariencia su hijo o hija no le necesite y se muestre autónomo e independiente, en los momentos difíciles necesita saber que cuenta con su padre. Si no conseguimos trasmitirle ese mensaje buscará consejo y ayuda en otros lugares y personas, muchas veces erróneos.

Mantener abiertas las vías de comunicación padre-hijo resulta imprescindible, por muy adversa que sea la situación, por muy rebelde que sea el hijo, por desesperante y erróneo que sea su comportamiento…Todo vuelve a su cauce, cuando menos lo esperamos, si el padre, paciente y comprensivo, está ahí, como una piedra sólida a la que poder aferrarse en los momentos de zozobra.

Tan solo tenemos la custodia provisional de nuestros hijos y, si cumplimos bien nuestro papel, nuestros hijos se irán con amor. Y si nos aman, no será porque nos necesiten, sino que nos necesitarán porque nos aman[14].

Como afirma Sinay, «si un hombre puede permanecer espiritualmente junto a su hijo aun cuando este no se desarrolle a imagen y semejanza de los sueños paternos, y si puede

---

[12] Sobre la vuelta al hogar del hijo y la petición de perdón, *vid.* H.J.M. Nouwen, *El regreso del hijo pródigo. Meditaciones ante un cuadro de Rembrandt*, ed. PPC, 1999.

[13] M. Recalcati, *El secreto del hijo. De Edipo al hijo recobrado*, ed. Anagrama, 2020, p. 18.

[14] E. Fromm, *El arte de amar*, ed. Paidós, 2007.

sostenerlo (de tantos modos posibles e imaginables) en ese desarrollo, ese hombre es un padre responsable porque tiene una respuesta para una cuestión esencial: sabe que haber sido genitor de la vida no lo hace propietario de ella»[15].

---

[15] S. Sinay, *Ser padre es cosa de hombres*, ed. Del Nuevo Extremo, Argentina, 2012, p. 72.

EL PODER LIBERADOR DEL PERDÓN

Todos aquellos que se han sentido abandonados por su padre, que no han tenido una relación de afecto, que han sido abusados o maltratados, viven su vida, no importa la edad que tengan, con un profundo resentimiento; un agujero negro en el alma. Incluso entre las familias intactas y bien avenidas son demasiados los padres que, como cumpliendo con alguna oscura ley de vida, se ausentan antes de que los hijos hayan podido hacer las paces, reconciliarse con ellos[1]. Algunos repiten luego con sus propios hijos sus experiencias paterno filiales negativas, pues difícilmente podrán transmitir lo que tampoco ellos han recibido. La próxima «víctima» de este modelo serán sus propios hijos[2]. Como señala Schlatter, «aunque lo normal es que un padre quiera evitarlo, los datos sugieren que aquellos que han sufrido malos tratos de niño, tienen cierta propensión a ser maltratadores. También en este ámbito hay habitualmente una tendencia a repetir durante la vida como sujeto activo los patrones que uno padeció durante la infancia»[3].

---

[1] L. Rojas Marcos, *El País*, 26 de abril de 1993.

[2] S. Sinay, *La sociedad de los hijos huérfanos. Cuando padres y madres abandonan sus responsabilidades y funciones*, ed. B, 2012, p. 20.

[3] J. Schlatter, *De tal palo. Una mirada desde el corazón del hijo*, ed. Rialp, 2019, p. 119.

Muchos adultos llevan toda la vida intacto en su interior al niño que se ha sentido descuidado, poco querido, poco reconocido o valorado. Nuestro mundo psíquico está poblado principalmente por los hechos pasados, pero sobre todo por la interpretación que hemos sido capaces de dar a esos hechos, según el momento de desarrollo en el que se han producido[4].

El resentimiento contra un padre, aún vivo o ya ausente, es inútil, porque no modifica nada, y hace que el sentimiento se convierta en algo crónico. Como señala Recalcati, no podemos liberarnos de nuestro padre por la violencia parricida (simbólicamente hablando), «esta violencia hace que el vínculo con el padre sea imposible de simbolizar y, por lo tanto, de superar, destinado a repetirse inexorablemente»[5]. La clínica psicoanalítica conoce bien el engaño del odio violento. Es solo por una extraña ilusión que el odio parece hacer posible la separación. En realidad, como señaló Freud, genera apego persistente. El odio no libera; sino que nos vincula eternamente. No es una modalidad de separación. Sino un modo de no separarse nunca[6].

Otros se rebelan y tratan de ser con sus vástagos el padre que habrían deseado tener. En estos casos, el hambre de padre de los varones adultos puede ser alimento emocional nutricio y esencial para una nueva generación de hijos. Sus hijos. Pero su alma está rota, el padre ausente (física o psíquicamente) está presente en su corazón devastado hasta el final de sus días[7].

Algunos que todavía de adultos perciben en su interior dolor e ira hacia su progenitor por la infancia que no tuvieron, experimentarán, cuando fallezca su padre, la nostalgia

---

[4] M. Ceriotti Migliarese, *La familia imperfecta. Cómo convertir los problemas en retos*, ed. Rialp, 2019, p. 78.

[5] M. Recalcati, *El secreto del hijo. De Edipo al hijo recobrado*, ed. Anagrama, 2020, p. 42.

[6] M. Recalcati, *¿Qué queda del padre? La paternidad en la época hipermoderna*, ed. Xoroi Edicions, 2011, pp. 96-97.

[7] S. Sinay, *Varones con hambre de padre* (www.sergiosinay.com)

y necesidad que seguía latiendo en su interior. Para estos hijos, la memoria del padre siempre es un momento de vacío, de soledad, de añoranza y de silencio, un enorme agujero en el que se busca intensamente a alguien que, por estar ausente, está presente[8].

También aquellos hijos condenados por su madre a ser huérfanos de padre (a veces incluso antes de nacer) pueden sentir un profundo resentimiento hacia aquella que conscientemente no les permitió gozar de la presencia nutriente de una figura paterna[9].

Pero ningún episodio del pasado, por muy doloroso y difícil que sea, constituye por sí mismo una hipoteca definitiva sobre el futuro. Para crecer también es fundamental ser capaces de dejar atrás el pasado. Nuestro pasado se puede reconstruir, pero no modificar. Comprender el pasado puede ser un instrumento muy valioso si abre paso a la posibilidad de elegir y actuar con más libertad en el presente y el futuro. Lo que nos ha hecho sufrir lleva consigo, de hecho, un deseo de compensación difícil de superar. La obstinación en pretender un resarcimiento conduce a desperdiciar y descuidar buenas ocasiones en la vida. La incapacidad para romper con el pasado se rebela como una trampa terrible que hace imposible gozar de un presente imperfecto respecto del ideal originario. Los pasos psicológicos para darle solución son: entender lo sucedido, admitirlo, tomar la decisión de dejarlo atrás y vivir el presente tal y como se nos ha dado. Esto es condición para

---

[8] L. Rojas Marcos, *El País*, 26 de abril de 1993.

[9] *Vid.* en este sentido el testimonio desgarrador pero lleno de perdón de Millie Fontana, hija de una pareja de lesbianas que decidió hacer público su testimonio de lo que ha sido para ella haber sido privada de su padre al ser producto del gameto de un donante: «Sentí dentro de mí que carecía de un padre antes incluso de poder entender lo que esto significaba. Sabía que quería a mis dos madres, pero no podía entender lo que faltaba dentro de mí… Cuando fui a la escuela comencé a darme cuenta al observar a otros niños y sus lazos de amor con sus padres, que realmente me estaba perdiendo algo especial». *Daily Mail*, Brianne Tolj y Anneta Konstantinides, Australia, 31 de agosto de 2017. Para ver el testimonio completo, ver el vídeo: https://www.youtube.com/watch?v=2qPyCvA71tk&feature=youtu.be

ser libres y retomar una auténtico camino de crecimiento personal[10].

Ser padre es una larga búsqueda en la propia biografía y en la historia[11]. Como afirma Ceriotti:

> Siempre existe un vínculo de continuidad entre nuestro presente y nuestro pasado. Aunque nunca se puede cambiar el pasado, encontrar la fuente de las heridas permite poner en su lugar las emociones, con un efecto sanador. Esta reconstrucción sintética de mecanismos que en realidad son muy complejos y completos, pretende ofrecer una primera ayuda para comprender que siempre es posible dar una vuelta, para bien, incluso a las historias más difíciles[12].

También hay hijos que no descubren el valioso legado de su padre hasta que ellos mismos comienzan a ejercer su paternidad. Como decía el músico estadounidense Charles Wadsworth: «Para cuando un hombre se da cuenta de que quizás su padre tenía razón, ya tiene un hijo propio que piensa que su padre está equivocado»[13].

Nos sentimos acreedores de nuestros padres. Les imputamos la mayoría de las cosas que no van bien a nuestro alrededor: no me han querido lo suficiente, preferían a mi hermana... No hay límite en la imaginación para lo que podemos imputar a nuestros padres y nos perdemos en el resentimiento. Pero no podemos pasarnos la vida poniendo a nuestros padres como excusa en nuestras vidas. En todos estos supuestos, solo hay una solución liberadora y que permite seguir creciendo: el perdón (como renuncia a la ven-

---

[10] M. Ceriotti, *La familia imperfecta. Cómo convertir los problemas en retos*, ed. Rialp, 2019, pp. 45-46.

[11] F. Vidal, *La revolución del padre. El padre que nace y crece con los hijos*, ed. Mensajero, 2018, p. 12.

[12] M. Ceriotti, *Erótica y materna. Un viaje al universo femenino*, ed. Rialp, 2019, p. 78.

[13] Citado por F. Vidal, *La revolución del padre. El padre que nace y crece con los hijos*, ed. Mensajero, 2018, p. 13.

ganza y acto de caridad). El perdón otorga la posibilidad de otra oportunidad, de comenzar de nuevo: «El regalo del perdón no pide nada a cambio, no responde a ninguna lógica de intercambio, no reacciona a una simetría. El perdón hace saltar por los aires toda representación retributiva de la justicia. Sin perder de vista que el perdón no es amnesia, no es cancelación de la herida, no es negación del trauma de la ofensa (...) se trata de transformar las cicatrices en poesía»[14].

Sigmund Freud decía que hacerse adulto es perdonar a los padres. Al ser adultos y padres podemos inaugurar «la era de la gratitud y el reconocimiento». Hacer las paces con nuestros padres no exige, en absoluto, como imaginamos y pretendemos a veces, que se vuelvan capaces de reconocer sus errores. También puede ser un recorrido en sentido único: parte de nosotros y necesita un cambio por nuestra parte. Al final, si les perdonamos, nos daremos cuenta de que eso que nos hacía daño de ellos ya no lo hace, y que por fin somos libres[15]. Habremos comenzado un trabajo de sanación, restauración y renovación personal que nos permitirá seguir adelante mirando sin ira al pasado y con esperanza al futuro.

---

[14] M. Recalcati, *El secreto del hijo. De Edipo al hijo recobrado*, ed. Anagrama, 2020, pp. 120-124.

[15] M. Ceriotti, *La familia imperfecta. Cómo convertir los problemas en retos*, ed. Rialp, 2019, pp. 138-139.

EL BUEN PADRE

El padre del siglo XXI está lejos de la figura paterna autoritaria, machista y distante propia de tiempos pretéritos. El padre que está siempre fuera de casa y aporta el dinero, manteniendo cierta distancia emocional de los hijos, ha dejado de ser la norma. El padre actual tampoco se identifica con el papá-gallina que ejerce de madre-bis intentando asimilarse en la medida de lo posible a las actitudes femeninas y maternales. No estamos ante el retorno a la familia propia de una sociedad patriarcal pero tampoco ante el reconocimiento del modelo paterno desvalorizado propio del feminismo de los sesenta y, por supuesto, debemos huir a toda costa de la falacia de la ideología de género tan implantada actualmente y que pretende hacernos creer que el padre no existe y que es una mera construcción social con la que hay que acabar.

La naturaleza y papel del padre en la familia y la sociedad es la emergencia de nuestro tiempo. Es urgente emprender el camino de la reconstrucción simbólica del padre y aclarar cuál es su función; la función paterna. Porque el futuro del padre es el futuro de nuestra sociedad como civilización.

El «buen» padre hoy en día es aquel que, sin nostalgia por tiempos pretéritos, sin embargo, no rechaza en su totalidad la herencia del pasado, sino que incluye salvar lo valioso que indudablemente había en su configuración, atributos atemporales y universales propios de la masculinidad-paternidad. El padre actual, que lucha por ejercer correctamente su función paterna, es pospatriarcal y feminista «radical», en la medida en que parte de la «raíz» de la feminidad que es el reconocimiento de una peculiar esencia femenina, la existencia de una especificidad femenina que le complementa y equilibra, que respeta y enriquece su propia especificidad masculina. Un padre adaptado a las exigencias laborales y sociales del tiempo en el que vivimos y al actual modelo de madre, en la mayoría de las ocasiones también incorporada al mundo laboral. No es ya únicamente el proveedor financiero sino mucho más. Un padre que entra en la médula del hogar y concilia vida familiar y profesional para que su mujer, en el pleno ejercicio de su libertad, pueda también disfrutar de ese equilibrio personal si así lo desea. Un padre capaz de examinar y cambiar sus prioridades, valores y compromisos cuando nace su primer hijo. Un padre que hace de la paternidad su absoluta prioridad en la vida. Un padre que no «colabora» como un mero asistente, sino que participa plenamente en un área que le pertenece en igualdad de condiciones con la mujer.

Como señala Lauren Rinelli McClain, profesor de sociología de Savannah State University, «los padres no son ya vistos simplemente como los encargados de sostener económicamente a la familia y de vez en cuando atender a los niños, sino como personas con un elevado grado de compromiso activo en la vida emocional y en las actividades diarias de los hijos».

Las nuevas familias están basadas en la unión de un hombre y una mujer que, aun teniendo vidas profesionales independientes, comparten ideales educativos y colaboran en la crianza, educación de los hijos y en las labores del hogar de forma equilibrada y justa, manteniendo cada uno su estilo femenino-maternal y masculino-paternal, lo que sin duda enriquece y equilibra al hijo y a ellos mismos, pues cada uno aprende del otro.

Estamos ante un nuevo concepto de paternidad que engrandece al hombre y que representa una puerta de entrada hacia una virilidad auténtica, hacia una hombría profunda, hacia una masculinidad madura y que, en consecuencia, precisa de la mujer y de su plena feminidad para dotar al hijo del equilibrio necesario.

MATRIMONIO, INCUBADORA DE PATERNIDAD

En todo matrimonio que ha durado más de una semana existen motivos para el divorcio. La clave está en encontrar motivos para el matrimonio.

Robert Anderson

En Europa, recientes datos muestran cómo el número de matrimonios ha descendido alarmantemente. Las parejas que han optado por pasar por el Registro Civil en los últimos diez años han disminuido un 25 %. Esta tendencia es aún más acusada entre las bodas eclesiásticas, que han caído en un 52 % entre 2007 y 2013. En la última década, la caída del porcentaje de bodas en nuestro país ha sido del 27 %. A ello debemos sumar el elevado número de rupturas que también hace patente la crisis que atraviesa la institución matrimonial. Cada año, según datos del Instituto Nacional de Estadística, por cada 10 matrimonios que se celebran se producen 7 rupturas.

Estos datos tienen una consecuencia inmediata en relación con los hijos, pues cuando el vínculo entre hombre y mujer es débil, también lo es normalmente el vínculo creado entre aquellos y los hijos y muy especialmente entre la figura paterna y sus descendientes[1].

---

[1] Frank F. Furstenberg, Jr. y A.Cherlin, 1991. *Divided Families: What Happens*

En relación con las parejas casadas, cuando los padres separados no viven con sus hijos —en países desarrollados rara vez la custodia es compartida y la mayoría de las veces se le atribuye a la madre (68-88 %)— las investigaciones demuestran que la relación padre-hijo en muchos casos acaba desapareciendo con el tiempo. Según diversas estadísticas, diez años tras el divorcio, solo 1 de cada 10 niños ve a su padre al menos una vez a la semana.

Por ejemplo, en el Reino Unido, prácticamente el 95 % de los niños de padres separados/divorciados en los últimos 20 años, han crecido sin una figura paterna «segura»; lo que ha provocado en este país el aumento de la violencia según muestran diversidad de estudios.[2]

Pero la desconexión padre/hijo es todavía superior si nos referimos a la separación de parejas que nunca habían estado casadas. Estas parejas no solo tienden a romperse con mayor frecuencia que las que tenían un vínculo matrimonial, sino que además, los estudios muestran que, una vez separadas, en un 90 % de los supuestos el padre se desvincula totalmente de la familia.

Actualmente, en Europa y Estados Unidos, casi 5 de cada 10 hijos nacen fuera del matrimonio[3]. También en España, la proporción de hijos extramatrimoniales aumenta vertiginosamente y se está convirtiendo en un fenómeno masivo. Según datos del Instituto Nacional de Estadística, la proporción de hijos de padres no casados, que era del 4,4 % en 1981, no ha dejado de crecer hasta el 46 % alcanzado en 2018.

To Children When Parents Part, Cambridge, Harvard University Press, pp. 35-36. Ver también, A. Shapiro y J. David Lambert, 1999, Longitudinal Effects of Divorce on the Quality of the Father-Child Relationship and on Fathers' Well-Being, *Journal of Marriage and the Family*, 61 (mayo): 397-408.

[2] J.L. Sariego Morillo, *Guía de la mediación en los divorcios*, ed. Psimática, 2017, p. 98.

[3] El país europeo donde más nacimientos se producen fuera del matrimonio es Francia, donde casi 6 de cada 10 bebés nacen en parejas que no se han casado. Le siguen Bulgaria, Eslovenia y Noruega, Estados donde la mayoría de bebés también tienen padres que no han contraído matrimonio.

Abundantes investigaciones muestran cómo muchos de los padres de hijos nacidos fuera del matrimonio pierden la conexión con sus vástagos, tanto afectiva como material (pues abandonan su manutención) en un plazo breve de tiempo; incluso entre padres que gozan de bienestar económico pero que, al perder el contacto físico con los hijos, se niegan a permanecer en un papel de meros de abastecedores.

En la misma línea, datos del observatorio de la Universidad de Princeton (Columbia) en el trabajo titulado «Fragile Families and Child Wellbeing», muestran cómo la implicación de los padres cae bruscamente cuando finaliza la relación en las parejas no casadas.

También según datos de la Administración norteamericana, en comparación con los hijos nacidos dentro del matrimonio, los de parejas no casadas pero que viven juntos, tienen tres veces más posibilidades de crecer en ausencia física del padre y hasta cuatro veces más si los progenitores no cohabitaban.

En general, estadísticas de Naciones Unidas (Men in Families and Family Policy in a Changing World), muestran cómo un 31 % de los padres de parejas no casadas y que no viven juntos pierden el contacto con su hijo un año después del nacimiento.

En 1992, un estudio del National Center for Fathering, demostró cómo los mejores padres eran aquellos con matrimonios estables y felices. La unión profunda y respetuosa a sus esposas favorecía sin duda la relación con sus hijos. Un matrimonio saludable logra crear una atmósfera de seguridad y bienestar en los hijos. El mayor regalo que un padre puede dar a su hijo es una relación plena y comprometida con su madre.

Además varias investigaciones recopiladas por Naciones Unidas muestran cómo los individuos casados tienen mayor nivel de satisfacción con la vida, son más felices y tienen menor riesgo de depresión y mortalidad[4].

---

[4] *Men in Families and Family Policy in a Changing World*, Department of Economic and Social Affairs Division for Social Policy and Development, United Nations, Nueva York, 2011, p. 74. Waite y Gallagher, *The Case for Marriage:*

El matrimonio es la gran incubadora de la paternidad. Si el padre necesita de la madre para lograr el equilibrio y viceversa, si ambos son complementarios e imprescindibles, entonces, en beneficio de la mujer y del varón, de la paternidad, de la maternidad y de los hijos, resulta del todo imprescindible la defensa y promoción del matrimonio formado por un hombre y una mujer[5]. No se trata de la familia «tradicional», pues la familia actual de tradicional solo tiene el factor de la alteridad sexual, ya que el resto de connotaciones han experimentado una verdadera revolución con la incorporación de la mujer al trabajo profesional y del hombre al hogar[6].

Si sabemos que favoreciendo el matrimonio y familias estables y estructuradas se evita el problema de la ausencia paterna y, en consecuencia, los devastadores efectos que se derivan de aquella, ¿por qué no se toman medidas al respecto? Si sabemos que la mayoría de los niños con problemas y de los jóvenes en riesgo provienen de familias sin padre ¿por qué no se adoptan políticas de prevención? La prevención debería ser prioritaria en estos casos. Y, por lo tanto, las políticas destinadas a favorecer los vínculos familiares estables y fuertes, como el matrimonio.

Why Married People are Happier, Healthier, and Better-Off Financially, Nueva York, Doubleday, 2000.

[5] En febrero de 2008, el presidente George W. Bush, aprobó una ley (Deficit Reduction Act) por la que el presupuesto público destinaba 150 millones de dólares entre los años 2006 al 2010 a promover y fomentar familias formadas por matrimonios estables y programas para una mayor implicación de los padres. En el ámbito federal y dentro del denominado *Federal Marriage Movement*, en el 2000, el vicepresidente Al Gore y George W. Bush propusieron aplicar beneficios fiscales a los matrimonios. *Vid.* al respecto, *Tapping TANF to Promote Marriage and Strengthen Two Parent Families* (Washington D.C.: Center for Law and Social Policy).

[6] De acuerdo con el artículo 1 de la Declaración de los Derechos del Niño: las leyes sobre familia deberán, entre otras cosas, asegurar que los niños son protegidos y cuidados por ambos progenitores, para lo que habrá de crearse el ambiente legal necesario. Así, es destacable, por ejemplo, el caso de Australia donde se han adoptado medidas legales y administrativas con el objetivo de ayudar a construir relaciones matrimoniales sólidas y prevenir las separaciones. *Family Law Amendment (Shared Parental Responsibility) Act* 2006.

Madres solas; padres solos

Aunque la alteridad sexual o la presencia equilibrada de ambos progenitores sería lo ideal, la realidad es que las familias han cambiado y que los niños y jóvenes que están creciendo ante la ausencia física o emocional de su padre son cada vez más numerosos. Por ello, para no sentenciar a estos niños y jóvenes será preciso estudiar y empezar a descubrir cuáles son otros factores o recursos psicosociales, alternativos al padre, que permiten o han permitido a algunas personas tener bienestar subjetivo a pesar de que experimentaron esta ausencia, sea física o emocional; como algún adulto que ejerza de modelo de masculinidad relevante (un tío, un abuelo, un tutor…) o instruir a las madres solas para que sean capaces de ejercer, junto a la materna y en la medida de lo posible, la función paterna. Y por supuesto formación para hombres de manera que comprendan lo esencial de su papel en la vida de sus hijos y así aprendan a comprometerse más en ella.

Se trata de lograr evitar que los sentimientos de ausencia sean necesariamente generadores de conflictos o problemas, buscando recursos y otras posibilidades con las que cuentan los sujetos para hacer frente a esta situación y lograr proyectos satisfactorios que generen bienestar con la vida. De hecho, hay niños que han perdido física o emocionalmente a sus progenitores y, sin embargo, encontraron fuentes nutricias (de afecto, valores, de conductas, de atención, de valorización, de confirmación) que cumplieron en ellos con creces la función paterna perdida.

Cuando, por el motivo que sea, falta uno de los progenitores en la vida de los hijos, es fundamental que el responsable de la educación de los hijos sea consciente de su papel en ausencia del otro, padre o madre, pues deberá asumir la educación materna y paterna simultáneamente; tarea difícil, pero no imposible, como han demostrado a lo largo de siglos mujeres y hombres valientes y generosos que han sabido sacar exitosamente adelante a sus hijos en soledad.

Lo ideal, lo óptimo, es la presencia simultánea de una madre y de un padre comprometidos, física y emocionalmente, en la educación y crianza de los hijos. Pero cuando por las circunstancias que sean, este desiderátum no se cumple y la madre o el padre se encuentran solos, deben conocer los riesgos de la ausencia de una figura paterna/materna para sus hijos e intentar desarrollar los aspectos paternales o maternales ausentes y personificar las exigencias del código masculino al mismo tiempo que las del código femenino.

En ausencia de padre, la madre deberá ser consciente de la necesidad de modelar sus tendencias maternales acompasándolas y equilibrándolas con ciertos rasgos propios de la función paterna. Su labor será más dura, pero el esfuerzo redundará sin duda en beneficio del equilibrio personal de los hijos. La madre sola deberá desarrollar cierta mentalidad educativa masculina para evitar la exacerbación de algunas tendencias maternales que le son connaturales y que pueden ser altamente perjudiciales desde el punto de vista educativo tanto para ella (pasando de la disponibilidad a la anulación de sí misma) como para los hijos (convirtiéndoles en tiranos al ahorrarles sufrimientos; evitarles incomodidades y esfuerzos; no confrontarlos con la realidad; convertirlos en confidentes de sus problemas íntimos...). Si el padre está ausente, la madre tendrá necesariamente que dejarse guiar por los aspectos masculinos de la educación, especialmente aquellos que implican el enfrentamiento del hijo con la realidad de la vida, con sus responsabilidades y sufrimientos.

Del mismo modo, en ausencia de madre, el padre deberá atemperar sus aptitudes típicamente paternales con ciertos toques maternales (mayor afectividad, empatía y capacidad de conexión emocional) para que los hijos no sufran un desequilibrio personal.

En ambos casos, un modelo alternativo (tíos, abuelos, profesores, tutores...) que haga las veces de padre o madre será también beneficioso para el hijo y liberará al padre o la madre de la enorme sobrecarga que supone educar equilibradamente a los hijos en soledad. En este sentido, el especialista en educación Hugo Huberman, enfatiza el indelegable rol formador y conductor en la vida de los hijos de los denominados «adultos significativos», es decir, aquellos que, con lazos sanguíneos o no con el niño o la niña, crean vínculos de aceptación y de colaboración y los desarrollan con la colaboración y beneplácito del progenitor presente[7].

---

[7] Citado por S. Sinay, *La sociedad de los hijos huérfanos*, Ediciones B, 2008, p. 94.

NECESITAMOS UN CAMBIO DE MENTALIDAD

Gobierno y Administración llevan años impulsando y promocionando a la mujer con medidas concretas, normativas y administrativas. Y esto debe seguir siendo así, pero hay que hacer lo mismo también con los varones, con los padres. Los responsables políticos deberán tomar medidas, paralelas y concretas, que se adapten a las nuevas necesidades de los hombres para que puedan ejercer libremente su paternidad[1].

Los varones sufren una fortísima crisis de identidad en una sociedad que les hace creer que lo masculino pertenece al pasado, que ahora es el tiempo de las mujeres (y solo de las mujeres). Necesitan reencontrarse a sí mismos y saber qué significa realmente ser un hombre para ubicarse en el lugar que les corresponde. Para ello debemos situarnos tan lejos de las posturas machistas, como de las feministas igualitaristas, en busca de un hombre dispuesto a buscar y lograr el equilibrio entre su desarrollo profesional y familiar; entre

---

[1] Es imprescindible diseñar e implementar políticas de paternidad responsable desde los poderes y administraciones públicas. En Australia, el debate sobre paternidad hace tiempo que forma parte de la agenda del Parlamento (*vid.* al respecto las iniciativas de la Fatherhood Foundation). En EE. UU. programas como Fathers at Work (2001-2004), el Plan de Paternidad Responsable de la Administración Bush (2002) o el Obama Fatherhood and Healthy families Taskforce (2009) y la Fatherhood and Mentoring Initiative (2010) son buen ejemplo de ello.

su dedicación al trabajo y las labores del hogar; entre su pasión por su profesión y el amor por su familia.

Las soluciones pasan por la necesidad de reforzar el papel de los padres en las familias, de los profesores varones en las escuelas y de líderes masculinos con valores que sirvan de modelo a niños y jóvenes. En este sentido, es necesario un cambio en la mentalidad femenina. El hombre no es el enemigo a abatir. Por el contrario, es el compañero, el complemento, la diferencia que enriquece y equilibra a las mujeres. En consecuencia, la mujer debe ceder al varón espacios de dominio en el ámbito doméstico, algo a lo que a veces no está muy dispuesta, pues aún le gusta ejercer el control exhaustivo del hogar y de los hijos como un derecho propio y exclusivo.

También un cambio en la mentalidad masculina es inevitable. El proceso de integración de la mujer en el espacio público es necesario e irreversible. Pero para ello es imprescindible, además de unas políticas sociales adecuadas, que el hombre asuma su corresponsabilidad para que la mujer no acabe sobrecargada por el mercado laboral y las tareas domésticas. Al varón corresponde redescubrir la familia, entrar en el hogar, ubicarse en su papel de educador de los hijos. Para ello, deberá experimentar una transformación radical y vital, adoptar una nueva actitud, una nueva mentalidad, un replanteamiento de sus prioridades. En este sentido, la labor educativa en relación con los varones es fundamental desde las primeras etapas escolares. Los niños de hoy serán los hombres del mañana. La juventud es el momento crítico en el que hemos de educar a nuestros jóvenes para que asuman unos roles adecuados y equilibrados en su madurez. Debemos preparar a nuestros muchachos para un nuevo mundo y sociedad en la que su labor en el hogar y crianza de los hijos es imprescindible. En el que el respeto por el sexo femenino y su papel sean reconocidos por el varón para que la mujer logre la conciliación de la vida familiar y laboral y la plena compatibilidad entre maternidad y desarrollo profesional[2].

---

[2] Sobre la educación de los niños y adolescentes varones, *vid.* M. Calvo Charro,

A nuestros hijos corresponde el comienzo de una nueva etapa histórica caracterizada por la colaboración entre los sexos, en la que se comprendan las inquietudes y motivaciones tan diferentes de hombres y mujeres y en la que ambos sexos comprendan que son iguales en dignidad y derechos, pero diferentes en esencia y por lo tanto maravillosamente complementarios. Una nueva etapa en la que la mujer atienda con plena libertad de carácter a su instinto maternal y a su vocación profesional con la ayuda insustituible y absolutamente necesaria del hombre, padre, amigo, compañero, en la crianza de los hijos y en las labores del hogar, todo ello sin menoscabar en un ápice su masculinidad. Una nueva etapa en la que hombres y mujeres asuman las riendas de su identidad.

Tenemos la obligación de devolver a nuestros hijos su masculinidad robada para que puedan ser ellos mismos y volver a situarse en el lugar que les corresponde[3]. Cada vez que criamos a un niño como un hombre afectuoso, responsable y equilibrado, estamos construyendo un mundo mejor para las mujeres y para la entera sociedad. El acto más inteligente que podemos realizar actualmente para garantizar la felicidad del ser humano y el equilibrio de la familia y por ende de la sociedad entera, es la comprensión del hombre y de su naturaleza masculina.

Y, por supuesto, es asimismo preciso un cambio en la mentalidad social, empezando por reconocer la importancia del hombre en el hogar y su papel insustituible como padre en la educación y crianza equilibrada de los hijos. Desde el punto de vista económico y profesional, con visión de futuro, igual que se están adoptando medidas de apoyo para que las mujeres accedan más a carreras técnicas, se deberían adoptar medidas para que los hombres se integren en los secto-

---

Iguales pero diferentes, ed. Almuzara, 2007. *Guía para una educación diferenciada*, ed. Toromítico, 2009. *Educando para la igualdad*, ed. Eunsa, Universidad de Navarra, 2011. Nuevas pedagogías y crisis del varón, *Nueva Revista*, núm. 106, julio-septiembre 2006, pp. 75-79.

[3] Sobre el concepto de masculinidad robada, *vid.* M. Calvo Charro, *La masculinidad robada*, ed. Almuzara, 2011.

res que están en crecimiento: la educación y la sanidad. En este sentido, debemos ser conscientes de la importancia de una correcta educación de los niños y jóvenes en las escuelas desde los primeros ciclos. Tenemos que educar más las habilidades sociales y la inteligencia emocional de nuestros hijos, ámbitos hasta ahora muy marginados y desatendidos en la educación de los muchachos.

Son necesarios cambios legales y administrativos que favorezcan un mayor protagonismo del padre en el hogar. Todavía en algunos centros de trabajo, se desprecian o minusvaloran los roles propios de la paternidad y se concibe al empleado ideal como aquel que está libre de responsabilidades familiares. Aparte de los ya conocidos permisos de paternidad por nacimiento de hijo, son precisas otras iniciativas que permitan al hombre estar más implicado en la familia, como horarios flexibles, teletrabajo, valoración más de resultados y objetivos cumplidos que de las horas de presencia física, permisos para imprevistos[4], todo ello sin que se produzcan penalizaciones, ni consecuencias negativas en la promoción profesional de los empleados que hagan uso de las medidas de flexibilización laboral[5].

Debe iniciarse una nueva lucha por la igualdad que defienda el reconocimiento social y respeto hacia la feminidad y la masculinidad. Hombres y mujeres somos iguales en derechos, deberes, dignidad, humanidad y, como ha demostrado la ciencia, también en promedio de inteligencia. En la sociedad actual es de justicia que las mujeres se realicen

---

[4] A partir de abril de 2003, los empresarios británicos están obligados a considerar las solicitudes de «acuerdos de trabajo flexible» de los empleados que sean padres responsables de niños menores de 6 años (o menores de 18 años en el caso de los niños con discapacidades) y que lleven en el puesto de trabajo seis meses o más. Las opciones incluirán horario flexible para citas en el hospital, flexibilidad con respecto al comienzo y fin de la jornada, trabajo desde casa, trabajo a tiempo parcial y horario de trabajo adaptado a la jornada escolar. Estas iniciativas han sido objeto de debate también en el Parlamento Europeo.

[5] N. Chinchilla y C. León, Conciliación familiar y laboral, ¿Es posible en tiempos de crisis?, *Harvard Deusto Business Review*, diciembre, 2010, p. 60.

profesionalmente hasta donde ellas deseen y que los hombres se comprometan a fondo en la crianza, educación de los hijos y labores del hogar. Pero este arduo y dificultoso camino hacia la igualdad no debe suponer nunca la negación de nuestras especificidades en cuanto hombres y mujeres.

Hombres y mujeres nunca han sido iguales, sino cada uno único a su manera. Cada sexo amplía el carácter único del otro. Esto implica asimismo que cada uno, para ser verdaderamente único, depende de una reciprocidad con un compañero igualmente único. Y, como quiera que se llegue al equilibrio, este no derivará de la igualdad ni del miedo, sino de la mayor perfección posible del respectivo carácter único del hombre y la mujer[6].

El empeño por negar las diferencias llena nuestras relaciones de conflictos, tensiones y frustraciones. Hombres y mujeres somos diferentes. Esto no es bueno ni malo. Es simplemente el primer paso para comprender y definir la propia identidad, es aceptar al otro, es comprenderlo y discriminar lo propio para integrarse en lo diferente[7]. La colaboración activa entre el hombre y mujer debe partir precisamente del previo reconocimiento de la diferencia misma. En general nos sentimos frustrados o enojados con el otro sexo porque hemos olvidado esta verdad importante. Los hombres esperan erróneamente que las mujeres piensen, se comuniquen y reaccionen de la forma en que lo hacen ellos; y las mujeres esperan equivocadamente que los hombres sientan, se comuniquen y respondan de la misma forma que ellas. Como resultado de esta situación las relaciones se llenan de fricciones.

Es preciso reconocer, aceptar e incluso celebrar las características propiamente masculinas: magnífica comprensión de las relaciones espaciales; competitividad; razonamiento abstracto; gusto por el riesgo; valentía; capacidad de elaboración

---

[6] W. Lederer, *El miedo a las mujeres*, en la obra de K. Thompson, *Ser Hombre*, ed Kairós, 2005, p. 221.

[7] S. Sinay, *Esta noche no, querida*, ed. RBA, 2006, p. 33.

de sistemas; capacidad de abstraerse y focalizar la atención en un único asunto; espíritu independiente; emprendedor; explorador; conquistador. También las femeninas: instinto maternal; habilidad verbal; capacidad para interpretar el lenguaje no hablado (posturas, gestos, expresiones faciales, llanto infantil...); sensibilidad emocional; empatía; solidaridad y afectividad; capacidad para simultanear tareas y pensamientos; generosidad y sacrificio. Y ambos, hombres y mujeres, debemos dejarnos influenciar por las capacidades y estilo del sexo opuesto que nos complementa, equilibra y enriquece.

Si somos capaces de llegar a una comprensión de nuestras diferencias que aumente la autoestima y la dignidad personal, al tiempo que inspire la confianza mutua, la responsabilidad, una mayor cooperación y un amor más grande, solucionaremos en gran medida la frustración que origina el trato con el sexo opuesto y el esfuerzo por comprenderlo, resultando una forma inteligente de evitar conflictos innecesarios y, en definitiva, de amarnos más.

Se necesita una renovada investigación antropológica que incorpore los nuevos progresos de la ciencia y las actuales sensibilidades culturales, contribuyendo de este modo a profundizar no solo en la identidad femenina, sino también en la masculina, que actualmente es objeto de reflexiones parciales e ideológicas. La relación hombre-mujer en su respectiva especificidad, reciprocidad y complementariedad constituye, sin duda, un punto central de la «cuestión antropológica», tan decisiva en la cultura contemporánea. Ante corrientes culturales y políticas que tratan de eliminar, o al menos de ofuscar y confundir, las diferencias sexuales inscritas en la naturaleza humana considerándolas como una construcción cultural, es necesario recordar cómo la naturaleza humana y la dimensión cultural se integran en un proceso amplio y complejo que constituye la formación de la propia identidad, en la que ambas dimensiones, la femenina y la masculina, se corresponden y complementan[8].

---

[8] Discurso que dirigió Benedicto XVI a los participantes en el congreso inter-

Las mujeres necesitamos al hombre para afirmar y comprender nuestra feminidad. Y ellos nos necesitan para afirmar y comprender su masculinidad. El enfrentamiento entre los sexos es antinatural y completamente contrario a las necesidades humanas básicas y a nuestra biología y solo conduce a la frustración, al conflicto, a la confusión y a la infelicidad. Las diferencias no expresan minusvalía, antes bien, debemos conseguir la equivalencia de lo diferente. La capacidad de reconocer las diferencias es la regla general que indica el grado de inteligencia y cultura del ser humano[9].

Existen una serie de verdades antropológicas fundamentales del hombre y de la mujer: la igualdad de dignidad y en la unidad de los dos, la arraigada y profunda diversidad entre lo masculino y lo femenino, y su vocación a la reciprocidad y a la complementariedad, a la colaboración y a la comunión[10]. La mujer y el hombre, cada uno desde su perspectiva, realiza un tipo de humanidad distinto, con sus propios valores y sus propias características y solo alcanzará su plena realización existencial cuando se comporten con autenticidad respecto de su condición, femenina o masculina. Como afirma Allison Jolly, primatóloga de la Universidad de Princeton, «solo comprendiendo su verdadera esencia, la mujer y el hombre podrán tomar el control de su vida».

Para ello es urgente devolver a la sociedad los fundamentos antropológicos extirpados; necesitamos recobrar los

---

nacional «Mujer y varón, la totalidad del humanum», celebrado en Roma del 7 al 9 de febrero para recordar los veinte años de la publicación de la carta apostólica de Juan Pablo II, Mulieris dignitatem.

[9] J. Burggraf, *Varón y mujer ¿Naturaleza o cultura?*, en la obra colectiva: *Cerebro y educación*, ed. Almuzara, 2008, p. 134.

[10] Desde una perspectiva cristiana, esta unidad dual del hombre y de la mujer se basa en el fundamento de la dignidad de toda persona, creada a imagen y semejanza de Dios, quien «les creó varón y mujer» (Génesis 1, 27), evitando tanto una uniformidad indistinta y una igualdad estática y empobrecedora, como una diferencia abismal y conflictiva. *Vid.* al respecto: Juan Pablo II, Carta a las Mujeres, 8; 1995. Y Carta apostólica *Mulieris dignitatem*, 15 de agosto de 1988. *Vid.* también, Discurso de Benedicto XVI a los participantes en el congreso internacional «Mujer y varón, la totalidad del humanum», Roma del 7 al 9 de febrero 2008.

puntos esenciales de referencia, empezando por la alteridad sexual, para «rehumanizar» el mundo y devolver a la persona —hombre y mujer— al centro de gravedad como le corresponde, acabando con el relativismo moral que ha impregnado las relaciones entre los sexos en los últimos años.

Padres y madres se complementan y equilibran. Los hombres tienen muchísimo que aprender de la educación materna, y las madres de la educación paterna. Padre y madre forman un equipo, la educación individualista y atomizada de cualquiera de los progenitores conduce necesariamente al fracaso educativo y al desequilibrio emocional de los hijos. Las dos figuras, paterna y materna, son indispensables para el equilibrado desarrollo de la personalidad y para una correcta socialización de los descendientes. Si falta la alteridad sexual, al niño le faltará lo más esencial para su correcto desarrollo psíquico y las consecuencias negativas estamos solo comenzando a percibirlas.

Es fundamental que ambos sexos tengan una conciencia realista de sus propios límites. Solo de esta manera se alimenta la íntima disposición a recibir, a dejarse corregir, a integrar el punto de vista del otro y a dejarse cambiar por la sensibilidad educativa del otro. Un estilo educativo que no se inspire en ambos códigos, materno y paterno, está destinado a tener graves repercusiones en la formación educativa de los hijos ya afectará de forma irremediable a la propia fecundidad del diálogo en pareja[11].

La crisis que sufren los padres en la actualidad es real, visible, patente, está documentada por estudios, investigaciones y estadísticas y sus consecuencias son graves para nuestra civilización. Si el hombre pierde, perdemos todos. Si ayudamos a los padres varones a reencontrarse con su esencia, estaremos beneficiando a las mujeres, a los hijos y a la entera sociedad.

---

[11] O. Poli, *Corazón de padre*, ed. Palabra, 2012, pp. 16 y 19.

ÍNDICE

Agradecimientos 9

Prólogo 11

Introducción: EL GESTO DE HÉCTOR 15

HIJOS SIN HISTORIA.
LA IMPORTANCIA DE LAS RAÍCES 23

CRISIS DEL VARÓN, CRISIS DE MASCULINIDAD 27
MUJERES. EL PRIMER SEXO
(EN LOS PAÍSES DESARROLLADOS) 27
ESTUDIAR ES COSA DE CHICAS 33

LA EXPIACIÓN MASCULINA 43

¿SER PADRE ES COSA DE HOMBRES?
LA INDIFERENCIACIÓN SEXUAL
Y EL FIN DE LA ALTERIDAD 51

SIN EMBARGO, EL VARÓN EXISTE.
NATURALEZA FRENTE A IDEOLOGÍA.
DATOS CIENTÍFICOS SOBRE
LA ALTERIDAD SEXUAL 61
LA ALTERIDAD SEXUAL.
MADRE-MUJER, PADRE-VARÓN. NO DA IGUAL 63

**CRISIS DE PATERNIDAD.
LA EVAPORACIÓN DEL PADRE** 67

**HUÉRFANOS DE PADRES VIVOS.
AUSENCIA FÍSICA Y SIMBÓLICA DEL PADRE** 71
La orfandad paterna en el mundo desarrollado........71
Diferencia entre la orfandad de padres fallecidos
y la orfandad de padres vivos. El nombre del padre .74

**MADRES SOLAS POR ELECCIÓN.
LA ORFANDAD PREMEDITADA**..................................77

**CONSECUENCIAS DE LA AUSENCIA PATERNA
(FÍSICA Y SIMBÓLICA)**..87
Consecuencias de la ausencia del padre
en el equilibrio psíquico y emocional de los hijos.
Datos y cifras 91
Ausencia de padre y violencia 96

**PADRES AUSENTES PSÍQUICAMENTE.
LA DISTANCIA EMOCIONAL**....................................101
Distancia paterna heredada.....................................103
Distancia paterna bienintencionada pero errónea .106
Distancia provocada por la madre.
Familias matrifocales. El prejuicio del padre inútil
....108

**¿QUÉ ES UN PADRE?
LA DESCULTURIZACIÓNDE LA PATERNIDAD** 111
Desviaciones hipermodernas de la paternidad.
Lo que no es un padre..113
Un padre no es un procreador 113
Un padre no es un mero abastecedor........................118
Un padre no es un amigo o colega de los hijos 119
Un padre no es una mamá-bis..................................124

PADRES PARENTALMENTE COMPETENTES. CARACTERÍSTICAS DE HOY Y DE SIEMPRE DE LA FUNCIÓN PATERNA 129
EL PADRE ES LIBERTAD 131
EL PADRE: LÍMITE A LA OMNIPOTENCIA DEL HIJO 143
EL PADRE: INSTANCIA DE FRUSTRACIÓN 149
EL PADRE «CIVILIZA» A LOS VARONES 153
EL PADRE «COMADRONA»: MAESTRO DE LA VERDAD Y PROMOTOR DE LA EMANCIPACIÓN 157
EL PADRE Y LA IDENTIDAD SEXUAL DE LOS HIJOS 164
EL PADRE: PRIMER MODELO DE MASCULINIDAD. LA INICIACIÓN 167
EL PADRE: ICONO DE DIOS 178

EL PAPEL DE LA MUJER EN EL EJERCICIO DE LA PATERNIDAD 181
SER PADRE «CON PERMISO» DE LA MUJER 181
SER PADRE ES COSA DE HOMBRES 183

DIFERENCIAS DE LA EDUCACIÓN MATERNA Y PATERNA. EN BUSCA DEL EQUILIBRIO 189
MADRES, AFECTIVIDAD. PADRES, EFECTIVIDAD 190
MADRES, PROTECCIÓN. PADRES, FORTALEZA 192
MADRES, INMEDIATEZ. PADRES, DILACIÓN 195
MADRES, IDEALISTAS. PADRES, REALISTAS 196
MADRES, CESIÓN. PADRES, EXIGENCIA 197
MADRES, VERBALES Y SENCILLAS. PADRES, FÍSICOS Y ESPONTÁNEOS 198
MADRES, CONTROLADORAS. PADRES, INDEPENDIENTES 200
MADRES, PERMISIVAS. PADRES, REPRESIVOS 201
MADRES, DETALLISTAS. PADRES, DESPREOCUPADOS 202

DIFERENCIAS HOMBRE Y MUJER EN LA AFECTIVIDAD. LA MANIFESTACIÓN MASCULINA DEL AMOR 203
LA NEUROQUÍMICA DEL AMOR 203
ELLOS NO AMAN MENOS.

El rígido lenguaje masculino del amor 205
Respeto, valoración y reconocimiento
de la labor de los padres en el hogar 215

BENEFICIOS DE LA IMPLICACIÓN DEL PADRE EN EL HOGAR 223
Beneficios para los hijos 223
Beneficios para las mujeres 226
Beneficios para los padres 227
Beneficios para la sociedad 230

CRISIS DE CIVILIZACIÓN. EL RETORNO A LA HORDA 231

HAMBRE DE PADRE 235

LA LIBERTAD DE LOS HIJOS. LOS HIJOS SON DESCENDENCIA, NO PERTENENCIA 243

EL PODER LIBERADOR DEL PERDÓN 249

EL BUEN PADRE 255

MATRIMONIO, INCUBADORA DE PATERNIDAD 259
Madres solas; padres solos 263

NECESITAMOS UN CAMBIO DE MENTALIDAD 267